心理職大全

公認心理師・
臨床心理士の
資格取得から
就職まで

京都コムニタス

井上博文・吉山宜秀・藤本健太朗　著

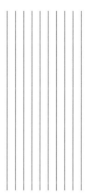

東京図書

まえがき

「心理職者は食べていける」

これが本書の出発点です。

少し長くなりますが、個人的なところから始めたいと思います。

私（井上）は、20 年近く大学院・大学編入受験専門塾京都コムニタスを運営してきました。私は仏教学を専門とし、今も生業の 1 つにする自称仏教学者です。博士の学位も仏教学で取得しました。仏教学者といわれると、読者の皆さまもすぐに「仏教学者って何している人？」とならないでしょうか？

実は、仏教は、とても奥が深く、歴史も文化も言語も、経済も経営も、社会も政治もどこかで絡んでいるし、とりわけこの日本は仏教国として、歴史を刻んできました。天皇もある時代から仏教徒になりますし、聖徳太子はこの国を仏教国にしましたし、平清盛も、仲の悪かった後白河法皇も、藤原道長も、執権の方々もみんな仏教徒です。豊臣秀吉は奈良の大仏より大きな大仏を建立しました。そのわりに実はあまり大学でこれを専門的に勉強しようと思っている人は多くはありません。

今から 2500 年前に発足した仏教は、インドからガンダーラ、シルクロード経由で中央アジアを通って、中国に入り、朝鮮半島から千年の旅を経てこの国に届くのですが、そのドラマはあまりに壮大で、私は死ぬまでにこのドラマを 1 つ完成させたいと願う者ですが、個人的には、深く学ぶと、こんなに面白い学問はないと思っています。故に私のアイデンティティは仏教でできていると言い切れます。

こんな仏教学を学ぶ者といえば、多くの人が想像するのは、お寺の出身者で、お寺の後継者といったところではないかと思います。しかし、私は元来体育会系で、高校まで陸上の長距離選手でした。高校もスポーツの推薦で行きましたし、中学ではそこそこ強かったと自認していますが、お寺の生まれではありませんし、それほど仏教に興味があったわけではありません。ただ、高校まではあまりにも勉強というものをしたことがなく（謙遜ではなく）、その頃の写真は残っていませんが、あっても見せられたものではありません。そんな私が、陸上選手としては実は凡人であることに気付かされ、一念発起、このまま人生を終えてはいけない、死ぬまでに何か勉強をしておかねばならないと、当時、なぜそう考えたかは

忘れましたが、何せそう思って、ほぼ生まれて初めて目にした大学がたまたま仏教の大学で、たまたま高校で唯一信頼できた先生が、「私立に行くならメインの学部に行きなさい」と言っていたことも手伝って、仏教学の門をたたきました。なんとテキトーなことかと今は思いますが、これでも当時は、私なりに何かに必死でした。関西弁で「これじゃあかん」と何度思ったことかわかりません。

　その後、大学生になって、自分でも驚くほど勉強をしたと思います。スタートラインであまりにもハンディキャップがありましたので、それでも人並みになった程度だったと思いますが、そもそも、私は就職のために大学に入ったのではなく、勉強をするために大学に入りましたので、いわゆるシューカツは全くしませんでした。いろいろありましたが、結局大学院に進み、より専門的に仏教を学問として学ぶことになりました。学部と大学院では、学ぶという意味が全く違うということは、修士論文を書く頃くらいに気付くことになるのですが、修士課程の2年間も、ただひたすら必死でした。人生であれだけ勉強に没頭できたことはないと言えるくらい勉強したと思います。同時に、それがとても贅沢で幸せなことだと思うようになりました。朝から晩まで勉強だけしておけばよい環境に身を置ける自分を幸せだと思うようになりました。またそれをさせてくれる自分の周囲に感謝を感じるようになりました（普通より遅いかもしれません）。その後、博士課程に進み3年を過ごすのですが、この頃になると、さすがに「将来」を考えます。

　私の場合、そもそも「将来」って何さ？　から考えました。年齢は30に近くなっているわけです。冷静に考えると、「将来」とは、例えば子どもの時に、「将来何になりたいですか？」とみんな聞きますし、オフィシャルの調査もあって、最近は学者がトップになっており、うれしいやら、不安になるやらと思ったものです。また宇宙飛行士とか、プロ野球選手やサッカー選手など、子どもならではと思えるものが「将来」のはずです。ふと自分のことを思うと、私も中学くらいの時は、結構本気でオリンピックに出ると思っていました。だって中学の先生も「井上、おまえ、オリンピックなんて出たって、将来食べていけん人がほとんどなんやぞ。今のうちに勉強しとかんといかんぞ」なんて言っていました。そのころは記憶にない反抗期だったのか、聞く耳を持っていませんでした（話を聞けない人が面接に向かない話は第3部で出てきます）。そのわりに「オリンピック

には行く」と思っていたわけです。今思えば笑ってしまいますが、現実を知って以降、一般の人が概ね「将来」を考える年齢になって、自分が学生であろうとは、想像もしていませんでした。ただ、それほど絶望感はありませんでした。私自身、別に大学を就職予備校と考えていたわけではなく、ただひたすら勉強をしたかったわけですし、大学院博士課程では、学会発表なんていう、自分の人生にそんなことがあるなんて、という経験をできただけでも、十分に納得のいくものでした。

　しかし、です。博士課程3年生の時です。当時は博士論文を書くという習慣がなく（博士を取ったのは出てからさらに3年後です）、特に深く考えることもなく、先輩たちにならって、「D（博士課程のこと）4かなぁ、お金ないなぁ」くらいで次年度を考えていました。そうすると11月くらいだったと記憶するのですが、ある先生から、「君は非常勤講師になりなさい」「だから大学院を出なさい」と言っていただき、「え？　俺大学の先生になるの？」と、ちょっと舞い上がってしまいました。院生の私からすると、非常勤講師になるということは、なんとなく、「認めてもらった」という感覚になりますし、偉くなったような気になります。この時は、「ああ、努力をすると認めてもらえる」と思いました。まだ現実を知らない子ども思考だったのです。それで一緒に非常勤になった同期の友人と事務局に行って、「依願退学」という手続きをとって、私の長い学生生活が終わりました。

　そして4月、非常勤講師として、もう一度自分を見つめ直そうと思い、当時、様々な仕事をしていたのを、全部やめました。今思うと何でそうしたのか、いまいちよくわからないのですが、収入がまったくない状態に自分からしてしまったのです。非常勤講師の収入はよく知られていますが、初めて聞いた人には衝撃的な金額です。完全な社会的弱者です。ここから「さあ、どうする？」と自分の人生自体を過去とは違った角度から見直すことになりました。

　まず私の手札から見直しです。スキルとしては、塾講師経験は学部時代から約10年途絶えることなくしてきました。それなりに腕はあったと思います。いわゆる大手から中堅、個人塾まで全部経験しました。○○主任やクレーム処理班もやりました。次に家庭教師や教材販売の営業経験もありました。正直、数字は結構よく、自信もありました。塾経営コンサルタントの経験もありました。ただし、これは思いつきでしていたものでしたので、大した能力があったとは思えません

でした。看護医療予備校で長く教えたので、通常の塾講師とは違うスキルもありました。小論文採点の経験もかなりありました。ホテルマンの経験も5年くらいあり、フロント以外にも、最上階レストランでギャルソンと呼ばれながら、ワインをあけて給仕していました。一方、10年学んだ仏教学のスキルは…、学会発表を院生の間に10回ほどしたのみで、パーリ語という言語を教えに毎年愛知県まで行っていたくらいが教育歴です。冷静に考えて駆け出しにも至っていません。この世界では「若手」にさえ分類されません。

さて、実は、院生時代にもう1つ重要な経験をしていました。コンサルタントの仕事の時に紹介されたある短大生を京大に編入させることに成功したのです（もちろん、私一人の力ではありません）。この経験はのちに京都コムニタスを設立する1つの根拠になりました。

これらの手札を並べてみて、28歳でしたが、来し方行く末、そこからの「将来」を考えた時に、自分の適性を考えた上で、進むべき道は明確でした。「人に何かを教える仕事をしよう」と。

この時の私は、大学院と将来と「食べていける」ということが、あまり明確な一本線でつながっていなかったと思います。ちょうどこの頃くらいから、国の大学院重点化政策もあり、院生になる人が増え始めました。と同時に「大学院を出ても食べていけない」という言説が出回るようになりました。

私は、29歳で京都コムニタスを作ることになるのですが、その「食べていけない大学院」受験をメインに据えた塾を目指しました。というのも当時、大学院を出て、食べていけるか否か、よりも、少子化によって、大学受験以前の受験、お受験に魅力と興味を感じなくなっていたことが大きな要因です。このころから、今に至る私の持論は「日本を悪くしているのはシューカツシステム」「どの人も大学院に行って、驚くほど勉強をすべき」と「大学生のフリーエージェント」です。大学生も活発に大学を移動できるようにすべきだという考えはそれ以前からもっていました。私は頭がスポーツを基準に考えるようにできていますので、プロ野球のように海外フリーエージェントという制度があってもいいと考えています。

私は人材は商品だと考えています。これからの時代、もっと学歴も自由になり、例えば大学が他大学の優れた学生をスカウトして、育てて、企業に契約金つきで売り込むなどということがあってよいのではないかと思っていますし、願ってい

ます。企業も、もっと様々な大学、大学院に出入りして、優れた人材には学年に
こだわらずどんどん声をかけられるようにすべきでしょう。企業スカウトが常に
どこかの大学にいて、欲しい優秀な学生といつでも契約できる場を大学が持って
いればよいのです。そのようなプロが大学のどこかで見ているという状況を学生
が知れば、当然目に留まるように能力を高めるために必要な授業を取り、その授
業も必死で受けるでしょうし、自己アピール力も勝手に伸びていくでしょう。こ
うすれば大学にも学生にも、企業にも一定の緊張感が発生して、誰にも悪いこと
はないと思うのですが、すべては大学の自由化から始まると考えています。これ
ができると、どうせ私なんて○○大学だし、のような学歴コンプレックスなどと
いうつまらないものも自然と減っていくでしょうし、企業も学歴フィルターなど
不要になるはずです。学歴ロンダリングなどという嫌な言葉もなくなるでしょう。
学生は複数の大学に行き、企業も自分の目で日常の大学生を見るわけですから、
学歴はほとんど関係なくなるはずです。

　重要なことは学生も大学という守られ（すぎ）た環境から、自ら自立する時代
になってきたということです。今の状態は大学にとっても学生にとってもマイナ
スになっていると思います。私は大学こそ、親の参観をすべきだと思っています。
親は、お受験時代から手塩にかけて育児をし、大量のお金をかけた我が子が、大
学でどんな姿で講義を受けているかを、是非見るべきだと思っています。多分、
直視できない人の方が多いでしょう。授業中、教室の後ろの方でイヤホンを付け
て眠っている我が子を見て、何を思うか、講義など聞かずに動画を見ている我が
子を見てどう思うか。本当にそれが大学のせいだけなのか、考える機会が必要で
す。そうすると、親も考え方が変わると思います。一方で、こちらも頭が下がる
くらい、様々な取り組みをしている学生もたくさんいます。でも、正当な評価が
得られているだろうか。大学生は、もっと人に自分を見せるべきですし、見られ
るべきでしょう。大学は、数万という大量の学生を抱え込んで、４年間何もしな
いまま、大量に卒業させる。あとは知らない。このようなスタンスは私が学生の
頃から何も変わっていません。変わったのは年々わがままになる学生のために、
絶え間なくレジャーランド化する「箱物営業」の加速化です。この２年のコロナ
禍によるオンライン化は、箱物神話を根底から破壊してしまい、大学はまた大転
換を迫られています。

私は学生のフリーエージェントは、大学と学生のこのような関係構造を変えることができると考えています。大学には定員がありますから、定員の数パーセントを入れ換えて、より能力の高い学生を入れるようにすれば、必然的に弾き出される学生も出ます。一方で、学生も自由に様々な大学を受験して、移籍すればよいと思います。今の状況では、学生が移籍したいと思わせる魅力が非常に少ないのです。今回、本書を記すに当たって、70校を超える臨床心理士、公認心理師養成大学にインタビューさせていただきましたが、自分の大学を「うち程度の大学」「弱小大学」と言われる先生も多く、現代の大学事情を物語っていると感じましたが、「弱小」大学が一般や推薦入試以外で、編入や大学院入試で、様々な工夫と取り組みで付加価値をつけて、優れた人（先生ではありません。あくまで学生）を多少強引にでも引っ張ってくるという発想が必要だと考えています。

　これが、京都コムニタス設立にあたっての私の希望と野望ですが、実現にはほど遠く、壁は厚いです。是非、これを見て、ともに取り組んでくださる方に出会いたいと願っています。

　さて、京都コムニタスは、臨床心理士指定大学院受験において、最も高い実績を残してきました。300人を超える臨床心理士を輩出しています。私が臨床心理士指定大学院の受験に力を注いできたのは、ニーズがあるのはさておき、この受験は、自分の大学の大学院に必ずしも行かず、外の大学院に行く人の方が多いところに魅力を感じたのです。2022年、これを執筆している現在、有名国立大学出身の人が、有名企業を辞めて、京都コムニタスに来て、学部偏差値的には半分とは言いませんが…くらいのところに進もうとしています。私は有名でない大学出身者が、有名大学に行くのも、その逆もいずれにも強い魅力を感じています。

　長くなりましたが、最初に戻ります。

　私は、この仕事をしてきて、「心理職者は食べていける」という実感をつかみました。まだ公認心理師ができる前です。というより2005年、京都コムニタスがまさに駆け出しのころ、臨床心理士の国家資格化が頓挫した時に、むしろ、この実感は強くなったのです。この時、確かに残念な空気が流れたのですが、でも「別に国家資格にならなくても、臨床心理士は十分やっていける」と多くの人が考えたはずですし、それでもって人気が低下したということはありませんでした。

めったなことでは「食べていけない」であろう仏教学の大学院博士課程を出た自称仏教学者の私が、「人に何かを教える仕事をしよう」と決意し、大学院受験や編入受験を専門とする京都コムニタスを設立し、野望である学生のフリーエージェントの道はまだ険しくも、一筋の光明が見えたのが、この臨床心理士指定大学院でした。何が光明であったかといえば、繰り返しですが「心理職者は食べていける」という実感でした。これは、私にとっては、目から鱗で、どの人も大学院に行くべきと考える以上、出口の充実が必要で、大学院を出た人たちが、「大学院を出ても食べていけないよ、それでも行く？」ではなくて、「食べていけるかもしれない、だから行こう」、と可能性を感じられることこそが、私の求めてきたものです。その道筋に光が見えたことは、自分の進むべき道に確信が持てた時でもありました。公認心理師の創設はその背中をさらに押してくれました。

　日本初の心理の国家資格、公認心理師が生み出されたことによって、大学院のあり方にも、心理職のあり方にも、心理職養成システムのあり方にも、大きな過渡期をもたらしました。本書は、これから大学院に進んで、心理職を目指す方にとって、この資格は「食べていける」という実感を持って、進学していただき、入学して学んでいただくことを願って書きました。皆様のお役に立てる本になることを願って、まえがきを閉じます。

井上 博文

目 次

書籍購入者特典として、ガイダンス動画「公認心理座談会：第5回試験までの総括と今後の対策／現役心理職が語る：大学院入試対策と心理職の仕事（仮）」をプレゼント！

　2022年9月以降に配信予定です。ご視聴には以下のリンク（QRコード）よりメールアドレスをご登録ください。

　　　https://kyoto-com.com/2022register/

カバーデザイン：山崎幹雄デザイン室

第1部

日本の心理職と資格

大学院と心理職

　本書はこれから公認心理師や臨床心理士の資格を取り、心理職者になって生計を立ててみたい、と考えている人に向けたものです。高校生の方から、大学生、大学院生、社会人の方までを対象とします。「心理職」は、教育や医療、司法など、さまざまな分野で活躍していますが、資格所有者の内訳は、国家資格の公認心理師、臨床心理士、臨床発達心理士、学校心理士など 20 種類ほどあり、その職場は病院や心療内科、家庭裁判所の調査官、児童養護施設、児童相談所など福祉系、企業のメンタルヘルス担当など、大変多様です。

　「心理職者になりたい」と心に決める動機やタイミングは人それぞれで、中学生の時にスクールカウンセラーに出会い、臨床心理士になりたいと決意し、高校生の時の大学選びの時に心理学を専攻したいと希望する人もいます。一方、大学生になって方向転換する人もいます。社会人になって、仕事をしているうちにどうしても心理の仕事がしたくなることもあれば、定年後のセカンドキャリアとして心理職を選択する人もたくさんいます。

　そのため、現在日本国内で最も有力とされる心理職の資格である国家資格の公認心理師と民間資格の臨床心理士に焦点を当てて、これから心理職を目指す方々に向けて、「実際にどのように働いていけばいいのか？」「そもそも心理職って何の仕事をするの？」「本当のところ、食べていけるのか？」「どうすればこの資格にたどり着けるのか？」「大学院とはそもそも何？」「臨床心理士と公認心理師の違いは何？」「心理職のための大学院生活とはどんなもの？」「どうやったら公認心理師試験に受かるの？」「これから臨床心理士はどうなるの？」「どこの大学院に行けばいいの？」「心理職の魅力は何？」こういった疑問に答えていこうと思います。

　本書を記すに当たって、私たちは、約 70 校の大学の先生方にインタビュー調査を実施し、その中で上記も含む様々な質問をさせていただきました。どの先生も真摯に答えてくださいました。大学の先生方にとっても今は今後の心理職者の

未来を占う過渡期と考えておられ、様々な意見をお持ちです。これが結集されれ
ばとても大きな力になるのになぁ、と大きな希望と期待を持つに至りました。ま
た私たちとしても、最先端を走る先生方の生の声を是非お届けしたいと考え、本
書の下地としました。是非、心理職に関心のある方々に最初に手に取っていただ
きたい本となることを目指します。

●京都コムニタスとは

　本書は、大学院受験や大学編入受験の専門塾である京都コムニタスが、その経
験と、この種の塾としての特有の観点から記します。

　京都コムニタスは、名前の通り京都に根をはっております。おそらく多くの人
にとって、このような業種は「そんな仕事あるの？」と思うくらい特殊な仕事に
見えるかもしれません。しかし、海外では意外に一般的な業種で、元大学の教員
や非常勤講師などが運営していることがよくあります。

　このような塾が何をしているのかというと、大学院入試や編入入試の学力トレー
ニング、具体的には英語や心理学等の専門科目の勉強に加えて、研究計画書、
卒業論文、修士論文などを一緒に作ったり、面接対策をしたりします。通常の大
学受験予備校は合格することのみに特化しますが、私たちは「入ってからの方が
大切」と考え、大学院に入ってからの生活が充実し、納得のいく2年を過ごして
もらうことを念頭においた教育を提供しています。

　私たちが重視するのは、進学した生徒が「この大学院に行ってよかった」と思っ
てもらえることです。そのため修士論文のフォローもしていますし、就職情報
が来たら知らせるようにもしています。

　京都コムニタスは、設立18年になりますが、大学院受験の中でも、臨床心理
士指定大学院受験において多くの実績をあげてきました。これまで300人以上の、
当塾出身の臨床心理士が生まれ、その大半は、今は公認心理師の資格も持って様々
な場で活躍しています。

●大学院とは

　もしかすると、本書をお読みいただいている方の中には「大学院って何をする
ところだろう」とお考えの方も多いと思います。そうです。日本では大学院は「何
か強そうだけどよくわからない」存在なのです。実際に、皆さんの周辺の人で大

学院とは何かを明確に説明できる人はどのくらいいるでしょうか？

　臨床心理士以外で大学院修了要件資格は、法科大学院を出て得られる司法試験くらいです。最近は助産師や保健師も大学院資格になりつつありますが、まだ学部や専門学校で取るのが一般的な資格です。他にはMBA（経営学修士）という海外では経営者にとっては基本的な資格がありますが、これは社長にとって必須の資格というわけではありません。日本ではほとんど浸透していないといっていいでしょう。

　また税理士や弁理士、公認会計士といった士業は、大学院に行くと、試験科目が一部免除されるという制度もありますが、特に大学院資格というわけではありません。税理士は「税法科目免除」の大学院に行くと「抜け道」を通ったかのように言われることもあるらしく、あまりポジティブに捉えられていないようです。

　もう1つ「教職大学院」というものもあります。おそらくほとんどの人が知りません。全国に800近くある大学の中でも50校程度しかありませんし、私立は今のところ7校です。

　このように資格と大学院は、近年関係を持つようになってきてはいますが、まだまだこれからの分野です。個人的な意見を言わせてもらうなら、政治家になるためには法科大学院修了を必須にすべきですし、教師も教職大学院修了を必須にすべきだと考えています。しかし、大学院は本来資格取得を目的としたものではありません。大学院は、一般に修士課程（博士前期課程）と博士課程（博士後期課程）があり、前者は通常2年、後者は3年です。その間に学位請求論文を書いて、審査に通ればそれぞれの学位が得られます。海外では大学院に行くことは全く珍しいことではありません。ある先生は、大学教員は学位を出すのが仕事と言っていました。しかし、例えばフランスでは大学院で得る博士号は国家資格ですが、日本では、どうも修士号や博士号という学位が何で、どんな違いがあり、それらがどんな意味があり、それを取ると、あるいは持つと何の役にたつのか、正確に説明できる人はほとんどいません。正直なところ私でさえできません。

　「はかせ」と読むのか、「はくし」と読むのかも曖昧で、よくいわれるのは、学位の博士は「はくし」と読むのが正しいとされます。「はかせ」は「物知り」のような意味もありますが、昔の官僚は「はかせ」と呼んだようです。昔「末は博士か大臣か」という言葉がありましたが、これは「はかせ」で官僚のことを意味していると思われます。日本には博士号が実は二種類あります。乙（類）博士と

甲（類）博士といいます。「末は…」の博士は前者の乙です。上記の「博士課程」を経て、得られる博士は甲です。乙は論文博士ともいい、甲は課程博士ともいいます。私も甲の博士号を持っています。昔の偉い先生は、乙の人が多く、甲と一緒にされると怒り出す先生もおられました。最近は、気にする人は減りましたし、ほとんどが甲になりましたので、少しずつ時代は変わっています。海外では甲と同じ課程を経て得る博士号を Ph. D といいます。ラテン語の Philosophiae Doctor、英語では Doctor of Philosophy のことを指します。この Ph. D を取るには、かなりの勉強量が必要で、人生のリソースの多くを投資しますが、それだけの価値があると考える人は多いといえます。

　日本では、大学生が勉強をしないと言われて久しく、私の学生時代から何も変わっていません。一方、「院生が勉強をしない（しなくなった）」と言われることはほとんどありません。院生ともなると、たいていの場合、しっかり勉強しますし、大学の先生も学部生と院生の指導については、はっきりと線引きをしている人がほとんどです。学費と年齢というリスクを差し引いても、大学院に行かねば得られない知識や技術は必ずあります。また、学部では得られなかった質の高い指導を受けられることもあります。また学会活動を通して、最先端の情報に触れることも可能です。つまり、大学院は学部よりも専門性の高い教育を受けることができます。専門性が高いということは、簡単にいえば、「素人離れした能力」を獲得することが可能です。自分を磨くという意味において、大学院に進むということは、人生を生きていくために、たくさんのアドバンテージを私たちに与えてくれると理解してよいと言えます。しかし、現実的に大学院に行くには、かなりの準備が必要になります。ただ大学の延長線上で大学院に行ってしまうと、何がおこっているのかわからないまま、2 年が終わってしまいます。これはとてももったいないことです。

　しかし、2020 年から続くコロナ禍は、これまでの社会常識を一変させました。とりわけ大学の運営は大きな影響を受けました。特に対面授業から、オンライン授業に切り替わり、端的にいえば、動画を見てレポートを書けば授業が成立することになりました。これによって、よくも悪くもこれまでの大学運営方式は大きく変化しました。オンラインのあり方は大学ごとに全く異なっていて、どの大学が優れているか、劣っているかは、今のところ不明です。いずれ優れたオンライン授業について、たくさんの特集があると思いますので、高校生の方やその親御

さんは注視しておくとよいでしょう。新しい制度をうまく作った大学が生き残ることができます。これまで、箱物に力を入れてきた大学の多くは、苦境に立たされていると言っていいでしょう。要は中身です。大学がどんな学生を作るかを明確にして、どんな教育をするのかということを打ち出して、学生がどんな変化をし、どのように伸びて、どんな社会で活躍するのかというロードマップを示すことがまず必要なことです。就職させるのか、大学院に進学をさせるのか、それによって、教育の中味は異なるはずですが、そこも明確にする必要があります。これからの時代、一番勉強すべき場所は高校ではなく、大学です。大学生になってから、驚くほど勉強をする環境を作ることがこれからの大学の仕事です。

　私が長年、塾生を見てきた印象では、大学生は少なからず勉強したい人がいます。大学でよい教育を受けた人が大学院に行きたいという気持ちになることは珍しいことではありません。一方で、大学で勉強をしなかったことに対する後悔を持っている人もまたたくさんいます。最近は「大人の学び直し」という言葉も一般化しています。社会人になってから大学や大学院に行く人ももちろん増えていますし、定年後のセカンドキャリアとする人も増えています。

　いくつになっても、大学院に行ってみたい気持ちはあるという人は多いのですが、行きたい気持ちはある→シューカツもあるし、どうしよう→お金はどうしよう？→研究はどうしたらいい？→自分には無理かも→やめよう…、こんな流れをたどる人は少なくありません。とりわけ、社会人の方で、この流れで大学院に行かなかったことを後悔している人は、これまでもたくさんおられました。大人になってから、「やっぱりちゃんと勉強したい」こんな思いを持っておられる方は本当にたくさんいます。できるなら、高校のうちから志を持って勉強して、進学するのが望ましいといえます。

　大学院に行くには、まずは動機が重要です。
　「自分の学問を極めたい」
　「もっと学問の最先端に身を置きたい」
　「修士や博士の学位が欲しい」
　「将来教授になりたい」
こういったところが一般的です。意外に就職によいからと考えている人は少ないと思います。一方、社会人の方の場合、
　「今している仕事を理論的に学びたい」

「MBA を取得したい」

「転職したい」

などと、仕事と結びつけて考えている人もたくさんいます。どんな動機でも構わないので、自分の動機を明確にしておくことが重要です。これが覚悟を決める時の決定打になります。大学院に行くことは、大学生の場合、日本の特殊なシューカツシステムから離脱することでもありますので、それなりの勇気を要します。

日本人はレールから外れる不安が苦手でもあるようです。それだけシステム化されすぎた教育に多大な問題があるのですが、何か厚い壁があります。いずれの動機にしても、「行きたい」と覚悟を決めた時が、行き時です。これを先送りにすると、次にいつチャンスが巡ってくるかわかりません。掴めるチャンスは掴んでおきたいところです。先送りにすると、興味が薄れてしまうこともあるし、環境が変わってしまうこともあります。勇気を持って一歩踏み出したことで、泣きたくなるくらい大変なこともありますし、何日も寝ずに勉強するなんてこともあります。しかし、その苦労は人生において、かけがえのない価値を持つことは間違いありません。そういった苦労をするうちに、自己の成長を感じることができます。1 年前の自分と比べて、明らかに成長した自分を感じることができる人は幸せだと思います。

大学院での 2 年は、人生に彩りを与えてくれます。ある程度年齢を重ねても伸びていく自分を実感できる機会というのは、それほどないと思います。とにかく学問の世界は文字をたくさん読まないといけない世界です。手続きも面倒です。書類もたくさん書かねばなりません。しかし、それらを 1 つずつクリアしていくことによって、社会が書類と手続きがどうしても必要なものだという実感もあらためて持つようになります。お金もかかりますが、それは非常に有益な投資になると思います。まずは一歩踏み出す勇気を持ってみてください。

第1章

大学院資格として成功した臨床心理士

●臨床心理士とは

　臨床心理士とは、「臨床心理学」という学問を前提とする資格です。臨床心理学を大学院で修めることを必須とした資格になっています。ほとんどの大学の先生は、この点に賛同しており、「学部卒業で得られるようにすべき」と考えている先生はほぼいないといってよいでしょう。

　臨床心理学と通常の心理学は、必ずしも同じではありませんが、いずれにしても、学部ではとても人気の高い学問分野です。大学において、「心理学部」「心理学科」「心理コース」などをあげるとかなりの数があり、大学の集客部門として心理学が採用されることはよく知られていることです。そういった事情で、この国の大学で、何らかの形で心理学を学んでいる学生数は、5万人から6万人程度いると推定されます。

　心理学という言葉はとても魅力的な言葉で、英語では psychology（サイコロジー）ですが、いずれにしても人を惹きつけ続けてきました。ただし、誤解も多く、「心理学を勉強すると、人間の心が読めるようになるのでしょ？」という質問は心理学に進んだ人ならよく受けるのではないかと思います。しかし、その期待に反して、実際に心理学を学ぶ学科に入って、勉強を始めようと、本を手に取ってみると、びっくりするほど面白くなかったと思った人も多いのではないかと思います。心理学に統計学があると知って、「文系なのに…」と愕然とする人もいます。とりわけ現代では心理学は科学です。科学は普遍性や再現性が必要になります。

　心の科学としての心理学のはじまりは、1879年にヴント, W. がライプツィヒ大学で心理学実験室を開設したときとされています。ヴントは意識を自然科学的に捉えることを目指し、内観法を用いて、複雑な意識過程から要素を抽出しよう

としました。さらに抽出された要素がどのような法則に基づいて結合し、意識を構成しているのかを明らかにしようとしたので、彼の心理学は「要素主義」「構成主義」とも呼ばれています。

　ヴント以降の心理学は、彼の理論を批判し、反論するところから始まったものも多くあります。ジェームズ, W. は、ヴントの要素心理学、構成主義を批判し、意識の構造ではなく機能が重要であるとしました。こんな流れで、心理学という学問は科学として歩みます。

　臨床心理学の創始者といわれるウィットマー, L. は、ライプツィヒ大学でヴントの指導を受け、1896年ペンシルヴェニア大学に心理臨床相談所を創設しました。この相談所では、問題を抱える児童を心理学的に診断し、支援していました。米国ではウィットマーの心理臨床相談所をモデルとして各地に同様のクリニックが設立されましたが、当時の心理臨床家の専門的業務は主に心理テストを行うことでした。

　つまり、ヴントから始まる科学としての心理学の研究成果が、ほぼ同じ時代に人間の心の苦しみや痛みを軽減することに応用できるのではないかと考えられたところから、後の臨床心理学として発展していったということです。それが臨床心理士という資格につながり、さらにそれがついには国家資格として公認心理師になるという経緯をたどっていくことになります。

　この公認心理師は、これからの「心理職」にとって必須とも言える資格になることは間違いありません。ただ、まだ若い資格であるため、これからどうなっていくかは未知数です。また、ここまで心理職の最高権威だった臨床心理士の多くが、公認心理師になり、2つの資格を保持するのがスタンダードになりました。

　「心理」と名前のつく資格で、最も有名で、権威があると見られてきたのが臨床心理士です。臨床心理士は、日本臨床心理士資格認定協会（以下、認定協会とします）に認定された大学院を修了することで受験資格が得られます。高い教養とスキルが求められる高度な専門性を持った資格で、十分な実績があります。

　臨床心理士は昭和の終わりに創設されましたが、一般に知られるようになったのは、1995年の阪神大震災以後で特にスクールカウンセラーとして、一般に浸透しました。スクールカウンセラー事業は今も続いていますが、近年は1ヶ月待ちなどもあると聞きます。そろそろ勤務日を増やすなどの措置が必要です。30年以上の立派な歴史は、公認心理師に受け継がれていくことが予想されますが、

少なくとも日本の心理職のイメージはこの臨床心理士の歴史とともにあります。

　周知の通り、臨床心理士は国家資格ではなく、認定協会が出す民間資格です。認定協会によれば、2021年現在、38,397人の臨床心理士がおり、年間の合格率は6割程度です。ここ15年ほどでは、だいたい2,500から2,600人が受験して、1,500から1,600人が合格するという数字が継続しています。

　しかし、近年は公認心理師の影響か、少しずつ臨床心理士の合格者が減少しつつあります。令和2年（2020年）は、1,789人が受験して1,148人の合格でしたが、この数字は、平成14年以来の低水準です。その頃からすると指定大学院は増えているわけですから、各大学の臨床心理士に対する考え方に変化が生じているのは明らかです。

　これに関連して、認定協会も公表した通り、臨床心理士と公認心理師は共存共栄関係を目指すのだと思います。当面は、臨床心理士と公認心理師とのダブルライセンスを保有することが重要だと考えられます。

　このバランスが崩れるときが来るかどうかは不明ですが、私たちが取材してきた中では、ほとんどの大学の先生は、崩れると見ています。私自身もそう思っています。

　また、臨床心理士は5年ごとの資格更新がありますが、公認心理師はありません。この更新制度は必要と考える先生も多いのは確かですが、一方で、不要と考える先生も多く、バランス軸の1つと言っていいでしょう。

　京都コムニタスが創設された頃、臨床心理士を国家資格にしようという動きが出ました。詳細は後述しますが、2005年に医療心理士とのいわゆる二資格一法案で国会を通るのではないかと色めき立ちましたが、最終的には国会が解散したため潰えました（いわゆる郵政解散でした…当時の私たちもひっくり返りました）。

　これでもう臨床心理士の国家資格は無理かと思っていたところに、臨床心理士とは別の国家資格が創設されるという話が出てきました。当初は公認とはついていない「心理師」という資格を検討しているという話が出ました。

　その後突如現れたのが国家資格としての「公認心理師」でした。私はマイベストプロという媒体で長らくコラムを書いてきましたが、私が最初に「公認心理師」についてコラムで触れたのは2014年5月1日です。ここから徐々に今の公認心理師法ができ、資格の全容が明らかになっていきました。

以下ではまずは臨床心理士の歴史に触れ、公認心理師が創設されるまでの経緯
について述べていきます。

臨床心理士の歴史

　ここで少し臨床心理士の歴史を振り返りたいと思います。

　「カウンセラーという仕事をしてみたい」、「不登校で苦しんでいる人の助けになりたい」、「子どもの発達で悩んでいる人に寄り添いたい」、「会社でストレスを感じている人を助けたい」。動機は様々あれども、心理の仕事は幅が広く、どんな分野においても無関係とは言い難く、どこかにいつも関わっている分野です。

　心理学は歴史がとても古く、古今東西、人間はいつの時代も心という不思議なものに疑問を持ち、解明を試みて、研究を重ねてきました。日本の心理学の始まりや臨床心理学の始まりについては、すでに多くの詳しい書籍が出ていますので、ここでなぞることはしませんが、戦後この心理学の知識やデータは、例えば教育や医療、犯罪や矯正など様々な分野で応用されるようになります。そしてその専門家たちに資格を与えようという動きが出て、生まれたのが臨床心理士です。この資格が創設されたのは 1988 年 3 月です。これができるまでには紆余曲折ありました。心理学の専門家をまとめるのはとても難しいと、よく言われていますが、この経緯を見ると、仏教学が専門の私にとっては、あまりにも複雑です。ただ、「心理技術者」を作りたいという思いは共有されていたようです。この「心理技術者」こそが、学問に基づいた技術者としての資格のスタートラインです。町の占い師や、自称カウンセラーのような人たちと一線を画す必要があったでしょうし、一方で、学問的裏付けを持って、現場で活躍する人もすでにいたでしょうから、その人たちに報いる資格の創設の必要性もあったのだと思います。臨床心理士はカウンセラーというだけではなく、サイコセラピストでもあり、学問的に裏付けされた心理テストができる人でもあり、コンサルテーションもできる人でもあります。また例えば、新たなテストを作ったり、新たな症例が出た時には、それを研究する能力も要します。これらを一つの資格に押し込んでいこうとしたわけですから、大変な苦労があったと考えられます。

　この資格は、1955 年、「心理技術者の養成に関する意見書と心理技術者養成教

育課程案」が出され、1960 年に改定案が出されました。この後「心理技術者資格認定起草委員会」が 1962 年にでき、1966 年に「心理技術者資格認定機関設立準備会最終報告」が提出されました。そこで初めて「臨床心理士」という名称が出たわけですが、その段階では決定したわけではありませんでした。

　1982 年に日本心理臨床学会が設立され、事態が動きます。この学会では国家資格を求める声が大きく、1985 年に「資格問題特別委員会」が発足しましたが、国家資格にはならず、様々な事情で 16 の団体の協力もあって、国家資格の一階梯として認定協会が設立され、臨床心理士が民間資格として発足しました。

　認定協会のホームページにも記されていますが、1988 年に 1,841 人が受験し、合格した 1,595 人が日本で最初の臨床心理士です。この後、臨床心理士は様々な分野で活躍することになりますが、その職域は、医療・保健、福祉、教育、司法・矯正、産業、地域社会、などが基本的な職域で、その他、働く場としては災害などで被害を受けた人の心のケア、学校でのスクールカウンセラー、役所等で育児支援、母子支援、DV や虐待被害支援などの場で働くようになっていくことになります。また開業する人もいますし、カラーコーディネーターやイメージコーディネーターになっていく人もいます。スタートから大変汎用性の高い資格だったということです。この 1988 年以来、認定協会は、臨床心理士養成に力を注いでいくことになります。

●臨床心理士養成

　臨床心理士は、臨床心理学という学問に基づいた資格です。それもあって、大学院で教育を受けることを前提とした資格です。この資格を得るには、毎年実施される資格試験に合格しないといけないわけですが、その資格試験を受験するために、「臨床心理士指定大学院」という大学院に入って、要件を満たして修了しなければなりません。

　認定協会は次のように規定しています。
・指定大学院（1 種・2 種）を修了し、所定の条件を充足している者
・臨床心理士養成に関する専門職大学院を修了した者
・諸外国で指定大学院と同等以上の教育歴があり、修了後の日本国内における心理臨床経験 2 年以上を有する者
・医師免許取得者で、取得後、心理臨床経験 2 年以上を有する者

臨床心理士の受験資格を得る場合、ほとんどの人が指定大学院か専門職大学院を修了します。2021年、専門職大学院は5校、指定大学院2種校は8校ですので、事実上、157校の指定大学院1種校に入ることが、臨床心理士の資格を得る基本ルートということになります。1種校とは大学院修了を3月にしたとすると、その年の10月に受験ができます。2種校は、3月に卒業すると、1年研修を積んで、次の年の10月に受験ができます。現状としては、ほとんどの受験生は1種校に進みます。

　臨床心理士指定大学院で学ぶことは、大きく分けると、「実習」、「講義等の座学」、「研究」の三本柱になります。具体的に何をするか、どこで実習をするかは学校ごとに異なりますので、事前に調べておく必要があります。

　実習は内部と外部があります。内部では、1種校は基本的には、心理相談センター（クリニックなど言い方は様々）を持っていますので（大学にとっては赤字部門になりやすいそうです）、そこでケースを担当したり、インテーク面接をしたり、先生のケースの陪席をしたり、記録の書き方などを習ったり、とたくさんすることがあります。外部は、医療機関をはじめとして、教育機関、福祉施設などに行きます。実習時間の多い大学院は、修士課程1年次の4月から外部実習があるというところもあります。

　また講義では、最も大切といって差し支えないのは、心理検査に関するものです。心理検査は大別して「性格検査」「知能検査」「発達検査」になり多数に細分化されています。これらは基本的に大学院で深く学べるものです。将来、心理職として就職しようと思った場合、どんな検査ができるか、経験があるかを問われることがあるので、たくさん勉強しておく必要があります。

　最後に研究ですが、公認心理師養成の単位は、実は卒業論文も、修士論文もありません。だから、大学さえ認めれば、研究をせずともよいということになります。しかし、実際はたいていの大学で受験の際に研究計画書の提出が求められますし、研究発表なども積極的にやっていく必要があります。

　以上の三本柱が臨床心理士指定大学院で受けられる教育ですが、現時点では、臨床心理士指定大学院に行くと、学部で指定単位を取っていれば、「公認心理師もとれる」という学校が大半です。したがって、公認心理師を含む心理職養成は、当面の間、臨床心理士の養成方法がそのまま適用され、別資格として、個別に養

成する学校はほとんどないと考えられます。例外的とも言えるのが、大阪公立大学（2022年4月開学）と立命館大学になります。

●臨床心理士指定大学院の変化

　公認心理師養成が現実化して以来、臨床心理士指定大学院を続ける必要がないと考えている学校が増えつつあるのは紛れもない事実です。今回のインタビューの中でも、明確にそのように考えている大学もあれば、迷っている大学もあります。一方で、これを堅持するという大学もあります。社会状況を見つつ、ただいま検討中という大学もあります。認定協会のホームページでは、2020年で1,789人受験して、1,148が合格しています。前年の2019年で2,133人受験して1,337人が合格し、さらにその前年は2,214人の受験で1,408人が合格しました。これらの数字は、受験者が2,000人を超えた2003年以来、どんどん減少していることを示します。現時点で指定大学院はそこまで減っていません。やめると宣言しても学生が残っている間は、受験者がいるということですから、純粋に受験者と合格者が減っているのです。指定大学院自体が減少傾向である以上、これからもこの傾向が続くといえるでしょう。

　この状況に対して、認定協会も含む、臨床心理士を運営する方々が何らかのメッセージを発する必要があると思うのですが、公認心理師が生まれて以来、現時点で明確なものはありません。冷静に考えていただきたいのは、ほとんどの公認心理師は臨床心理士でもあります。こうなった以上、もはやこれは切り離せません。しかし、周知の通り、公認心理師には更新制度はありません。臨床心理士には更新があります。公認心理師は自ら登録をやめれば公認心理師でなくなりますが、臨床心理士は更新しないと資格が失効します。どちらが自然に減るのかは明白です。現在、35,000人以上の公認心理師が登録されています。遠からず30,000人を超える両資格保持者が出ると考えられます。共存共栄を図れるのは、多くの大学の先生を含むこの両資格保持者です。そしてこの2つの資格を各人がどのように使おうと思っているかが、共存共栄のモデルになると考えるべきでしょう。政治家の名前を出して、彼らとともに進むという宣言は、申し訳ありませんが、「すべての臨床心理士に責任を負う本協会の立場から」と言うなら、立つ場所も、見ている方向性も違うように思います。むしろ指定大学院を担う大学が、公認心理師と共存するカリキュラムの編成にどれだけ苦労をしているのかを見るべきで

す。教育現場は学部教育のカリキュラム編成に悩まされています。特に2018年入学生から新カリキュラムが動いているわけですが、2021年9月にこの学年が大学院受験をしました。遠からず、学部では公認心理師の単位を取り、大学院は臨床心理士指定大学院に進む形が初めて運用されることになります。共存共栄に果たして本当になっているのか、そういう方向性にカリキュラムがなっているのか、これから心理学系の学部に進もうとお考えの方は、以上を踏まえた上で、どんな大学に行けばいいのかを考える必要があります。

　これから心理職になろうとする人がまず考えるべきは、いつ大学や大学院に進むか、です。その時期によって戦略は変わってきます。かりに今ということであれば、公認心理師との兼ね合いが最も難しい時期ですから、臨床心理士の教育が充実しているところ、ということになります。現在高校生でこれから心理職を目指そうという人は、公認心理師のための学部教育を充実させているところということになります。公認心理師の学部教育に力を入れているところは、臨床心理士も併せて力を入れると考えているところ、すなわち大学院教育も力を入れると考えている学校と、臨床心理士養成をやめる、あるいはやめようとしている（そもそも関わっていないも含む）学校とに分かれます。どれが一番いいのかは、現時点ではわかりません。ただ、このカオスな状態で、臨床心理士側からの明確なメッセージがない中、各大学が自分たちで考えなければならない状況が鮮明になっています。こういった時は、むしろ、大学の力と、考え方や誠実さが全面に出ます。これから心理職を目指す方は、よく注視しておく必要があります。

　以下では公認心理師がどのような経緯で生まれたのかを振り返っていきます。

第 3 章

国家資格 公認心理師とは何か？

　臨床心理士は国家資格にはなりませんでしたが、臨床心理技術者が国家資格化されることに、どのような意味があるのでしょうか？

　インタビューの中で印象的だったのは、これまで臨床心理士として病院で働いていても、「国家資格でない」、ということで阻害されることがあったという生々しい話を聞かせていただくことがありました。話に聞いたことはありましたが、現実にそんなことがあることに驚きました。それだけでも国家資格を持つことは、他の国家資格者とチームで働くときには必須であることがわかります。

　例えば、これまで患者にストレスチェックを実施出来る職種は看護師と精神保健福祉士でした。仕事の性質から考えるとむしろ、臨床心理士が担っていなかったことが不思議ですが、やはり国家資格ではなく民間資格だということがネックだったようです。特に問題になるのは守秘義務で、公認心理師法にも守秘義務が記載されていますが、法律での拘束が必要なのでしょう。

　また公認心理師はストレスにうまく対応できる心の状態をつくる「認知行動療法」などを使い、心の問題の解決に取り組みます。方法はカウンセリングが中心で、もちろん薬の処方など医療行為は行いません。それでもこれから最も活躍が期待されているのは医療の分野です。それは公認心理師が生まれる経緯にも関係すると言えます。

●公認心理師が生まれる経緯

　国家資格化の起点になるのは 1990 年です。現実的な議論が開始されたのはその年に始まった厚生省（当時）の「心理技術者資格制度検討会」とされます。これは「厚生科学研究事業」と名称を変え、最終的な取りまとめとして、「平成 13 年度厚生科学研究『臨床心理技術者の資格のあり方に関する研究』報告書に対する意見書（詳細）」という文書が、2002 年 7 月付で日本臨床心理士会から出されています。

結論を以下に引用します。

①臨床心理技術者の国家資格化は差し迫った必要性があるとの意見の一致をみた。

②臨床心理技術者の業務を、a) 臨床インテーク、心理相談、援助業務、b) 心理査定、c) 心理療法に整理し、領域ごとに（全部の領域が網羅記述されてはいない）その内容を短く述べてある。

③臨床心理業務と医行為の関係

　1　医療保健施設における業務には医行為に含まれるものがある。

　2　なんらかの心身の障害や疾病を有するものを対象にした場合の業務は医行為に含まれる。

　3　さらにチーム医療の一員である場合は医師の指示に従う。

　これらは1かつ2かつ3であると理解すべきであるとされる。

このようになっており、心理技術者の国家資格の必要が強く主張されました。「厚生科学研究事業」を基に医療保健領域での心理職の国家資格創設への運動が始まり、2004年10月に「医療心理師国家資格制度推進協議会」が設立され、当時の鴨下一郎衆議院厚生労働委員長宛に、国家資格制度創設要望書を提出しました。2005年2月には超党派議員による議員連盟「医療心理師（仮称）国家資格法を実現する議員の会」が結成され、3月には心理学系4年制大学卒を受験資格とし、医療保健機関において医師の指示の下での名称独占資格とし、「医療心理師国家資格法要綱案」が議員連盟総会で承認され、医療心理師の国家資格化が現実的になりました。時同じくして2005年4月に「臨床心理職国家資格推進連絡協議会」が発足し、議員連盟である「臨床心理職の国家資格化を通じ国民の心のケアの充実を目指す議員懇談会」から「横断的な心理職の国家資格法案要綱」が公表されました。その結果、いわゆる二資格一法案という「臨床心理士及び医療心理師法要綱骨子」が2005年7月5日に両議員連名合同総会で承認されました。しかし、この直後より医療関係団体から反対声明が出されたり、国会解散などがあり、法案が提出に至らずに消滅してしまいました。

この時は確かに臨床心理士が国家資格に近づいたのですが、届きませんでした。以降、臨床心理士の国家資格化はなくなりました。しかし2008年12月、日本心理学諸学会連合理事会において心理職の国家資格に向けての活動が決議され、日

本心理学諸学会連合の呼びかけにより、「臨床心理職国家資格推進連絡協議会」、「医療心理師国家資格制度推進協議会」、「日本心理学諸学会連合」の「三団体会談」が2009年1月に発足し、心理職の国家資格創設に動き出したのです。その後の年表は日本心理研修センターのホームページに記載されていますので引用し、補足します。

公認心理師法成立まで

2005年8月 国家資格を目指すが 国会上程に至らず（二資格一法案）

2009年2月 三団体会談開始一資格一法案を目指すカリキュラムの検討

2011年1月 国家資格化『要望書』の作成

2012年3月 「心理職の国家資格化を目指す超党派議員に呼びかける集会開催

2012年6月 自民党「心理職の国家資格化を推進する議員連盟」発足

2012年8月 「心理職の国家資格化を推進する民主党議院連盟」発足

2013年1月 「一般財団法人日本心理研修センター」設立準備委員会

2013年2月 『心理師（仮称）』国家資格創設早期実現の請願署名開始

2013年3月 三団体「心理職の国家資格の展望と課題」公開シンポジウム開催

2013年4月 「一般財団法人日本心理研修センター」設立

公認心理師創設のポイントとなったのは、2009年4月29日第3回三団体会談で、一資格一法案が現実的になりました。そして2009年9月26日、第5回三団体会談で資格の基本コンセプト、要望意見の検討があり、概ね理解を得ました。

2011年1月30日、第11回三団体会談で「国家資格についての三団体共同見解（修正案）」を三団体共に了承され、10月2日、三団体会談において「要望書（案）」が承認され、議員連盟の立ち上げに向けて国会議員に対し、また文部科学省および厚生労働省関係者に対し、陳情を開始しました。

2012年3月27日、三団体主催の心理職の国家資格化を目指す院内集会が衆議院第一議員会館内において開催され、国会議員96人、議員秘書約100人、一般入場者約450人が参加しました。

次の重要ポイントは2012年6月17日、28回日心連定例理事会において、国家資格「心理師（仮称）」大学院カリキュラム案について内容の説明が行われ、次回定例理事会で承認の審議を行うこととなったことです。私たち京都コミュニタ

スが国家資格創設の実現が進んでいることを捕捉したのはこの時です。

2012年12月23日 第29回日心連定例理事会において、国家資格心理師（仮称）大学院共通カリキュラムが承認されて2012年が終わります。

2013年に入り、また大きな動きがあります。4月1日 一般財団法人・日本心理研修センター（理事長・村瀬嘉代子氏）が設立されました。

2014年になると、自由民主党「心理職の国家資格化を推進する議員連盟」所属議員、衆議院法制局、文部科学省、厚生労働省らにより、「公認心理師法案要綱骨子（案）」の三団体に対する説明会が衆議院議員会館にて開催されました。ここで公認心理師という言葉が世に出ます。

2014年5月に自由民主党の文部科学・厚生労働両部会の合同会議において、公認心理師法案が承認されます。6月、第186回通常国会において、衆議院議員提出法律案第43号として、6会派（自由民主党、公明党、みんなの党、結いの党、生活の党、社会民主党）共同で公認心理師法案を提出しました。しかし、8月くらいから、よく知られているように、医師側は「医師の指示」という文言にするように主張し、臨床心理側は「指導」にするべきだということでもめてしまいました。結論は「指示」が法律に書かれることになります。

9月には三団体・日本心理臨床学会・日本臨床心理士会の5団体が「『公認心理師法案』早期実現のお願い」を公表します。

11月、第187回臨時国会において、6会派共同提出の公認心理師法案の内容について、民主党が修正を提案し、与野党合意に至ったのですが、第187回臨時国会会期中における衆議院解散に伴って法案は廃案となってしまいました。

しかし、今回はあきらめることなく、直後の12月に、日本心理臨床学会が「『公認心理師法案』再提出のお願い」（三団体会談の文書と同内容）を公表し、さらに精神科七者懇談会が、「公認心理師法案の無修正成立の要望書」を公表したことで、公認心理師法案提出に向けて再々度動き出しました。

2015年に入り国会が1月から始まるわけですが、9月9日、第189回国会において、「公認心理師法」が参議院本会議で全会一致で可決、成立。

11日、「公認心理師法」公布のための閣議決定、上奏がなされ、16日、「公認心理師法」公布となりました。

そんなこんなで公認心理師法が成立し、2年後の法施行ということでしたので、2017年に法が施行され、同時に「公認心理師法施行令」、「公認心理師法施行規則」

（平成 29 年文部科学省・厚生労働省令第 3 号）が制定され、同日から施行されました。

　その 1 年後の 2018 年 9 月に第 1 回公認心理師試験が実施されるという運びになったのです。公認心理師にとってこの 2018 年という年はとても重要な年になりました。この公認心理師法が成立するまでの時期、臨床心理士界隈では多くの不安が飛び交っており、ちょっとしたパニックでした。日本臨床心理士養成大学院協議会のこの時期の記事では、法案の廃案を主張するものもたくさんありました。それだけ、公認心理師と臨床心理士は別の資格であり、臨床心理士側からすると「脅威」と映っていたようです。

●公認心理師法における定義と養成

　それでは法律で規定された公認心理師とはどのようなものでしょうか？

　この法律の趣旨としては「心の健康の問題は国民の生活に関わる重要な問題であること」、「学校・医療機関・その他の企業等、様々な職場における心理職の活用の促進が喫緊の課題であること」、「日本では心理職の国家資格がなく、国民が安心して心理に関する支援を受けられるようにするため、国家資格に裏付けられた一定の資質を備えた心理職が必要とされてきたこと」、「法はこのような現状を踏まえ、公認心理師の国家資格を定めて業務の適正化を図り、もって国民の心の健康の保持増進に寄与することを目的とする」

　このようになっています。

　第一条（目的）

　この法律は、公認心理師の資格を定めて、その業務の適正を図り、もって国民の心の健康の保持増進に寄与することを目的とする。

　第二条（定義）

　この法律において「公認心理師」とは、第二十八条の登録を受け、公認心理師の名称を用いて、保健医療、福祉、教育その他の分野において、心理学に関する専門的知識及び技術をもって、次に掲げる行為を行うことを業とする者をいう。

　　一　心理に関する支援を要する者の心理状態を観察し、その結果を分析すること。

二 心理に関する支援を要する者に対し、その心理に関する相談に応じ、助言、指導その他の援助を行うこと。

三 心理に関する支援を要する者の関係者に対し、その相談に応じ、助言、指導その他の援助を行うこと。

四 心の健康に関する知識の普及を図るための教育及び情報の提供を行うこと。

　法律ではこのようになっています。国民の心の健康の保持増進という文言は重要です。法律用語としては初めて使用されたと言われています。「心身」ではないというところに、心理の専門家ということを強調する意図が見えます。

　まとめると、公認心理師は、心理に関する支援が必要な方の心理状態を観察・分析し、助言や指導・その他援助を行う国内初の心理職の国家資格です。この資格は「名称独占資格」であり、「業務独占資格」ではありません。第44条では「公認心理師でない者は、公認心理師という名称を使用してはならない」とあり、「公認心理師でない者は、その名称中に心理師という文字を用いてはならない」とも記されています。この「師」という漢字が重要なのでしょう。

　この公認心理師をどのように養成するか、ということについて法律は以下のように述べています。

　第七条　試験は、次の各号のいずれかに該当する者でなければ、受けることができない。

一 学校教育法（昭和二十二年法律第二十六号）に基づく大学（短期大学を除く。以下同じ。）において心理学その他の公認心理師となるために必要な科目として文部科学省令・厚生労働省令で定めるものを修めて卒業し、かつ、同法に基づく大学院において心理学その他の公認心理師となるために必要な科目として文部科学省令・厚生労働省令で定めるものを修めてその課程を修了した者その他その者に準ずるものとして文部科学省令・厚生労働省令で定める者

とあり、この条文は非常に重要です。私たちが悩まされたのもこの条文です。

　これは要するに「大学で公認心理師養成で指定された単位を取って」「卒業し

てから」「大学院に入って、必要科目を修めて修了」と読むようです。私たちも何度も文科省、厚労省に電話して聞きましたが、先に大学院を修了して、その後に学部の単位を取るという順番は認められないそうです。「卒業し、かつ、同法に基づく大学院において」という書き方なら順番は逆でもよいのではと食い下がってみましたが、全く相手にされませんでした。このルートがAルート（区分A）になり、2022年4月から大学院に入る人は初めてこの法律に沿った養成がなされることになります。

　　二　学校教育法に基づく大学において心理学その他の公認心理師となるために必要な科目として文部科学省令・厚生労働省令で定めるものを修めて卒業した者その他その者に準ずるものとして文部科学省令・厚生労働省令で定める者であって、文部科学省令・厚生労働省令で定める施設において文部科学省令・厚生労働省令で定める期間以上第二条第一号から第三号までに掲げる行為の業務に従事したもの

　これがBルート（区分B）になり、要するに大学院に行かずとも公認心理師の受験資格が得られるルートです。ただし、現時点ではほとんど機能していません。今後、このABルートが主たるルートと認識されると思われますが、事実上、大学院に進むAルートが基本となるでしょう。このAルートを支える大学院が養成機関として最も重要なものになりますが、現時点で公認心理師専門の大学院はごくわずかです。心理職養成という能力において、現在の臨床心理士指定大学院が優れており、そのシステムは日本の心理職養成のスタンダードと言えます。本来は、公認心理師と臨床心理士は別資格と考えるべきですが、養成機関は、現時点ではほとんどにおいて臨床心理士指定大学院になります。言い方を変えると、公認心理師の資格を取得したいと思うと、学部で公認心理師の指定単位を取得した上で、公認心理師カリキュラムに対応している臨床心理士指定大学院に進むのが、最もスタンダードだということになります。私は、これはねじれ現象だと見ており、少々無理があるように思えます。これによって、公認心理師と臨床心理士は同じ資格なのか、異なる資格なのか、混乱する人も出てくると考えられます。しかし、今回のインタビューの中で、ほとんどの大学の先生方は、現段階では、2つの資格を取ることが重要であるため、このねじれ現象は仕方のないことと考

えられています。また資格の問題ではなく、良い心理職者を作ることが自分たちの仕事だとお考えの先生もたくさんおられました。

●公認心理師試験

公認心理師法第二章（第四条 – 第二十七条）には試験のことが記されています。

試験方式は筆記試験のみです。出題形式は、五肢、または四肢択一を基本とする形式で択二問題もあります。全問マークシート方式で、ここまでの合計5回の試験（北海道試験含む）では154問が出題されました。試験時間は午前、午後とも120分ずつ（合計4時間）でした。

合格基準は、全体の正答率は、60%程度以上が基準となります。第3回試験までは230点満点で138点が合格ラインでした。しかし、第4回試験では143点になり、少し合格ラインが高くなりました。

試験科目

① 公認心理師としての職責の自覚	⑬ 障害者（児）の心理学
② 問題解決能力と生涯学習	⑭ 心理状態の観察及び結果の分析
③ 多職種連携・地域連携	⑮ 心理に関する支援
④ 心理学・臨床心理学の全体像	（相談、助言、指導その他援助）
⑤ 心理学における研究	⑯ 健康・医療に関する心理学
⑥ 心理学における実験	⑰ 福祉に関する心理学
⑦ 知覚及び認知	⑱ 教育に関する心理学
⑧ 学習及び言語	⑲ 司法・犯罪に関する心理学
⑨ 感情及び人格	⑳ 産業・組織に関する心理学
⑩ 脳・神経の働き	㉑ 人体の構造と機能及び疾病
⑪ 社会及び集団に関する心理学	㉒ 精神疾患とその治療
⑫ 発達	㉓ 公認心理師に関係する制度
	㉔ その他（心の健康教育に関する事項等）

この科目はブループリント（公認心理師試験出題基準）にも記載されています。ブループリントは毎年試験の約半年前くらいに研修センターから発表されますが、公認心理師試験のための勉強において、最重要情報ともいえるものです。私

たちも毎年これをよく見て、新しく加わった用語や、逆に削除された用語などを検証します。とりわけ新出の用語は高い確率で出題されますので、早い段階でブループリントを見て、知らない用語をないようにしておきたいところです。

●特例措置（経過措置）

　公認心理師法ができて、まず多くの人が注目したのは養成と特例措置です。当初は色々なうわさが飛び交っていましたが、まずわかったことは、公認心理師は無条件で与えられる資格ではなく、どの人も受験をしないといけないということです。偉い先生方に忖度することなく「受験資格の特例」を経過措置期間認めるという形を取りました。公認心理師法附則第二条に「次の各号のいずれかに該当する者は、第七条の規定にかかわらず、試験を受けることができる」とあり、それぞれ簡略していうと、

①法律施行日以前に心理学その他の公認心理師となるために必要科目を修め、大学院課程（臨床心理士指定大学院と判断できます）を修了した者

②法律施行日以前に大学院に入学し、施行日以後に必要科目を修めて当該大学院の課程を修了した者

③法律施行日以前に大学に入学し、必要科目を修めて卒業した者であって、施行日以後に同法に基づく大学院において、第七条で定める科目を修めてその課程を修了した者

④法律施行日以前に大学に入学し、必要な科目を修めて卒業した者であって、第七条第二号の文部科学省令・厚生労働省令で定める施設において同号の文部科学省令・厚生労働省令で定める期間以上第二条第一号から第三号までに掲げる行為の業務に従事したもの

⑤この法律の施行の際現に第二条第一号から第三号までに掲げる行為を業として行っている者その他その者に準ずるものとして文部科学省令・厚生労働省令で定める者であって、次の各号のいずれにも該当するに至ったものは、この法律の施行後五年間は、第七条の規定にかかわらず、試験を受けることができる。

　　一　文部科学大臣及び厚生労働大臣が指定した講習会の課程を修了した者
　　二　文部科学省令・厚生労働省令で定める施設において、第二条第一号から第三号までに掲げる行為を五年以上業として行った者

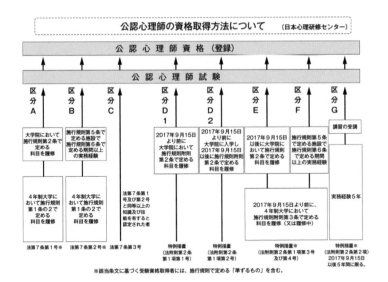

図 1-1

　以上が特例措置で5年間あります。このような文言に沿って図1-1がよく知られるようになりました。各受験ルートは研修センターのものを引用しました。今年2021年は4年目になり、9月19日に試験がコロナ禍の中、実施されました。そして2022年7月17日に予定されている第5回公認心理師試験が、この特例措置の最終になります。この試験が終わると、上記のGルート（区分G）からの受験ができなくなります。また第7回試験からはほとんどがAルートの試験になり、DEFルートは徐々に減ってくるであろうと予測されます。

　この特例は基本的には臨床心理士が公認心理師の資格を取りやすいようになっています。ただし、臨床心理士だけではなく、例えば、医師、看護師、精神保健福祉士、学校の教師も公認心理師になっており、2021年12月末現在52,099人の登録が公表されています。そうすると経過措置期間で、60,000人程度の公認心理師が生まれると考えられます。保健師より少し多いくらいでしょうか。精神保健福祉士は90,000人程度いますので、これから追いつくかもしれません。しかし、医師は33万人足らず、薬剤師も30万人程度います。また看護師は120万人以上います。そう考えるとこれからの成長が期待される分野ともいえます。

　しかし、ここからの試験は、経過措置期間が終わった後のことを想定する必要

がありますので、ここまでの数字よりも、これからどうなるかを注視しないといけません。第 3 回公認心理師試験では、E ルート受験の人が 936 人で合格者が 758 人でした。2018 年から大学の学部で公認心理師養成のカリキュラムが始まりました。この学年の人たちが大学院を出た時にいわゆる A ルート（区分 A）の試験が初めて適用されます。A ルートは学部で指定された単位を取得して卒業した後、大学院に行き、同じく単位を取得し、450 時間の実習を終えて修了することで、受験資格が得られます。6 年の教育期間と考えるのが妥当です。臨床心理士は大学院修了が条件ですが、公認心理師は必ずしもそうではないものの、今後このルートが最もスタンダードになるものと考えられます。ですから、これから、大学を選ぶ際には、大学院進学までを想定して選ぶのが妥当ということになります。そのため、大学に行くことも大切ですが、大学院が最終学歴になるということを想定して、進路を決めていきたいところです。

　過去 4 回の公認心理師試験の結果は以下の通りです。

第 1 回公認心理師試験は通称・北海道試験の追加試験とで 2 回行われました。
9 月 9 日試験
受験者数 35,020 人
合格者数 27,876 人
合格率 79.6％

　記念すべき第 1 回ということもあってか、かなり大規模な試験になりました。D1 ルートの人が、14,513 人合格者で、合格率が 86.2％でした。また、G ルートの人が、12,183 人合格で、合格率が 73.4％でした。それから逆算すると D1 も G も、それぞれだいたい 17,000 人くらいが受験しています。D1 の大半は現臨床心理士でしょうから、当時の臨床心理士の約半分が受験したことになり、2 万人足らずくらいの臨床心理士が公認心理師にならずに残ったことになります。
　北海道試験は受験者数 1,083 人、合格者数 698 人、合格率 64.5％でした。
　合格者の内訳は、D1 が 327 人、合格者のうちの 46.8％で合格率が 70.3％ですから、465 人ほどの臨床心理士が受験したと考えられます。D2 が 23 人 3.3％で 69.7％です。G が 348 人で 49.9％、合格率は 59.5％ですので、585 人ほどが受験しています。少し G には厳しかったといえます。

第 2 回公認心理師試験は

受験者数 16,949 人

合格者数 7,864 人

合格率 46.4%

　第 2 回試験はどの程度の数字になるかがとても予測するのが難しかったのですが、受験者数は半減しました。一方、合格率も激減し、ネットも含めてかなりざわつきました。私たちからしても、この合格率の低さは想像以上でした。

内訳が

D1 が 1,879 人合格で全合格者の 23.9%、合格率は 53.6% でした。

D2 が 1,253 人合格で 15.9%、合格率は 58.8% でした。

G が 4,728 人合格で 60.1%、合格率は 41.8% でした。

　以上から 9,085 人が不合格になってしまいました。第 1 回と比べるとかなり厳しい数字です。

　合格者は 7,864 人で第 1 回は 27,876 人ですから 35,740 人の公認心理師試験合格者がでたことになります。

　合格率から逆算すると、D1 は 3,500 人ほどが受験したことになります。

D2 は 2,130 人ほど、G は 11,300 人ほどが受験しています。

第 3 回公認心理師試験結果は

受験者数 13,629 人

合格者数 7,282 人

合格率 53.4%

内訳は

D1 が 1,440 人受験で 798 人合格。合格率は 55.4%。

D2 が 838 人受験で 516 人合格。合格率は 61.6%。

E が 936 人受験で 758 人合格。合格率は 81.0%。

G は 10,406 人受験で 5,201 人合格。合格率は 50.0%。

第 4 回公認心理師試験結果は

受験者数 21,055 人

合格者数 12,329 人

合格率 58.6%

D1 が 1,176 人受験で 791 人合格。合格率は 67.3%。

D2 が 446 人受験で 306 人合格。合格率は 68.6%。

E が 1,335 人受験で 1,142 人合格。合格率は 85.5%。

F は 19 人受験で 18 人合格。合格率は 94.7%。

G は 18,075 人受験で 10,069 人合格。合格率は 55.7%。

　これらの数字が物語ることは、

①第 3 回は第 2 回より受験者数が 3,320 人減りましたが、これはコロナ禍の影響
　が考えられます。第 4 回は、コロナの影響は少なくはなかったのですが、対策
　を講じたのもあり、受験者数が増えました。

②合格率は 50％程度が想定されていると見るべきで、おおむね公認心理師試験
　は、このくらいの数字を想定して設計されていることがわかります。

③E ルートの合格率が高く、やはり基本をしっかり勉強している人は合格でき
　る試験であることがわかります。第 7 回試験あたりから、難易度が高くなる
　可能性があります。

④第 3 回は、G ルートの受験者が 10,406 人で全受験者の約 76％です。第 4 回は
　約 18,000 人が受験しました。第 5 回試験も同等の数字になると考えられます。
　受験者が 1 万人を超える試験は第 5 回試験が最後になると考えられ、第 6 回以
降は 2,000 人程度の受験者の試験になると予測されます。

●公認心理師は学部卒業だけで取れるか？

　最近、「B ルート（区分 B）」に関する質問を受けることが増えてきました。ど
うも高校生の方々は、公認心理師に関心を持った場合、「学部（この方々から見
ると「大学」）を出れば資格が取れる」とお考えの方も多いようですし、学校の
先生もそんな指導をしておられると、複数の方から伺いました。そのような方々
には、臨床心理士は大学院まで行かないと資格が取れず、公認心理師は、大学だ
けで取れる資格と映っているようです。これは適切とはいえない理解ですので、

私たちとしても、より正確な情報を発信していかねばならないと思っています。

　Bルートは、先述した公認心理師法第七条第二号に定められていますが、これに関わる「公認心理師法第七条第二号に規定する施設の文部科学大臣及び 厚生労働大臣による認定等について」という文書は重要です。

　その第一「公認心理師法第七条第二号に規定する施設の認定についての基本的な考え方」があります。

　「法第七条第二号に規定する文部科学省令・厚生労働省令で定める施設の認定は、当該施設が作成した実務経験の実施に関する計画（以下「プログラム」という。）のうち、第三に掲げる基準を満たすものを文部科学大臣及び厚生労働大臣が認定することにより行うものとし、その認定に係る手続等は、以下に示すとおりとする。」

　つまり、Bルートは学部で指定された単位を取って、卒業し、その後、文科省、厚労省が定めた期間、つまり2年以上、実質3年以上公認心理師としての行為を行う業務に従事しなければなりません。さらに、その施設は、今のところ9施設しかなく、これから施設は増えることは予測されるにせよ、文科省、厚労省の認定を受けなければならないということです。その申請手続きは、煩雑であり、わざわざこれを乗り越えて、名乗りをあげる施設がどれくらい生じるかは全く未知数です。Bルートから公認心理師資格取得を考える方は、まずは施設がどのように増えてくるかを注視しておく必要があります。

　今回のインタビューでは、Bルートの施設を大学が自ら地域に作ることを考えているというところもありました。しかし、可能な限り、大学院に進む方が、順調かつ、最短で公認心理師試験を受験できるのは間違いないと思います。また、心理検査の需要はかなりたくさんありますが、この訓練は基本的には学部では難しく、大学院でするものという認識が強いと思われます。ABのいずれを選ぶにせよ、心理検査の経験はたくさん積んでおく必要があります。私としては2022年以降は、Aルートで大学院に進んで、3月には試験に合格し、公認心理師資格を取得した状態で修了するのがよいと思っています。

●良い心理職養成大学院

　それではどのような大学院に進めばよいのでしょうか？　これはとても重要な問題で、その後の人生に少なからぬ影響がありますから、納得のいく大学院に進むべきです。おそらく、高校生の方も大学生の方も「偏差値」という言葉が、心のどこかに刺さっていると思います。少なくとも大学院受験において、臨床心理士指定大学院に限らず、偏差値は無縁と考えるべきでしょう。正確に言うと、偏差値の高い大学の大学院が、あなた個人にとっても日本社会にとっても良い大学院とは限らない、ということです。

　またこの国では、誰かに自分の学歴を言ったときに、例えば東大や京大卒です、というと、「すごいね～」となりますが、同じ東大や京大の「院卒」ですと言うと、やはり「すごいね～」とは言われますが、少し意味と空気が違うことに気付きます。例えば、私が「仏教学で博士号を持っています」と一般の人に言っても「すごいですね」とは言われますが、「私にはわかりませんけど」と刀が返ってきます。

　それだけでも、大学と大学院が別物だとわかります。大学院に偏差値もランキングもありません。ただし、東大、京大の大学院がダメだといっているわけではありません。もちろん、他の追随を許さないくらい素晴らしい部分もあります。特に東大は国から出る研究費の桁が違います。これだけでも大きなアドバンテージです。また研究者や大学教授になりたいというなら、やはり関東では東大、関西では京大にアドバンテージがあります。しかし、それでさえも大学院名で決まるのではなく、もっと複雑な事情が交錯します。

　それでは、心理職養成大学院の場合、どのようにして選べばよいかという疑問は多くの方が持っておられます。もちろん、公認心理師の養成は始まったばかりです。法律的には2022年4月から大学院教育は始まるのです。そのため、まだ公認心理師については明確な決め方はありませんので、臨床心理士指定大学院を選ぶ基準とだいたい同じという見方をせざるを得ません。今ある「条件」を全部テーブルに出してから、それに適合しつつ、かつ一番行きたいと思える大学院を選ぶことが必要です。ただし、これからは、臨床心理士指定大学院だけが公認心理師を養成するのではなく、「公認心理師の単位に対応している大学と大学院を選ぶ」ことになります。臨床心理士に対応しない大学院もあるからです。

　私が「良い大学院」と考えるポイントをいくつかあげます。まず教育方針が一環していることがあげられます。ブレないとでもいいましょうか。このような大

学院は、受験生がその教育方針を良いと思えるならば、入学してから大変有益になると思います。次に教育環境も重要です。教育環境と一口にいってもたくさんの要素があります。まずは学生数に注目しましょう。学部を受験する際に学生数を気にする人はあまりいませんが、大学院では人数は非常に重要です。多いか少ないかというと、個人的には少ない方がよいと思っています。多いと、どうしても行き届かない点が出ていると思います。ただし少ないとたくさん仕事が回ってきます。

　良い臨床心理士指定大学院を選ぶ方法は複雑です。まず学科が、教育系、文学系、福祉系など、系統が大学によって異なった考え方を持っています。例えば龍谷大学だと、文学修士になりますが、佛教大学だと教育学修士になります。これが臨床心理士指定大学院を選ぶ際に、まず壁になるところです。それだけ臨床心理学は幅広いカテゴリーにまたがっているということでもあります。公認心理師はさらに幅が広がります。ただし、多くの人は、自分がどんなカテゴリーの修士号を取るかはそれほど重視しませんので、良い大学院を選ぶにはあまり気にしなくても問題ありません。

　臨床心理士指定大学院は現在170校ありますが、その中で良い大学院とは、まず先生と関連があると言えそうです。臨床心理学という学問分野は、他の学問分野に比べて幅が広く、教育や医療、福祉など、多様な分野にまたがっているからです。また、臨床心理学の歴史を見ても、フロイトやユングやロジャーズなど様々な流派もあります。関西圏では、ユング派を名乗る人はたくさんいます。それは臨床心理士の生みの親とも言われる河合隼雄先生の影響が今なお大きいからでしょう。

　また認知療法や認知行動療法、遊戯療法など様々なセラピーもあります。こういったセラピーを学びたいと思う人は、先生によって技法も違えば、同じ技法でもアプローチが違うこともあります。その中でやはり、何か1つの技法を極めて、それを伝える活動を普段からしている先生から習えるとよいと思います。例えば立命館大学は、ACTという第3世代認知行動療法を学ぶことができる数少ない大学院です。こういった特色のある技法を学びたいと思うなら、立命館を志望するのは合理的です。

　次に学費も重要なポイントです。学生にとって、学部を出てから、大学院に進むにあたって、最大の問題は学費という人が最も多いと思います。あまり望まし

くない言い方なのは承知していますが、それでも現代社会においては考えざるを得ないのは「費用対効果」です。「コストパフォーマンス」と言う人もいます。臨床心理士指定大学院の場合、私立の学費は様々です。安ければよいというものではありませんが、あまり高いのもどうかと思います。

　国立の学費は初年度が授業料535,800円、入学金282,000円の合計817,800円です。これを基準に考えて、私立で「普通」は初年度100万円くらいです。国立より安い大学院ももちろんあります。学部の学費に比べて、大学院の方が学費が安いところもあります。また院生にいくらかでも還元されるシステムを持っているところもあります。よく見てみると、学費の高い大学院と比べると倍ほど異なりますので、学費については慎重に検討する必要があります。

　一方で選んではいけないといえる大学院もあります。いまだに教員が学生をお前呼ばわりしたり、「そんなことはバカがやることだ」と恫喝したり、卒論の試問で、質問ができない教員がいるなど、散々な大学もあります。それでいて、「大学院にいく奴はボコボコにする」と全力のパワハラ発言までする教員もいます。こういう学校は内部生が見捨てていますから、そこは選択基準として重要です。

　もう1つ最重要ポイントといえるものをあげれば、教員の学生に対する関心度です。主観的評価でもよいので、この関心度を査定しておくことが重要です。先生方が適度な距離をとってくれている大学は、2年間が激務であっても、何とか耐えられるものです。逆に先生方が学生に興味がない大学は、大して仕事量は多くなくてもつらいと感じやすいものです。

　やはり教員が学生に適切な興味を持っているところを選ぶのがベストと言えるでしょう。大学院の先生が学生の名前を覚えていない、ということは、私が知る範囲でもよくありますが、少なくともクライアントと1対1で向き合うことを学ぶ臨床心理士指定大学院において、これは良くないことです。私が考える良い学校の1つに、奈良に帝塚山大学がありますが、そこは学長までが、学生のことをよく把握しています。どの生徒がどの奨学金をとったかまで覚えておられました。こういった学校は、教育環境も自然によくなります。今回、インタビューを受けてくださった大学は、面倒見のよいと思える大学がたくさんありました。

●臨床心理士や公認心理師は食べていけるか

　私は臨床心理士や公認心理師は、「食べていく」という意味においてはとても

良い資格だと考えています。例えば看護師は、免許があれば、衣食住が付いてくると言われる資格ですが、何せ激務です。離職問題は永遠の課題です。臨床心理士をはじめとする心理職は、私が知る範囲ですから、当塾出身者が大半ですが、その多くは「食べていけています」と言います。スクールカウンセラーと大学の相談室で10年食べている人もいます。カウンセリング業務だけで月30万円以上稼いでいる人もいます。年収1千万円超えを見ることはほとんどありませんので、確かに大もうけはできないものの、「食べてはいける」と考えている人が多いのが特徴です。

　もちろん、地域性もあるので、看護師のように日本全国のほとんどでやっていけるとはいいませんが、それでも伸びしろのある資格だと考えています。本書ではそのあたりのことも現在活躍中の心理職の声を紹介します。

●終わりに―仏教ベースのREBTができる公認心理師の塾長として

　以上、大学院受験専門塾として、長年臨床心理士指定大学院受験に携わった者としての観点から臨床心理士と公認心理師に関することを述べてきました。最後に、筆者井上は個人として、京都コムニタスでの活動を通してこれらの資格と関わってきましたが、私は仏教学を専門とする者です。大学でも仏教を教えています。学部から大学院まで10年以上この学問を学び、そのまま博士の学位までを仏教学で取りました。だから心理学は門外漢です。ここでは門外漢だからこそ見えることについて述べたいと思います。海外では、学位を2つ以上取る人はたくさんいますが、日本ではまだほとんどいませんし、私の博士論文も仏教の「戒律」という法律体系の研究ですので、心理学は全く関係ありませんでした。

　大学院を出てすぐに京都コムニタスを設立するわけですが、コムニタスという名前にも仏教の理念を盛り込んでいます。だから私のアイデンティティは仏教でできています。

　私が京都コムニタスを立ち上げる時にどんな名前にするかについて、かなり悩みました。私は京都の地に育ててもらったという思いが強かったので、地域密着型にこだわりました。理念を具現化する際に想定したのは、仏教と心理学ともう1つ別の学問を統合するような概念でした。そこで出会ったのが「コムニタス」です。その由来は、コムニタス理論を提唱したヴィクターターナーの『儀礼の過程』です。

ターナーは文化人類学者ですが、その理論は、様々な分野に引用されており、仏教学でも引用されるくらいです。どんな組織でも、最初は、それほどルールは多くはありません。ターナーはファン・ヘネップの通過儀礼論を踏まえ、通過儀礼を受けるものは、社会からの分離、分離された境界の時期、社会構造への再統合という三段階を前提とします。ターナーは、リミナリティ（境界性 liminality）にある人びとの「あいまいで不確定な属性」を指摘しました。境界にある存在は、それまでの社会的属性をはぎとられ、白紙状態にあります。その人々は指導者の権威に服従し、懲罰をも受け入れつつも、彼ら同士の間では序列や身分識別意識が消え、仲間意識と平等主義が共有されます。こうして生じる未組織の共同体を、ターナーは「コムニタス」（communitas）と名づけました。

　このコムニタスの対立概念が「構造」です。しかし、コムニタス自体が構造を再活性化することも指摘されています。つまり、単に世を儚んだり、現実から目を背けて、理想だけを語る集団ではなく、また、社会から隔絶した集団でもなく、コムニタスから、新しい発想や、あらたな構造が生まれることも視野に入っています。

　難しい言葉を使いましたが、要はまだ制度が固定化されていない集団を指しています。仏教は、ブッダが悟りを得て、その境地を他者に伝えることを決意してから、集団ができました。これをサンガといいます。ある先生の言葉を借りれば、6人のメンズクラブだったところから始まりました。ブッダがトップダウン的に他の5人を支配してやろうと思った形跡はありませんし、仏教教団を拡大して、一大勢力になってやろうとした形跡もありません。しかし、時とともに教団は大きくなります。仏教発生後千年の時を経て、この日本にやってくるのですが、当然空輸されたはずはありませんから、自然の広がりの中の終着駅だったのです。

　おそらく、発足当初は、確たるルールを設定する必要もなく、気心の知れた者同士が、理想を語り合い、争いもなく、非常に居心地のよい集団だったと思います。この状態がコムニタスです。外から見て、居心地がよさそうなら他の人もその環境を求め、中に入ることを希望するようになります。しかし、人が増え、大所帯になると、徐々に統制を取らねばならなくなってきます。そうして自分達を拘束するルールを作っていきます。仏教の場合、このルールブックが「戒律」と呼ばれているものになります。正確には「律蔵」といいます。私の本来の専門分野はこの律蔵です。このルールは少ない方が望ましいです。なぜなら多いという

ことは、それだけ良からぬことをしたものがいたということを意味するからです。

　仏教では250程度のルールです。京都コムニタスも自己保身のルールを作りすぎて、誰かが誰かを罰するということが極力ないようにします。今の日本の国や自治体は、政治家や役人が自分を守るためにルールを作ったり、変えたりします。日本人がオリンピックで金メダルを取ると、ルールが変わるのと似ています。これらはコムニタスとは程遠く、人を癒したり、守ったりしなくなっています。国民や市民は、「どこまでも国や自治体に頼らないと損」「自分の生活が苦しいのは政治のせい」。一方で政治家や役人は自己保身のためだけに行政を行い、先を考えずばらまきをして市民の目眩ましをすることに執心します。こうなるとコムニタスどころか末期症状で、崩壊の一途をたどるでしょう。京都コムニタスはそうならない集団であることを願って名付けました。

● REBT

　このように私のパーツの多くは仏教でできており、塾の名前、運営理念にも仏教は少なからず影響しています。そんな私が2021年に公認心理師登録をして、公認心理師を名乗れることになりました。Gルートの申請をして、受験許可が出たのですが、その下地になったのは、REBTという心理療法です。このREBTはアメリカの心理学者のアルバート・エリスが作ったものですが、彼は晩年仏教に強い関心を持っていましたし、REBT自体が仏教との親和性が大変強いものです。

　京都コムニタスでは、臨床心理士指定大学院受験で多くの実績をあげてきました。その間多くの塾生と出会ってきましたが、私自身は塾生とは研究計画作成でよく関わります。研究計画のテーマは、例えば不登校やいじめなどの学校に関する問題であったり、虐待や引きこもりなど社会的な問題、高齢者問題や母子関係など多岐にわたります。臨床心理の「臨床」を意識した場合、「困っている人」がいることが前提となりますが、長くやればやるほど、「こんなに困っている人がいるのか」と実感せざるを得ません。また一方で、塾内にいると、塾生の不安をはじめとする負の感情にも毎日のように出会います。この負の感情をどうにかして低下させる方法はないものか、と創業当初は頭を悩ませていました。

　ここであらためてREBTの説明をしたいと思います。REBTは正式にはRational Emotive Behavior Therapyといいます。日本語の正確な訳をすること

が難しく、「論理療法」「論理情動療法」などで知られています。アルバート・エリス（1913-2007）が提唱し、育てたセラピーです。紙幅の関係ですべてを紹介することはできませんが、基本的な ABC モデルを紹介したいと思います。ABC モデルは、人が不快な出来事に直面した場合にはどう混乱するのかを説明するために使用されてきました。

A（activating events）とは、きっかけとなる出来事（例えば彼氏や彼女との別れ）。

B（beliefs or thoughts）は思考や認知ともいいます。私は「信じ込み」とよくいいます（例えば「彼（彼女）がいなければいけない。でなければ私は生きていけない。ふられた私はダメな人間だ」）。

C（emotional and behavioral consequences）は、結果です。B が原因となって、その結果生じる感情と（自滅的）行動を指します（例えば失望感、絶望を感じて、引きこもる）。

一般的に A が C を引き起こしたと考えがちなのですが、実は出来事は感情を生み出しません。同じ出来事であっても人の見方や態度は様々です。例えば、受験は多くの人にとって、ストレスの多いイベントですが、実は全くストレスに感じない人だっています。テストという出来事が、不安や絶望を生み出すという科学的法則はないのです。だとすると、こういった感情を生み出すのは、何かというと、B になります。

B には二種類あります。1 つはネガティブな自動思考として、Irrational Beliefs イラショナルビリーフ（IB：不合理な信念）と、もう 1 つは Rational Beliefs（RB：合理的信念）です。これらが C 結果としての感情を生み出すのですが、IB からは「不健康でネガティブな感情」が発生します。不安や激怒などが相当します。この IB を修正することで RB を作り、そこから発生する感情のことを「健康でネガティブな感情」といいます。「健康でポジティブな感情」ではないところが重要です。この IB こそが、我々を苦しめる感情の原因であり、これを修正するところが REBT の見せ場です。そのためにセラピストは D（disputing：論駁）という過程を経て、クライエントの持つ IB に切り込んでいきます。特に自分を混乱させる思考について論駁したり問い直しをしていきます。

例えば自分はダメ人間だと思い込んでいるならば、その証拠がどこにあるだろうかと考えてみて、そんなものはどこにもないという気づきを得ます。○○ハラ

スメントを受けている人の中には「私が悪い」と考えてしまう人もいますが、それが事実かどうかを問いかけていきます。Dは惑乱思考から引き戻し、惑乱思考を現実的に検討するための引き戻し（decentering）のテクニックでもあります。

　以上のような構造化されたREBTを習得していくことによって、実際に塾生の不安の低減を個別で図ったり、授業の中にREBTを導入して、セルフヘルプをしてもらうこともあります。

●「他人の心の苦しみの軽減」とは

　ここまで、大学、大学院で仏教を学び、その仏教理念を元手に京都コムニタスを設立し、仏教理念と親和性の強いREBTを学んで、習得して、他者、特に塾生に運用してきたことについて述べてきました。何ともまとまりのない人生に見えるかもしれませんが、私の中で一本筋の通っているところは、「他人の心の苦しみの軽減」です。仏教は人間の根本的な苦を克服しようしたところから始まり、その後世界中に広がっていきます。その東の端が日本ということになるのですが、どの時代のどこの地域でも、人々に求められ、受け入れられてきました。そして、国家や政治と関わり、取り込まれ、その栄枯盛衰を見つつ、例えば国民の罪過をリセットするという奈良東大寺のお水取りなどの儀式の中に、その理念の名残が保存されています。その後、仏教は様々に形を変え、人々と向き合ってきました。

　「信じるものは救われる」という言葉がありますが、中世の親鸞は浄土真宗の開祖ですが、浄土真宗は、阿弥陀仏の願いがかなっている。すなわち、あらゆる者は、すべて救われて、極楽浄土に往くことが決定しているということを、無条件で信じ抜くことを説きます。中世の鎌倉時代は、喧嘩と暴力のチャンピオンが総理大臣になる時代です。一般人からすると、たまったものではない時代です。そんなどうしようもない時代を、絶望せず、希望を持って生き抜く術を浄土真宗は説きました。先が見えないから不安になるのですが、極楽浄土に往くという先が決定（けつじょうと読みます）しているならば、不安ではなく安心（あんじんと読みます）して、こんなどうしようもない時代を生き抜くことができると説いたのです。

　一方で、REBTを作ったアルバート・エリスは、信仰心を否定しないのですが、熱狂的すぎる信仰はかえって害になることを述べています。REBTにも宗教は

重視されるのですが、信仰そのものよりもその哲学にこそ、我々がより良く生きるヒントがあるといいます。信じるとすれば、それぞれの宗教が長い年月を経てたどり着いた精緻な揺るぎない哲学こそが、信じるに足るものだと考えたということです。

　エリスは、フロイトの精神分析学を長く学んでいましたが、その治療効果に疑問を持ち、精神分析学を放棄します。そして 1955 年に REBT の前身となる RE（Rational Therapy）を創設しました。後にエリスは 20 世紀に最も影響力のある臨床心理学者と呼ばれるほどの活躍をすることになります。

● REBT を用いたセルフヘルプでの苦しみの軽減

　REBT は感情的な苦しみに焦点を当てます。先述した「不健康でネガティブな感情」です。不安、激怒、怨み、絶望、恐怖、罪悪感などたくさんありますが、基本的に自滅的行動と関連します。例えば、激怒した人が、何かを殴って手を痛めると、文字通り自滅的行動になり、それをさせた感情は不健康でネガティブな感情であり、その発生源はイラショナルビリーフ（IB）ということになります。

　例えばどんな IB があるかというと、DV を受けた人の言葉として、

　「殴られるのはどこにでもあることだし、我慢できない私が悪い。私は少々殴られても我慢しなければ、あの人を傷つけてしまう。あの人だって苦しいのだ」

　第三者からすれば、何を言っているのだろう？　と疑問符だらけになりますが、本人はいたって本気です。「我慢できなかった自分が悪い、本当はあの人は優しい、あの人を暴力的にしているのはむしろ私だ」、とまで言います。

　このように明らかに事実に反することをしっかりと思い込んでしまっているところが IB の特徴です。それでも本人もどこかでおかしいと気づいているものです。例えば、
「じゃあ、同じことをあなたの友人がされているとして、つらい思いをしている友人に『我慢すべきだ、あなたが悪い』と言いますか？」と聞くと、「そんなことは絶対しません」と言います。「矛盾していませんか？」と聞くと、「私だけ、特別なんです」と言います。もちろん、このような元々特別なオンリーワンはあってはならないものです。すなわちこの場合の IB に深く切り込むならば「私（だけ）は殴られても仕方がない人で、我慢をしなければならず、それは私だけ特別そうでなければならない」といえます。このような IB から「恐怖」という感情

が生み出されていました。相手からメールが来ると全身が震えます。これが自滅的行動になります。さらに、その人のところに「戻らないといけない」とも考えています。その考えがさらに恐怖を増強していきます。DV という出来事が恐怖を生んでいるように見えますが、そうではないのです。だから DV をなくしたとしてもこの人の恐怖はなくならないのです。私たち REBT 使いは、こういった恐怖が減少するまで寄り添っていきます。

　私は、この REBT を京都コムニタスの授業の中に導入しています。私は特に受験生や学生に有益だと考えています。海外ではスポーツ選手が最高なパフォーマンスをするためによく用いられていますが、受験や就職活動、それに伴う自分づくりに大いに役立つと考えられます。最近では国内でも、アサーショントレーニングや、コーチングに応用されています。また大学の教育の中でこれを使うと効果が上がることも研究成果として出つつあります。当塾を出た人が、今年の修論で REBT の応用である REE（Rational Emotive Education）の実験をして、それをまとめた人もいます。私自身は、塾や受験分野でよりシステマティックな応用方法の確立を目指しています。私が塾で REBT を使う意味としては、カウンセリングの一つの技法を学ぶというよりも、セルフヘルプを身につけるという意味合いの方が強いです。

　生徒にとって大学院を受験することは想像以上に大変なストレスであり、「不安」や「怒り」など「不健康でネガティブな感情」が発生しやすい状態になります。そこで、このような不健康な感情を自分で処理をして、形を変えてしまうと、少なくともその時点でのネガティブな状況に変化をつけることが可能です。どう変化をさせるかは、各人の考え方で決まります。適切な考え方であればあるほど、より妥当な感情処理ができるのです。不安や怒りなどの不健康ネガティブな感情は、誰でも必ずといってよいほど持っています。必ずしも否定することもありません。発生した時にどう処理するかが重要なのです。

　REBT では不健康でネガティブな感情は、自分自身に原因があり、その原因は事実に反する思い込みであり、そこに因果関係のメカニズムを見出だしています。ですから、処理をする場合、まずは原因の方から着手します。つまり事実に反する思い込み（IB）を、事実に即した考えに変えるわけです。そうすると、結果である感情も変わるという理屈です。仏教にも「四諦八正道」をはじめとして似た概念はたくさんありますが、予防医学のように理解してもよいでしょう。問

題は、どう変わるかですが、ここは人によって意見が異なることもあると思いますが、私は基本的に「嫌だけど、つらいけど、それだけと言えばそうだし、それで死ぬことはないし、まあしょうがないか」が下地で、あとは状況を見て言葉を変えていけばよいと考えています。

●公認心理師になってみて思うこと

　以上のように REBT を身につけ、日本人生哲学感情心理学会より、インストラクターの認定を受け REBT インストラクターとして、京都コムニタスの塾生やクライエントのネガティブ感情に立ち向かってきましたが、国家資格の公認心理師が創設されたことで、私個人もいろいろ考えました。京都コムニタスは公認心理師試験対策を、第1回試験に向けて行いました。前例のない中で、私たちが持ち得る人脈と能力の全てを駆使して、講座や模擬試験を作りました。辰巳法律研究所と提携したこともあって全国規模で模試を受けていただくことができました。幸い、高い評価をいただき、インタビューの際にも、多くの大学の先生方から模試や教材を利用していただいたと伺い、とても嬉しく思いました。

　私個人も自分たちの教材が正しいのかどうか手探りしましたが、私自らが実験台になる必要性も感じていました。しかし、門外漢の私が公認心理師になるべきかどうかは慎重に考えました。それでも私なりに臨床活動をしてきましたので、受験資格申請をしてみたところ、幸い受験許可がおりましたので、受験をすることにしました。第3回試験に合格し、公認心理師資格登録を済ませ、現在は公認心理師を名乗ることができています。私としては、「仏教学ベースで REBT ができる公認心理師である塾長」として、この先、生きていこうと思っています。

　私のような門外漢が、公認心理師になってみて、私だからこそ感じる公認心理師の魅力がありましたので、最後にこの点について記しておきたいと思います。

　まず、名刺がちょうど切れていたので、新調したのですが、いつも作ってもらっている店の店長に「おお、公認心理師の資格取ったんやね」と、気づいてもらいました。また、名刺ができてから、いつも行っているコーヒー屋さんに、新しい名刺を渡すと、同じ反応がありました。どうもこの資格は、心理職界隈だけで浸透しているのではなく、一般の人にも知れ渡っている資格だといえるようです。そのコーヒー屋さんは、子どもさんがお受験をしていて、いろいろアドバイスを求められていたのもあって、大学受験に関するトピックでよく盛り上がるのです

が、やはり公認心理師の資格に一定の魅力を感じているとのことでした。

　今、中学生や高校生の親御さんと話すと、やはり、どのような大学に行かせるべきか、何を勉強させるべきか、という質問は必ず受けます。そして、多くの親御さんは「子どもには好きなことをさせてあげたい」と思っておられます。私は長年この仕事をしてきたのですが、実はこの傾向は当たり前ではないのです。

　昔、有名進学塾にいた頃の親御さんは、「医学部行かせたい」という人がとてもたくさんいました。「このご時世、弁護士や税理士では食べていけませんでしょ」という言葉をよく聞きましたが、その人の夫は弁護士だったというのは笑い話です。「医者も大変ですよ」と言うと、「それでも勝ち組でしょ？」と塾講師は負け組と言いたそうな目で見られると、複雑な気持ちになることはしばしばでした。

　私が京都コムニタスを創業したころは、少し傾向が変わっていて、「文系より、理系の方が就職に有利よね」と数え切れないくらい聞かれました。正直なところ、私にはその実感はありません。学校にもよるとは思いますが、「理系だから有利」という現実が存在したことがあるようには思えません。しかし、理系信仰は最近まで続いていたと思います。

　実際のところ、大学の先生は文系と理系の垣根を好ましく思っておられない方の方が多いと思います。心理学にせよ、経済学にせよ、元々は「文系」ではありません。昔の心理学の先生は、手で計算式を書いておられました。私の大学生時代、懇意にしていただいた社会心理の先生がいましたが、この先生はパソコンが嫌いな先生で、心理学の研究は手計算でやるものだと、いつも言っておられましたが、そもそも私からすると、心理学に統計学が必要だということさえ知りませんでした。人間の心を知るのに数学がいるのか…と衝撃を受けたことは今でも鮮明に覚えています。

　もちろん、現在の心理学の先生で手計算をしている人はあまりいないと思いますが、その分PCソフトの進化は目覚ましいものがあります。経済学も心理学と近い位置にありますが、もちろん、統計学は必須です。最近早稲田大学政経学部が数学IAを入試で必須にしたことが話題になりました。私個人としては、自分が数学ができるかどうかは棚にあげた上で、この傾向は良い傾向だし、これからは、大学も文系、理系という枠組みを越えて、統合されていくのだと予想しています。

　その意味では、公認心理師の来し方行く末を考えた時に、今でいう文系だけで

はなく、理系の人にとっても、魅力のある資格になっていくだろうと考えています。例えば甲南大学はどの学部でも公認心理師の単位を取ることができます。公認心理師の学部での指定科目に「心理学研究法」がありますが、理系的要素が満載です。しかし、必ずしもそれだけではなく、いわゆる質的研究方法もあり、量的、質的方法の折衷、統合というのも珍しいことではありません。

　これからの時代は、文系や理系が統合されていく時代になっていくことが予想されます。教育経済学の中室牧子氏の『学力の経済学』に始まる一連の研究は、例えば教育学に、統計を導入することで、私たちが今まで当たり前だと思っていたことが、どんどん覆されていきました。心理学も文系と理系が統合されていくことで、新たな境地が開けていくと思います。それが公認心理師の発展にもつながると思いますし、職域の拡大にもつながっていくと考えています。そうすることで、魅力的な公認心理師が生まれていくでしょうし、それが心の苦しみを感じている人にも資するでしょうし、社会的にも良い循環につながると思います。是非、これを読んでいただいた方も、大学で文理問わず、幅広く学んでいただき、深い知識を得た上で公認心理師を目指していただきたいと願っています。

第 2 部

心理職資格取得後の
仕事の実際

第1章

心理職は食べていける

　第1部でも触れましたが、私たちは本書を記すにあたって、約70の大学の先生方にインタビュー調査を行いました。そこでの質問に「心理職は食べていけるのですか?」と率直に聞きました。その答えの大半は、「食べていける」「贅沢をしなければ食べていける」「大儲けはできないけれど、食べてはいける」というものでした。大都市圏では、常勤職は少ないものの、非常勤の掛け持ちをしながら、経験を積んでいる人はたくさんいます。また地方では、例えば岡山大学では、「希望する人はみんな何らかの常勤職についている」とのことでしたし、地域によっては、心理職が全く足りていないということも珍しくないとのことです。大学の先生によっては、心理士を送って欲しいと頼まれても、皆どこかに就職してしまっているので、送ることができなかったとのエピソードも聞かせていただいたこともあります、

　臨床心理士や公認心理師は食べていけないという言説は、ネットでもよく言われます。少なくとも、この資格を持っているから、誰も雇わないということはありません。就職に不利になるということもありません。まずここまでは当然のことです。

　次に、年収面で考えると、いくつかの調査がありますが、やはり高いということはなく、400万円に届くかどうかくらいというのが相場のようです。月収30万と少しくらいだと、高額所得とはいえません。しかし、その多くは「食べてはいける」と言っているのも事実です。最近、当塾出身者で、病院の常勤職の人がやはり病院に転職しましたが、個室がもらえる素晴らしい環境になったと喜んでいましたし、京都内でも病院での常勤職での転職は他にもいます。当塾の講師で大学の相談室に10年以上勤めている人もいますし、カウンセリングだけで年収500万円を超えている人もいます。また企業のカウンセラーになった人もいます。公務員で役所に勤めている人も複数います。もちろん、現時点で「食べていけない人」もいるかもしれませんが、工夫次第で食べていけるようになる仕事と資格

だと考えられます。

　結論としては、心理職の資格は、それだけでも「食べていける」資格です。ただし、それだけでは大もうけできるものではなく、一般のサラリーマンの年収より若干低いくらいになっている人が多いということは否めません。しかし、それは弁護士であっても税理士であっても司法書士、行政書士のいわゆる士業の人でも起こり得ることです。基本的にプロを名乗る資格は、個人事業主か、雇用されるかを選ぶことになりますが、いずれもリスクがあります。最初は、雇用されて安い給料で腕を磨き、人脈を作り、苦労してお金を貯めて独立するというのは、昔からの定番ですし、今もある程度はあり得る話です。

　この第2部に掲載しますが、今回のインタビューの中で、独立開業をしておられる古宮昇先生からもいろいろなお話を聞かせていただきました。心理職も士業の1つと私は思うのですが、やはり資格だけが収入をもたらしてくれるわけではなく、名前と顔も売らねばならないでしょうし、スキルアップも常に図る必要もあります。そういう決意と覚悟と努力のある人は、平均月収よりも高い年収を得るのは、当然といえば当然です。言い換えると、心理職は士業資格と同等のポテンシャルを持っていますし、ビジネスモデルを作れる人が出れば、大いにチャンスのある資格です。このコロナ禍において、社会から求められている資格でもあります。大学の先生の中にも、心理職が食べていけるだけではなく、相応しい収入が得られるようにビジネスモデルを作っていこうと考えている方はたくさんおられます。

現場で働く心理職たちの声

　以下では、実際に心理職で食べていけている人の声を紹介していきます。様々な職域の人たちの生の声をご覧いただけたらと思います。

公認心理師って仕事はあるの？　生活していけるの？

京都コムニタス GM　公認心理師・臨床心理士　　　吉山 宜秀

1. 私が心理カウンセラーを目指したきっかけ

　今、高校生の中で将来「公認心理師（以下、読者の皆さんが理解しやすいと思われる「心理カウンセラー」と表記する）になりたい」と漠然とでも考えている方はどの程度おられるのだろうか？　そして、少しでもそう考えている方々は、どのようなことが知りたいと思っているのだろうか？　そのようなことを考えつつ、自分が高校生だった頃（もう 20 年以上前）のことを振り返ると、当時は今では当たり前のインターネットもなかったし、もちろんスマホもなければ携帯電話すらほぼ誰も持っていなかったし、私が通っていた学校（小・中・高）にもスクールカウンセラーはいなかったし…という状況で、情報源は「本」以外にほとんどなかったような時代背景であったことを思い出す。しかし、一冊のこの「本」との出会いが今の自分の現在地に大きな影響を与えている。

　私がこの心理カウンセラーという仕事を何となく目指すようになったのは、中学生から高校生のときである。きっかけとして大きな影響を与えているこの一冊の「本」というのが、故・河合隼雄先生の御著書『こころの処方箋』（1992、新潮社）である。この本との出会いは、私の「物事の捉え方や考え方」に影響を与えており、また、心の病を抱えている方々に何ができるのかを考えるきっかけになっている。

　この原稿の趣旨からはやや外れることになるが、『こころの処方箋』を少し紹

介させていただく。最も衝撃を受けたのは、河合隼雄先生という心理学の専門家が、いちばん初めのところで「人の心など分かるはずがない」と書いておられたところである。私自身、この本を手に取って読んでみようと思ったのは、何かしら「心」に興味を持ち始めていたからだと思うし、「心」について何か知りたいと思っていたところで、このフレーズはインパクトが大きかった。他にも、「ふたつよいことさてないものよ」「100％正しい忠告はまず役に立たない」「やりたいことは、まずやってみる」「一番生じやすいのは180度の変化である」「心のなかの勝負は51対49のことが多い」など挙げればキリがないほど、タイトルだけでもハッとさせられる章がたくさんある。興味のある方に限らず、多くの読者に読んでいただきたい一冊である。

2. 仕事はあるし、生活もしていける

やや話が横に逸れたが、本題に戻りたい。

本題は、心理カウンセラーって仕事はあるの？　生活していけるの？　であるが、答えとしては、「仕事はあるし、生活も十分していける」である。もちろん、どのような職種に就くか（様々な職場があることはこの後で紹介していく）、どのような立場で仕事をするか、によって、収入は異なるが、それはどの仕事も同じことである。心理カウンセラーも働き方次第では1000万以上稼ぐこともできる。ただ、それだけの収入を得るためには、これも他のどの仕事も同じであるが、それ相応の努力は必要になると思っていただきたい。

では、次に私が心理カウンセラー（公認心理師）としてどのような領域で仕事をしているのかについて紹介させていただく。

3. 心理カウンセラーという仕事

まず、大学院受験対策や公認心理師試験対策を行っている塾である京都コムニタスで講師として働いているが、塾の紹介は他のところに委ねることにして、心理カウンセラーとしては主に学校領域で仕事をさせていただいている。これまで、小学校や中学校、高校、大学のカウンセラーをさせていただいてきた。現在も、中学校と高校のスクールカウンセラーをしている。また、不登校の相談を中心に引き受ける教育相談センターというところでも働いている。高校生の方々にとっては、学校にいるカウンセラーがまだ身近な存在といえるのであろうが、そのス

クールカウンセラーにも会ったことがないという方がほとんどだと思われる。

　では、高校生やその保護者の方々はスクールカウンセラーにどのようなイメージをお持ちだろうか？

　おそらく、「カウンセリングをしている」というイメージがその中心ではないだろうか。中には、「そのイメージしかない」「他に何かしているの？」という風にお思いの方も多いかも知れない。それ以前に、「カウンセリングをしている」というイメージもなく、何をしているのか全く知らない、分からないという方も多いと思われる。そのようなこともあってか、時折、「人の心が読めるんですか？」「超能力を使えるんですか？」といった類いのご質問をいただくことがあるが、超能力は使えません（笑）。他にも、保護者の方の中には「カウンセラーは子どもの話を何でも引き出せる」と思っておられる方もいて、「子どもの話を引き出してほしい」「子どもの本当の思いを引き出してほしい」というニーズをいただくこともあるが、当然、我々も最大限の努力はするものの、その子どもさんが話したいという気持ちを持ってくれているかなど、子どもさんの状態などに委ねられるところも大きいため、そのニーズに1回目の相談機会で応えることの難しさもある。

　では、スクールカウンセラーをはじめとした心理カウンセラーは何をしていて、何ができるのか？

　基本的にしていることは、相談に来られた方のお話を聴かせていただき、その方が困っていること、悩んでいること、抱えている問題等について、解決や解消できる方向に向かうために、どうしたらいいか、どういうことができるのか、といったことを相談者の方と一緒に考えていくことである。この「お話を聴かせていただく」というところが、心理カウンセラーの専門性になる。

4.「相談」と「カウンセリング」

　この「専門性」とか「心の専門家」の「専門」とはどのような意味かご存じだろうか？

　英語では多少単語で意味する範囲は異なるが、specialist（スペシャリスト）やprofessional（プロフェッショナル）などが該当する。特に、professionalが医師や弁護士など高度な知識や技術を必要とする仕事をしている「専門職の人」を意味するように、公認心理師もこのprofessionalに該当すると私は思っている。

「プロ」と呼ぶ場合、高校生の皆さんにとっては、プロ野球選手、プロサッカー選手などのスポーツ選手の方がイメージしやすい方も多いかもしれない。「プロ」と比較されるのは「アマチュア」であり、「プロ」と「アマ」の決定的な違いは、その専門性や専門技術によって「お金を稼ぐことができるか」である。例えば、高校球児の中には150kmの速さのボールを投げられるピッチャーもいるが、だからといって全員がプロ野球選手になれるわけではない。つまり、「プロ」には「プロ」にしかできないことがあるからこそ「プロ」なのであり、たとえ150kmの速さのボール投げることができなくてもピッチャーとして活躍しているプロ野球選手は、プロとしてその人にしかできないことがあるからこそ、お金を稼ぐことができているのである。

　では、相談者の方の「お話を聴かせていただく」ことを専門にしている心理カウンセラーは、具体的に何ができるのであろうか？

　このような仕事に興味を持っている、あるいは、将来は心理カウンセラーになりたいと考えている高校生の方は、この仕事に就きたいと考える何らかのきっかけがあったかと思う。そのきっかけの1つに「友達の相談を受けたこと」がきっかけとして影響しているという方もそれなりにいるのではないだろうか。

　では、「相談」と「カウンセリング」はイコールなのだろうか？　どちらも相手の話を聴いて、相手の悩みや問題を解決したり、解決できなくても相手が話を聴いてもらってすっきりした、気持ちが軽くなった、ということになれば、結果的には、イコールの部分もあるかもしれない。ただ、そこに至るプロセスだったり、そこに至る「聴き手」の態度や話の聴き方に違いがあったりする。ここが、心理カウンセラーの「専門性」であり、「話の聴き方」の違いが現れるところである。

　では、どのような違いがあるか分かるだろうか？

　挙げていけば、かなりの数が挙げられるのであるが、ここでは、その1つだけ紹介する。

5.「共感」と「同情」

　カウンセリングや心理療法を専門にしている心理カウンセラーは、相談者に対する基本的な態度や姿勢を学ぶ。その基本的な態度や姿勢とは、C. Rogers（ロジャーズ）が提唱したカウンセラーの3条件である。カウンセラーの3条件は、

共感的理解、無条件の肯定的受容、自己一致の3つである。今回はこの共感的理解、「共感」について説明する。

　「共感」とは、相談者の内なる立場に立って、相談者が考えたり、思ったり、感じたりしていることを、同じように感じ取って理解することである。しかも、相談者との間に適度な心理的距離を保ちつつ、相談者の感情に巻き込まれないようにしなければならない。一方、「同情」は、相談者の立場に立って感じ取ったり、理解したりするというよりも、自分の側から自分の体験や価値観という枠組みに照らし合わせ、相談者はこのように感じているだろうと、相手の気持ちや考えを推し量ろうとすることである。

　言葉の説明だけではよく分からないかも知れない。では、先に「同情」の説明をしよう。

　もし、これを読んでくれている高校生の方が、これまでに友人の相談を受けたことがあれば、それをイメージしてもらいたい。例えば、その相談の内容が、友人関係のトラブルや恋愛に関することであった場合、友人から相談を受けた自分にもその友人と似たような経験をしたことがあった、という人もいるだろう。そして、友人の話を聴きながら、「あぁ、俺も（私も）同じようなことがあったなぁ」「あの時は辛かったなぁ」と思いながら、「（あの時は俺も（私も）嫌だったし、）それは、嫌やなぁ」とか「それは、辛いなぁ」と応答する場合、これが「同情」である。

　一方、「共感」の場合は、先ほどの同情の例のように、自分に相談してくれている相手と似たような経験があったとしても、自分がその経験によって感じていたことは置いておき、「人それぞれ感じた方は違うし、目の前のこの人ならどう感じているだろう？」という視点で、あくまで相談者の立場に立って理解しようとすることである。

　我々、心理カウンセラーのところに相談に来られる方々は、我々が体験したことのない経験をされている場合がある。というよりも、自分と似たような経験をしていることはあっても全く同じ経験をしている人は、この世に誰もいないはずである。そう考えると、基本的に「同情」は通じない。だからこそ、徹底的に相談に来られた方の思いや気持ちに寄り添う「共感」という態度が必要になるのであり、「同情」との違いを理解し、「共感」が自然とできるような聴き方ができるのが、心理カウンセラーの専門性の1つなのである。

6. 様々な職場で働く公認心理師たち

　ここまで、私なりに公認心理師の仕事についてとりとめもなく書き記してきたが、公認心理師がどのようなところで働いているかについては、私だけでは多くは書けない。そのため、様々な職場で働く公認心理師の人たちに、どのような職場で働いているか、また、公認心理師としてお金を稼いで生活をしていくことができるか、といったみんなが知りたいと思われることを可能な範囲で執筆していただいた。

　今回は、小学校や中学校・高校のスクールカウンセラーとして働く公認心理師以外にも、幼稚園で働いている公認心理師、市町の教育委員会に所属して働いている公認心理師、大学の学生相談室というところで働いている公認心理師、病院で働いている公認心理師、など様々な職場で働く公認心理師の人たちの声を集めてみたので、心理カウンセラー（公認心理師）を目指している、あるいは、少しは考えているという方は、これを参考にしていただければ幸いである。

教育領域における実践とその魅力

公認心理師・臨床心理士　　　山川 祐介

はじめに

　現在、私は公認心理師として主に教育領域で仕事をしています。大学附属の小・中・高校においてスクールカウンセリングや大学の学生相談室で仕事をしながら、いくつかの専門学校で心理相談や講師を担当しています。

　公認心理師として非常勤で複数の職場に勤務しており、年度によって職場は少しずつ変遷しています。以前には、各都道府県にある教育相談センターや大学病院の精神科に勤務しており、教育と医療の現場を中心としてこれまで仕事をしてきました。

1. 小中高でのスクールカウンセリング

　小・中・高校では、スクールカウンセラーとして、児童・生徒の相談はもちろん、保護者の方や学校の先生からの相談にも応じています。相談の内容は、勉強や対人関係での困りごとのように具体的なものもあれば、「よく分からないけど

しんどい」といった漠然としたものもあります。学校生活についても、全く教室に入れないという人もいれば、学校では楽しく過ごしている人まで様々です。中には、明るく見えても、本当はとても辛い思いを抱えて生きている人もおり、それぞれのもつ悩みについて一緒に考えていきます。

　困りごとの解決にあたっては、相談者の年齢や状態に合わせて、もっとも相応しい方法を心理学的な視点から考えていきます。カウンセリングというと、言葉でのやり取りを思い浮かべる人もいるかもしれませんが、箱庭療法や表現療法、遊戯療法と呼ばれるような、言葉で話す以外の方法を試みることもあります。

　また、学校の先生たちとも協力して、様々な角度からチームで支援をしていくこともあります。スクールカウンセリングでは、子どもとの関わりはもちろんのこと、それを支える周囲の人たちとの関わりも大切にしています。

2.　大学や専門学校での学生相談

　大学や専門学校の学生相談室では、学業の困り事だけでなく、家族や友人との関係、就職活動への不安など、学生として生活する上で生じるあらゆる事が話題になります。いわゆる「心」の問題は、身体的なことや生活環境などが密接に関係しているため、時には、精神科医の先生から医学的な判断をいただいたり、学内の他部署と連携して環境面の調整を図ってもらうことがあります。また、病院の通院を続けながら、主治医の了承のもと学生相談室での相談を継続しているケースも少なくありません。

　大学や専門学校に在籍する期間は、多くの人が学生から社会人という大きな転換点を迎える時期に当たります。卒業して就職する人もいれば、途中で社会へ出ていく人もいます。また、留年や休学をしながら何年もかけて卒業を目指す人もいます。いずれにおいても、自立に向けたさらなる一歩を踏み出そうとする時期だといえます。学生としての生活を支える一助になるとともに、その人がより自分らしい生き方をしていけるよう役立てればと思い、仕事をしています。

3.　専門学校での講師

　専門学校での講師も魅力を感じている仕事の1つです。最近は、医療関係の専門学校で心理学に関連する授業を担当しています。私が講義を担当する学生は公認心理師を目指すわけではありませんが、学生の方の専門領域に心理学的な視点

を取り入れられるよう、試行錯誤しながら講義をしています。また、授業科目としての目的を果たすと同時に、学生の心の健康を高めることにも役立てるのではないかと考えています。公認心理師は、国民が心の健康を保ち、さらに増進していけるよう働きかけていく役割を担っています。カウンセリングなどによる個別の支援だけでなく、あらゆる機会を通して、多くの人が心の健康を保てるような活動をしていければと思っています。

4. 働き方について

　私の場合、1つの職場で働く常勤ではなく、非常勤として複数の職場で仕事をしています。そのため、曜日ごとに職場が異なり、1週間に5か所以上で勤務することもあります。勤務時間も一定ではなく、朝から夕方まで働いている職場もあれば、お昼から夜にかけて勤務している職場もあります。1日に午前と午後で2つの職場で働く日もあります。

　教育と医療など、異なる領域で経験を積むことで得られることは多く、個人的には非常勤という働き方が今の自分の成長につながっているように感じています。また、家族と過ごす時間も確保できており、今のところ仕事とプライベートの両立を保てているように思います。ただ、仕事の入れ替わりに伴って収入は変化しますし、生活の安定という点では懸念があるのも事実ですが、もし1つの仕事がなくなっても、他の仕事があるため、収入がある状態を作れます。一方で1つの職場で働くことは、この度のコロナ禍のように経済が不安定になり、その仕事を継続することが難しくなれば、収入がゼロになるという場合もあります。このように、常勤か非常勤のどちらがよいと一概にはいえませんが、今後もやってみたい仕事や生活状況の変化に応じて、その時々に相応しい働き方をしていければと考えています。

　どのように働くかという点については、人それぞれの暮らしに対する考え方が大きく影響してくるように思います。自分の価値観や生活状況、今後の人生設計なども含めて、働き方という観点から自分が大切にするものを見つめてみるのもよいかもしれません。

5. 公認心理師としての自己研鑽について

　週末には学会や研修会へ積極的に参加しています。仕事をしながら勉強を続け

ていくことは大変に思えるかもしれませんが、日々の実践のなかで興味を抱くことや、疑問に感じることは多く、もっと学びたいという思いはどんどん湧いてきます。そうした意欲に支えられて、研修会などには自主的に参加しています。また、大学院の同期生とも定期的に勉強会をしています。仲間との勉強会は、ときに互いの悩みを語り合う時間にもなり、自分を支えてくれる大切な場所となっています。

終わりに

　公認心理師としての仕事に私は魅力を感じています。今後、どの領域でどのように働いていくのかはまだ分かりませんが、ずっとこの仕事をしていくだろうと思います。相談者との関わりを通して、自身の問い直しを迫られたり、不甲斐なさを感じたりすることもあります。また、相手の立場に立とうとしているつもりが、知らず知らずのうちに、自分の価値観から物事を捉えていたことに気づき、愕然とすることもあります。それでも、敬意と好奇心をもって相手の世界を理解しようとするとき、その世界が瑞々しく浮かび上がってくることがあります。それを互いに確認し、対話を進めていく中で、相談者自身が新たな気づきを得て変化していく場面に立ち合えることがあります。そんな一瞬が私にはとても魅力的に感じられます。それぞれの世界が交差するなかで、何か相談者にとって新しく意味あるものを生みだす仕事ができたなら、私はとても嬉しく思います。

　言うまでもなく、心理に関する支援は公認心理師のためではなく、それを必要としている人のためにあるものです。しかしながら、私自身が相談者から気づかせてもらったり、教えてもらったりすることは本当に多くあります。こうした経験が仕事のやりがいにもつながっているように思います。

　これから公認心理師が増えるなかで、より多くの人たちが健やかに暮らせるような社会が実現すればと思います。そのためにも、それを支える公認心理師の仲間が増えることを楽しみにしています。

大学の学生相談室で働く公認心理師

公認心理師・臨床心理士　　小川 亜希子

はじめに

　私は大学の学生相談室でカウンセラーをしています。皆さんの通っている学校にも、スクールカウンセラーがいるかと思います。スクールカウンセラーは生徒の皆さんや保護者の方の相談を受ける人のことです。学生相談室のカウンセラーも、そんなイメージを持ってもらったらいいと思います。

　学生相談室では、主に学生の相談を受けています。相談の内容は実に様々です。例えば、授業に関すること、単位が取れるかどうか、進級できるかどうかといった相談もあります。卒業後の就職や進路についての相談もあります。人間関係について、家族関係や友人関係、サークルやアルバイト先での人間関係、また恋愛関係の悩みを相談する学生もいます。さらに、何らかの病気や障害を抱えていて、それで学業や大学生活に困っている学生の相談を受けたり、実際にサポートしたりもします。また、学生の方だけでなく、保護者の方、大学の先生や職員の相談を受けることもあります。

1. 話を聴くとは

　カウンセラーはまず、話を聴くことが仕事です。学生相談でも、とにかく相談に来られた方（クライエントさんと呼びます）の話をしっかり聴きます。

　話を聴くだけなんて楽な仕事だなあ、と思いますか？

　でも、相手の言葉に真剣に耳を傾けるのは、相当のエネルギーを必要とする作業です。ただ話す言葉を理解するだけではありません。クライエントさんの声のトーンや大きさ、表情、しぐさ、姿勢、ちょっとした視線とか瞬きまで、それこそ五感を全部使うつもりで相手を感じ取ります。それらは全部、クライエントさんを理解するための手がかりになるからです。さらに、クライエントさんへの理解を深めるため、また、クライエントさんの自分自身への理解を促すために、心理テストを実施することもあります。クライエントさんとの面接や心理テストの結果などから必要な情報を集めて、クライエントさんの困っていること、性格、人間関係、生活状況、考え、感情などを把握していきます。

カウンセリングには様々な理論や技法がありますが、どの理論や技法を使うとしても、しっかりと話を聴くことができなければ、カウンセリングはできない、と私は思います。というのは、クライエントさんはカウンセラーとの対話を通して自分の心と向き合っていくからです。自分の心と向き合う作業は簡単ではありません。自分の顔を見るためには鏡が必要なのと同じで、自分の心を相手に映し返してもらうことで、自分の心に向き合いやすくなりますし、自分でも気づかなかった感情や思いに気づくことができます。だからこそ、カウンセラーは鏡のようにクライエントさんの内面を映し出すために、真摯にクライエントさんの言葉に耳を傾け、時には問いかけたりもしながら、一所懸命にクライエントさんを理解しようと努めるのです。

　もちろん、話を聴くだけではなく、アドバイスをすることもあります。また、クライエントさんの問題を解決するための具体的な方法を提案したり、一緒に考えたりもします。時にはクライエントさんである学生の方と一緒に、大学の先生の研究室に相談に行ったりもします。学生相談は必ずしも「相談室」の中でだけ行われるものではなく、実際に学生生活のいろいろな場面にカウンセラーが出かけて行って、そこで起こる大小様々な問題にクライエントさんが対処できるようサポートすることもあります。最終的には、クライエントさん自身が自分で答えや解決方法を導き出し、それを実行できるように支援することが学生相談の目標だと思います。

　私は現在、週４日学生相談室で働いています。私の勤務時間＝相談を受け付けている時間ですので、勤務時間すべてがカウンセリングで埋まる日もあれば、相談が少ない日もあります。学生が飛び込みで相談にやってくることもあれば、予定していた相談が急にキャンセルになることもあります。ですから、私はあまりその日の予定を立てないことにしています。学生相談に限らず、公認心理師の仕事というのは「受け身」だったり、「待つ」のが仕事だったりすることが多いので、自分のペースで作業を進めたいという人にとっては、少々苦痛に感じることもあるかもしれません。相談がなくて空いている時間は、相談の記録を書いたり、相談室のお知らせや報告書を作ったり、他の職員と打ち合わせや情報交換をしたり、雑談をしたりしています。雑談も他の職員と心地よく仕事をするために必要な時間だったりもします。

2. やりがいと収入

　さて、公認心理師を目指そうかと考えている皆さんにとって、「公認心理師ってどれぐらい稼げるの？」って結構重要な問題ですよね。公認心理師の仕事は、（一部の人を除いて）たくさん稼げる仕事とはいえないかもしれません。もちろん、生活していくことはできますし、実際に多くの公認心理師は、心理職としての仕事だけで生活しています。ただ、高収入を稼ぐことができなかったとしても、なぜこの仕事を続けているかといえば、やはり日々の仕事にやりがいを感じるからだと思います。

　学生相談は、大きな達成感を味わえる仕事ではありません。目に見える成果はなかなか得られないことが多いですし、明確なゴールがあるわけでもありません。私が日々感じているのは、クライエントである学生さんのほんのちょっとした成長だったり、相談の最後に少し晴れやかになった表情だったり、そういった小さな変化に対するささやかな喜びです。それは、自分がカウンセラーとして「少しは役に立てているのかなぁ」という少々の手ごたえと、クライエントさんが前向きに元気になってくれることへの安堵や嬉しさが、ない交ぜになった感情なのかもしれません。そういった日々の小さな喜びや達成感の積み重ねが、公認心理師の仕事に対するやりがいや充実感につながっているのだと思います。

　最後に、公認心理師を目指そうとしている皆さんへ。公認心理師の仕事は、決して華やかでもなく、超がつくようなお金持ちになれるわけでもありません。でも、人と深く関わることができる仕事です。人間を好きであること、人の心の複雑さに興味を持っていること、誰かの役に立ちたいと思うこと、入り口はどこからでも構いません。

　今、あなたが胸に抱いている志を是非忘れることなく、これからの道を歩んでほしいと願っています。

いつか出会う誰かのために何ができるだろうか

公認心理師　　岨中 庸子

　私は、とある町の教育委員会に所属し、フルタイムで小学校・中学校を対象とした相談支援業務を担っています。

そんな私がなぜこの仕事をしているのかについて、私の子どもの頃のことを話します。私は小さい頃からちょっと変わった子だったのだと、大人になってから分かりました。星が好き、読書が好き、一人が好き、でも友だちと遊ぶのも好き。学校の勉強は好きだけど、授業中は外をながめて別のことを考えていたり、ノートや教科書に絵を描いていたりしているような子どもでした。「お腹が痛い」、「頭が痛い」といった具合の悪いとき、授業中に言い出せなくて、しくしく泣けてきて、それでさすがに先生に気がついてもらって、やっと勇気をふりしぼってどうしたのか言えた、と先生にとっては困った子だったと思います。通知票の毎学年1学期の自由記述欄には、必ず「おとなしくて、授業中も発言もされず、声も小さいです。友だちとも遊ばずに教室にいます」と書かれていました。3学期にやっと「少し声も大きくなり手を挙げることも出てきました」と書かれて、また次の学年は同じ繰り返しです。そんな私はそれでも学校が嫌ではありませんでした。勉強は楽しいし、運動会などの学校行事も好きでした。体育はとても苦手でしたが、好きな運動もありました。勉強が好きだった私は、学校で教わることが楽しかったです。今、こうして振り返ると、学校が好きだった割には、こんなに大変だったんだなと客観的に思いますが、学校が好きでいられたのは素敵な先生方に巡り合えたからだと思います。実際に私は、お世話になった大好きな先生のようになりたいと思って大学に進みました。教員免許も取得して、高校の教育実習へいきましたが、授業中に一人ひとりの事が気になって、その子を気にせずに授業を進めるのはなんだか違和感がありました。あの子、ちゃんと分かっているのかな、どうかなぁと「個」が気になりました。

　そんな教育実習の経験もあって、教員になるのはあっさりあきらめました。その後、自分の生き方をもう一度考え直し、様々な生き方を模索していました。そんなときにやっぱり子どもたちのために何かしたいな、という気持ちと自分自身が学校で安心して過ごせていなかったという体験から、学校の子どもたちに教員以外の立場で関わることができないだろうかと思い、大学院に入り学び直し、今の仕事にたどり着きました。仕事をしていく過程で最初に取った社会福祉士に加えて、公認心理師という心理の資格が国家資格化されたのを契機に取得を目指しました。これには公認心理師がこれまでの心理職の概念を超えて多職種と連携し、包括的に対象となる人への支援を行う資格として作られたという趣旨に共感したこともありますし、心理学の知識が必要なのは当然のことながら、関係する領域

（保健、医療、福祉、司法など）の知識も求められる資格であることが、現場で日々働く私にとって、学び続ける必要のあることでしたので、仕事をしながらで大変ではありましたが受験を決めました。再び学び直す必要のある分野や今回新たに学ぶ必要があった分野もあり、勉強は大変でしたが、無事に初年度の試験で合格しました。

今、私は学校というフィールドで公認心理師と社会福祉士の資格を活かし、子どもたちが学校や地域、家庭で安心して自分らしく生活していけるようにということを目標として、仕事をしています。仕事をしている中で、様々な事情のお子さんに出会いますが、何らかの要因で学校に行けない、行かない子たちと過ごすことが多いです。学校に行けない、行かない要因は、子（個）のみの要因で行けないというのはまれで、様々な要因が絡み合い、その結果、学校に行けない（行かない）状態になっていることが多いです。その子どもやご家族、そして、関係する人たちにお会いし、子（個）の取り巻く環境へも働きかけつつ、学校の先生、地域の保健師、スクールカウンセラーなどの他職種の方と一緒になって子どもの応援をしています。

例えば、学校に突然来なくなった子の事例に、学校やご家族の方の依頼で関わることがあります。何回か相談で出会っていくと「なぜ学校に行かないのでしょうね」という学校の先生たちの声に「なんででしょうね」と私自身、自分に向けての意味合いも込めて言葉にします。正直なところ、なぜか分からないことも多いです。

相談ではご家族の方や関係する方にご本人がこれまでどんな生活を送ってこられたかをお聞きします。この中で要因に関係することが見つかるかもしれません。集団の中での過ごしにくさ、人一倍繊細なお子さんだということなどを聞くことがあります。そのように周りの状況を確認するのも公認心理師としての仕事です。最初からご本人に「なんで行かないのかな」とは聞きません。これまでどうだったかということもあまり聞きません。一緒にそばにいて、一緒に何かをします。このときには、子どもさんの好きなことをします。そして、一緒に過ごして安心してきた頃に、自分から話したいことを話してくれることもあります。

一番大事にしたいことは、本人がどうしたいかということです。それが子どもには言葉で表現しにくいので、行動で表したりもします。子どもさんがどういう状態であれば安心するのかを一緒に考え、安心できる状況を周りの人にも応援し

てもらえるように働きかけます。周りへの働きかけも公認心理師として大事な役割です。

　私がこのようなお仕事をするきっかけとして、最初に書いたように自分自身が子ども時代に大人に自分のことを理解してもらえず、ずっと違和感があった経験がベースになっています。そして、仕事をしてから気がついたのですが、自分の家庭がずいぶん他の家庭と違っていたということです。これはかなり最近まであまり自覚がなかったのですが、仕事をする中で出会う相談に来られた方に気付かされましたが、かなり少数派な家庭だったのです。こうした背景もあるので、今関わる少数派で多様な背景を持った子どもさんやご家族のことは自分の家庭と感覚的に近いところもあるように思います。

　昨年、私が読んだ本の『ぼくはイエローでホワイトで、ちょっとブルー』（ブレイディみかこ著、2019、新潮社）に「誰かの靴を履いてみる」という言葉があります。この言葉は、心理や福祉など対人援助のお仕事をする上で、とても大事なことだと思っています。この言葉のように、子どもやそのご家族の靴を履いてみて、その人たちの気持ちを知り、味方となり、子どものニーズを最優先して心理という視点で見立て、他にも社会的、医学的といった多面的で包括的な援助をしていければと思っています。

　また、この仕事は自分自身を常に磨いていけるので、よりよい生き方を自分に問いかけつつ、これから出会う誰かのために力を尽くしていけることの喜びも日々感じることができるかと思います。そして、この仕事の難しさを感じながらも、日々研鑽を重ね、日常の小さな気づきを大切にして、人と向き合い、また、人と共にいる仕事をこれからも続けていきたいと思っています。

スクールカウンセラーの役割・魅力

公認心理師・スクールカウンセラー　　栗本 淳子

　私は精神科クリニックで勤めた経験を生かして、現在スクールカウンセラーとして小学校、中学校、高校で勤務しています。これから、スクールカウンセラーの仕事内容や魅力について、お話していきたいと思います。

　まず、皆さんは学校生活にどのようなイメージを持っているでしょうか？　勉

強？　部活動？　委員会活動？　友達と過ごす場所？　体育祭や文化祭などの行事？　…はたまた…恋愛（笑）？　きっと人それぞれ違ったイメージを持っている事だと思います。

　このように、学校は多様な考えを持った生徒達が過ごす場所ですので、皆さんも学校生活を送る上で多かれ少なかれ悩みやトラブルを経験した事があるのではないでしょうか。そして、私の経験からですが、この文章を読んでくれている皆さんのうち、一定の割合で深刻な悩みを抱えている方がいるのではないかと思います。私達スクールカウンセラーは、そうした生徒が安心して学校生活を送れるように、担当している学校に週一回くらいのペースで出向き、様々な形で支援を行っています。

　まず皆さんがイメージしやすいのは、生徒からの相談を受ける事でしょうか。確かに、勤務時間の半分くらいはそうした事を行なっていますが、他にも保護者の方や先生方からも、生徒への接し方について相談を受ける事も多いです。また、先生方への研修などを通じて生徒の皆さんが過ごしやすい環境を整える事も、スクールカウンセラーの仕事の１つです。待遇は公立の学校であれば、各都道府県の会計年度職員という準公務員的な扱いで、週１日（１日あたり６時間）勤務で大体100万円程度の収入になるかと思います。ですので、これを週５日で計算してもらえれば、20代後半や30代前半の年齢でも平均年収を上回ることもできます。

　仕事内容について、より具体的なイメージを持ちやすいように、ある日の一日のスケジュールを例に取って説明します。

　出勤後には、先生方と軽く打ち合わせをします。その際に、本日の面接のスケジュールや、面接予定の生徒や保護者の方の情報を先生から得て、そこからどのような面接を行うかについて頭の中でイメージを持っておきます。面接は皆さんが安心して話せるように相談室が用意されているので、そこでスクールカウンセラーと一対一で行います。時間は一回あたり50分程度の事が多いですが、状況に応じて柔軟に変更することもあります。

　面接がないときには学校内や授業を見て回ったり、学校全体の雰囲気や生徒達の様子を見せてもらっています。時には、小学校の体育や学活の授業に参加させてもらうこともあります。授業の内容や掲示物の内容からその学校の特徴が分かることもありますし、先生方や生徒と話すときの会話の糸口にもしやすいです。その他、時間を見つけてスクールカウンセラー便りを書いたり先生方への研修の

資料を作成したりと、カウンセリング以外にも事務作業もしています。

　予定されていた面接を終えると、先生方に面接の内容についてお伝えし、今後学校としてその生徒や保護者の方にどのような対応を取る必要があるのかについて話し合います。こう書くと、生徒の皆さんはスクールカウンセラーに話した内容は学校の先生に筒抜けになっているのではないかと心配されるかもしれませんね。一般的には「勉強の進め方について悩みがあるようですので、そこを一緒に考えています」程度の言い方で報告しています。ただし、自殺のリスクがある生徒や、虐待や精神疾患の可能性があり他の機関と連携が必要なケースについては、その生徒の安全を優先した対応を取る場合があります。その場合でも、その生徒の安全を守るために、スクールカウンセラーだけでなく他の大人との協力が必要なことをお伝えし、面接で話した内容を先生に情報提供するための同意をご本人から取るようにしています。

　本来であれば、ここでスクールカウンセラーが行う面接についても詳しいお話をすればよいかと思いますが、具体的な方法や内容については人それぞれの部分が大きいので、ここでは大まかなやり方についてのみ触れておきます。

　私は初めてお会いする生徒には、まず自己紹介をして、なぜ私と会って話をしようと思ったのかについて丁寧にお話を聞いていきます。そしてその中で、まずその生徒がいじめや虐待を受けていないか、身体面や精神面で不調がないかについて確認をします。というのも、安心して学校生活を送ることは他の何物よりも優先する必要があるからです。安心して学校生活を送れる環境にあると判断できた後に、本格的に自分の悩みに向き合えるように支援をしていきます。悩みの内容については人それぞれですが、私は　①その生徒を子どもや生徒としてではなく、一人の人間として尊重できているか？（たとえ小学一年生でもです）、②私ができる事はその生徒の本来の素質や力を伸ばすことだけということを忘れていないか？　ということをいつも考えながら皆さんにお会いするようにしています。

　次は、スクールカウンセラーという仕事をしていて、やりがいを感じる点について説明します。やりがいを感じる点は、面接でお会いしている生徒や保護者の方が、元気を取り戻して本来の生き生きとした表情になったなぁと感じる瞬間です。カウンセリングを受け始めたときには、頭の中の多くが悩みで占められていてとても辛い思いをしている最中ですので、どうしてもいつもより視野が狭くなっていることが多いです。実際、「こんな苦しい思いをしているのは自分だけだ」

「自分がおかしくなったのではないかと考えてしまう」と言う方も決して珍しくありません。そうした方達が私に話をしていく中で、だんだん考えが整理されていき、「今までこういう風にしか考えられなかったけど、別の考え方もあるかもしれない」という成長に立ち会えたときが、勤務をしていて最も嬉しい瞬間の1つです。

　難しさを感じる点は、毎日学校にいるわけではないので急な対応が出来ない点です。面接で会ったときに「すごく落ち込んでるなあ。心配だなあ」と思っても、また次の面接で会うときまで私が何かをすることは難しいです（なお、そういうときには率直に心配していることを伝えて、次の面接までどう過ごすかについて話し合うようにしています。場合によっては、周囲の信頼できる人の手を借りられないかについても検討します）。どうすれば自分だけでなく学校全体で生徒達を支えられるかについて考えて行動する必要がありますので、「難しいなあ」と思う反面、「これだからスクールカウンセラーをこれからも続けたい」というやりがいにもつながる部分があります。

　最後に、私も学校生活では楽しいことや苦しいこと、いろいろと経験しました（トータルで高校生活を見ると、100点満点中60点くらいです）。振り返ってみると、学校生活で経験したすべてのことが、今の仕事に役に立っていると実感しています。

　今、皆さんが学校生活を楽しく送っているならば、それは後の人生にとって宝物となるはずですし、学校生活にどこか違和感を感じているならば、是非その感受性を大事にしてください。皆さんのその感受性を必要としている人が、きっとどこかにいるはずです。

　最後になりましたが、皆さんがこれから実り豊かな学校生活を送られる事を、心から願っています。そして、またいつか皆さんのうちのどなたかと一緒に仕事ができるときを楽しみにしています。

公認心理師という生き方を考えてみた

臨床スキル研究所　公認心理師　　武藤 有佑

1. 私のしている仕事

　皆さんは「公認心理師」という国家資格を持つ専門家がどんな仕事をしているか知っていますか？　最近では、人気女優の方が主演を務めるミステリー映画で話題を呼びました。映画の主人公の職業が公認心理師だったのです。また、YouTube で「公認心理師」と検索をかけると、数々の有名な先生方が動画をアップロードしており、心理職についていろいろなことを教えてくれます。Twitter や Facebook でも同じように「公認心理師」に関する投稿やアカウントは何万とあります。このように、世間では、ちょうど今「公認心理師」についてたくさんの情報があふれ、多くの人に注目されています。

　私は現在、その公認心理師として働いています。仕事の内容は、主に2つ。1つは、いくつかの幼稚園や保育園などをまわり、子どもたちの様子を観察します。時には、保護者の方の依頼があれば、その子どもさんに発達検査をして、どれくらい成長できているのか、どんなことが得意か、苦手なことは何かといったことを見つけ、その結果をもとに、保護者の方や園の先生と話し合い、その子どもさんにとって心地よい環境やよりよい関わりを考えていきます。他にも、保護者の方のカウンセリングを行い、子どもの成長に関して定期的にお話ししていくこともあります。もう1つの仕事も同じような仕事で、ある市町の教育相談センターというところで働いています。ここでは、対象となるのが公立校に通う小学生と中学生になります。巡回（じゅんかい）と呼ばれる、学校を訪問し子どもたちの様子を観察し、ここでも、学校や保護者、子どもの依頼や同意にもとづいて、必要があれば知能検査を行い、その結果から、どんな風に勉強を進めていけばよいのか、どんな環境が勉強しやすいのか、その子の得意なこと、苦手なことを考え、少しでも勉強をしやすくし、大人になってしっかりと生活できるようにどうしたらよいのかなど、その子どもたちが過ごしやすい環境を考えていきます。

　この2つの仕事の内容からも分かるかと思いますが、いろいろな人と話をして、子どもたちや大人の「こうしたい」という気持ちを聞きながら、「どうしたらよいのか」を考えていきます。世間では、公認心理師やカウンセラーというと「心

の病を抱えている人にカウンセリングをする」といったイメージが強いかもしれませんが、そのような場合だけではありません。人は、子どもも大人も誰しも大なり小なり生活を送る上で悩んだり、困ったりしていることはあるかと思いますので、自分だけでは解決が難しい、友達や家族の力を借りてもどうしたら少しでもよい方向に進めるのか見通せない、といった形で悩んでいる方や、私が仕事でお出会いするような方々も公認心理師の相談の対象になります。

　また、中には「話をたくさん聞いて落ち込んだりしないの？」「話しばかり聞くから、自分も悩んだりしないの？」「こういう仕事ってしんどくないの？」と疑問に思う人がいるようです。しかし、私自身は「自分の中で思い悩む」よりも、どちらかというと「相手のことをたくさん考える」という感じですので、仕事のことで悩み過ぎて自分自身の心や身体がしんどくなるということはありません。確かに、それが全くないとはいえませんので、時には悩んだりすることもありますが、そんなときは先輩の公認心理師や現場の先生たちに支えてもらいながら、仕事ができています。対人援助職である心理職や教育職の先生方は、優しい先生がたくさんいます。困っている人に対して親身に相談にのってくださる頼りになる先生が多いように感じます。

2.　公認心理師として働くということ

　公認心理師として働くことで大切だと思うことが2つあります。1つは、公認心理師は人のために働く仕事であるということです。働いていると「どうしてカウンセラーになろうと思ったんですか？」と聞かれることがあります。私は、皆さんと同じ高校生のとき、とても辛い時期を過ごしていました。その経験は、自分の心に何が起こったのか、どうして精神的に不安定になったのか、について、後で考えるきっかけになり、その思いから心理学を勉強しようと思いました。今、思えば、心理学という学問や、カウンセラーの資格を取ることにどこかしら救いを求めていたのかもしれないなぁと思います。心理学を勉強することで、「あの時辛かったのはこういうワケだったんだ！」と納得したかったんだと思います。でも、勉強をすればするほど「納得が得られることはそんなに大切なことではないのかもしれない」と思うようになりました。

　そして、今、こうして資格を取って働けば働くほど、公認心理師という仕事は「自分のため」ではなく、「人のため」「他者のため」であることを実感します。

いろいろな経験から傷ついたり困っていたりする人に対して、その人が何を求めているのか、どうなりたいのか、どうしていきたいのかを丁寧に理解することが大切であると思います。一般的には「私だったらこうするのに」「私だったらこう考えるのに」と私自身の視点で考えがちですが、公認心理師はできる限りその人の立場に立って考えることが求められています。もし、公認心理師が「私だったらこう考えるのに」という視点で、相談に来られた方に助言を繰り返せば、その公認心理師の考えるように誘導することになってしまいます。公認心理師の考えるようにすることが正しいということではなく、相談に来られた方がどのように考えるのか、その人らしく生活できる、その人らしく生きていけることができるようにサポートをすることが大切なのです。

　これが、公認心理師の役割であり、対人援助職とされるところであると思います。働いていると、時折、相談に来られた方から「先生に相談してよかった」「話してみて元気が出ました」と言っていただけることがあります。そういうとき、とても仕事のやりがいを感じます。私も公認心理師として少しは働けているのかもしれないなぁと、嬉しく思います。

　そして、もう1つ大切だと思うことは、いろいろな人とのご縁です。カウンセラーに限らず、働き始めはどんな人でも頼りないものです。公認心理師としても社会人としても若手であると、分からないことも多く、失敗をして様々な人に迷惑をかけることもありますが、その中で少しずつ成長していきます。私もたくさんの人に迷惑をかけながらも支えてもらいましたし、現在もいろいろな方に大変お世話になっています。1つの仕事をする上で、自分一人でできることは意外と少ないように思います。いろいろな人と協力し合い、大きなものを完成させていくイメージです。そういった中で、今の自分にできることを精一杯やるようにする。そうすると、一緒に頑張ってくれた人たちはそのプロセスを見てくれていますので、多かれ少なかれ必ず次の仕事につながっていくと思います。育児に悩む保護者の方の相談を一生懸命聴かせていただく。その保護者の悩みがカウンセリングを受ける中で少しずつでも解消していけば、カウンセリングによい評価をして下さり、その評価が他の保護者の評判にもつながる。そして、その評判が他の保護者の方から相談を依頼されることにつながる、といったイメージです。教育現場では、学校や園の先生が「カウンセラーに相談したら問題が解決した」と実感してくれれば、場合によっては「もっとたくさんの先生に研修会のような形で

お話をしてください」と、依頼される仕事の幅が広がっていくこともあります。

　今の世の中、公認心理師だけでなくどんな仕事でも安定した仕事は少ないと思います。コロナ禍によって、さらにそういった傾向が強くなりました。これからの社会を、大人として社会人として生活していくためには、仕事をしていくことは必要不可欠ですし、やはり一つひとつの仕事に最善を尽くして周りの人に認めてもらうことが重要です。自分にできることを地道に1つずつ増やしていく。それを繰り返すことで、相談に来られる方や、一緒に働く他の先生たちから、「これについては○○先生にまかせたら大丈夫」と思ってもらえることが仕事を続けていくことにつながると思います。

3. 家族と生活していく

　「公認心理師って生活していけるの？」「仕事あるの？」と聞かれることがあります。私も心理師になる前は親に心配をされることがありました。ただ、公認心理師になって働いていて「仕事がないなぁ」「働き口が少ないなぁ」と感じたことは全くありません。インターネットの求人サイトで「公認心理師」や「心理師」とキーワード検索をしたらそれなりに求人件数がヒットします。お給料の相場は医療や教育、福祉、産業、司法など分野によって違いはありますが、週5日働くということを考えると、一人暮らしで生活していくのに必要なお金は十分まかなえると思います。私は、結婚し一人の子どもがいます。今は家族三人で暮らしていくのに困ることはありません。一人暮らしのときよりも必要になるお金は多くなっていますが、それでも食べていけないということはないし、これからもないように思います。

　これから公認心理師を目指す場合、今はなかなか見通しがつきにくいところがあるため、本当に生活していけるのか不安に感じたり心配されたりするかもしれません。しかし、一人の専門家として、自分のできることを確かに増やしていき、周りの人たちと一緒に仕事をしていくという感覚を大切にできれば、徐々に不安や心配は薄れていくと思います。それは、公認心理師という資格を持ってする仕事に限らず、どんな職業でも、同じように大切なことは変わらないのかもしれないな、とも思っています。

公認心理師として働く

公認心理師・臨床心理士・キャリアコンサルタント　　室屋　賢士

はじめに

　昨今、人の心に関わる職種についてメディアに取り上げられることも多くなり、公認心理師という国家資格を持つ心理職の活躍が期待されています。さて、公認心理師はどのような職場でどのような仕事をしているのでしょうか。一般的には、病院やクリニックといった医療分野や小学校から高校に至るまでの教育分野、はたまた個人でカウンセリングルームなどを開設しているというイメージの方が多いかと思います。いずれの職場でも公認心理師は活躍しています。しかし、これらだけでなく、それ以上に多くの領域で公認心理師は活躍しています。今回は私のこれまでの経験を踏まえながら、各領域で働く公認心理師の勤務内容と魅力についてお伝えしつつ、心理職が特殊な勤務形態になりがちな理由についてもお話していきます。

1. 大学の学生相談での経験

　小学校や中学校、高校にスクールカウンセラーが配置されているように、大学にも学生相談室という相談できるところが設置されています。学生相談室に訪れる学生の悩みは多種多様ですが、大学生には高校までとは違い、どの講義を受講するか、いつまでに書類や課題などを手続きしたり提出したりしないといけないのか、といった自分自身で選択・管理・遂行することが求められるため、そのような場面で不適応をきたす学生の悩みがあったりします。他にも、アルバイトや部活動、人間関係や恋愛についての相談を受けることもあります。最近では、大学生活を送る中で相談者の発達障害などの発達の課題が表面化してきたということもあり、大学生になってから自身の障害と向き合うことになる学生もおられます。また、これまでの学校生活でスクールカウンセラーに相談したことがないという学生も多く、そのような学生との最初の面談で相談員である公認心理師は、学生の不安や不信感を取り除く作業をしながら、悩みや支援に必要な情報を聴き、何を目的・目標としてカウンセリングを行っていくのかを丁寧に話し合っていきます。相談内容によっては数回の相談で終了迎えることもありましたが、多くは

大学生活をサポートしていくために、継続的に相談を行うことが多いです。そのため、悩みに直面しながらも、自身の力でそれを乗り越えるなど、相談者である学生が成長していく姿を見ることができることも多く、それは、学生相談のやりがいでもあります。

2. 児童精神科・心療内科での経験

　私にとってクリニックでの仕事は非常に大きな経験になっています。総合病院のような大きな病院とは違い、小さなクリニックでの仕事は、他の職種の方々との連携がより密であったことや、様々な業務に携わることができ、組織の中の一員として働くという意識を持つことができました。医療現場での心理職の仕事といえば、カウンセリングや発達検査・心理検査が多いのですが、私が勤めているところでは、クリニックの掃除から1日が始まり、カウンセリングや心理検査の仕事以外にも受付の電話対応や会計業務、患者さんを診察へ案内するなど専門にとらわれない幅広い業務を行っています。他の職種の方の仕事に携わることで、それぞれの仕事の大変さを知ることができ、自分がどのように動くことで組織の負担を軽減することができるかを考える機会になっています。また、1日の終わりに自分のその日のカウンセリングや心理検査などの料金を記録する業務を通して、自分が組織にどの程度貢献しているのかを意識するようになり、一個人でなくより広い視点で「働く」ということを考える機会にもなりました。

　カウンセリングや心理検査を通しての学びも多く、基本的に1回50分〜1時間という相談時間が多い中で、このクリニックでは30分という限られた時間のカウンセリングを行っています。そのため、その30分をどのように組み立てていくのか、患者さんが本当に訴えていることは何だろうか、患者さんはどうなりたいと思っておられるのか（どうしていきたいのか）、複雑に絡み合っている悩みを紐解いていくような作業を通して、公認心理師として大きく成長できたと感じています。発達検査を行う際には、子どもさんやご家族などの周囲の方がどのようなことで困っているのか、どのような課題があるのか、これまでどのような対応をしてきて、これからどのような対応をしていくことでその負担を軽減することができるのか、そして、それをどのようにご家族などの周囲の方々に伝えることが効果的であるかということを考え、実践していくことは大きな経験となりました。

3. 専門学校や大学非常勤講師での経験

　公認心理師として、他にも専門学校や大学での非常勤講師もしていました。学生たちに「教える」という仕事をすることは、現場でカウンセリングなどの実践活動をする時間が少なくなる、自身の腕を磨く時間を削ることであり、自分の成長が緩やかになってしまうのではないかという懸念が当初はありました。しかし、講義資料を作成したり、実際に講義をしていくことが自分の経験を振り返ることになり、今までの自分の知識や理解を深めてくれることにつながりました。

　また、学生から受ける質問は新鮮であり、私に新たな学びを与えてくれる機会になりました。例えば、「人はどうして人を好きになるのか」「好きな人がいても他の人を好きなったりするのか」といった素朴な質問を受けた際に、本や文献を読み漁ると、その背景には人の心理的な側面による要因もあれば、生態学的な要因もあること、文化によっても捉えられ方に違いがあることなど学ぶことができ、1人では疑問に思わなかったり、調べたりしなかったことを知ることができる機会にもなりました。このような経験は現場の心理職としての仕事を行うだけでは決して得ることができなかったため、自分にとって非常に貴重な体験でした。

4. 就労支援施設での経験

　私が勤務している就労支援施設とは、15歳〜49歳までのお仕事をされておらず、働くことに踏み出したい方たちとじっくりと向き合い、相談者やご家族の方々だけでは解決が難しい「働き出す力」を引き出し、「職場に定着するまで」を全面的にバックアップする機関です。ここを利用する相談者の方の中には、今は自分の力で仕事を探すことが難しい方、転職を繰り返して定着が難しい方、ひきこもり歴の長い人や、発達障害を持っているがこれまで気付かれずに過ごしてきた人、学生時代のいじめ経験などから人への不信感が強い人などだったりします。このような方々が仕事を始めようとすることは、ご本人にとって相当の大変さがあります。また、そのような背景が影響しているせいか、相談者の方は他者と関係を構築したり維持したりすることが難しかったりします。そういった関係構築が難しい相談者とのカウンセリングを通して、相談者がどのような気持ちで、どのような葛藤を抱いているかなど、言葉として表現することが難しい部分を汲み取るという技術を磨くことができました。

　また、グループワークという集団療法も担当しました。このグループワークで

は、人と関わることが苦手だという相談者を集めて、コミュニケーションの練習やテーマに沿った話し合いをしていました。参加者は多いときには20人近くになることもあり、この経験は、集団の動きを意識したり、参加者のそれぞれがどのように動くかを見立てながら介入を行う力を育むことにつながっていきました。

5. 放課後等児童デイサービスでの経験

放課後等児童デイサービスでは、発達障害や情緒面での課題を抱えていたり、不登校やひきこもり状態にある子どもたちへの支援を行っています。子どもと1対1で関わる支援では、その子がより適応的に過ごすことができるために必要な支援を行っています。子どもたちが抱えている何らかの問題や課題には、教科書的な対応が功を奏することもありますが、時には教科書と真逆の対応をして効果をあげることがあり、常識や枠にとらわれない自由な発想をする力が培われています。

また、複数の子どもたちを対象としたプログラム（集団活動）では、勝ちにこだわってしまう子や集団になじめない子、他児に対して攻撃的な発言をしてしまう子などに対して、少しでも集団適応できるように、プログラムを通して練習を行うような支援を行ったり、他の支援員に子どもたちの見立てや指示を伝えるなど、集団全体のマネジメントも行っています。また、不登校児やひきこもり状態にある子に対しての居場所支援も行っており、社会参画に向けた第一歩をサポートしています。居場所支援を行う上で、子どもと関係を築くことが非常に大切であるため、これまでの様々な領域での経験が活きています。

この領域は、子どもが支援の対象であることから、介入のフィードバック（変化）が早く、支援者にとってやりがいを感じやすいです。

6. 公認心理師の働き方について

ここまで、様々な領域での公認心理師の業務やそこで得られた私の経験について述べてきました。このように、公認心理師は複数の業種にまたがって活躍している人が多く、複数の職場に同時に勤務していることも少なくありません。私も以前は日替わりで他府県に勤務しておりました。現在は、常勤職と非常勤職の掛け持ちで勤務しています。公認心理師が掛け持ちをして働く背景には常勤職が少なく、スクールカウンセラーなど多くの業種が非常勤職員としての契約となって

いる影響が大きいことが考えられます。

　ただ、非常勤職員としてのメリットもあります。それは、自分の興味のある様々な分野で仕事ができることであり、これまで述べてきたように個々の領域でしか得られない経験値を得て、公認心理師として、そして人間として成長することができることです。また、非常勤職員の場合、時給が高く設定されていることが多く、収入面において不自由なく生活することができることもメリットです。一方で、常勤職員の場合、時給単価は減少し、実際に手元に残る収入は減少するものの、社会保険に入れたり、国民年金だけでなく厚生年金を受給することができるなど、もし何らかの事情で働くことができなくなった際のサポートが受けられるということが大きなメリットです。いずれの働き方も一長一短であり、公認心理師として、1人の人間としてどのような生活を送りたいか、何を大事にするのかによって、働き方を選択するのがよいかと思いますし、そのような選択ができることも公認心理師として働くことのメリットの1つであると思います。

最後に

　公認心理師という国家資格が制定され、公認心理師が活躍する場は今後ますます増えてくることが想像できます。その領域によって、公認心理師に求められる役割は異なり、得られる経験は全く違ったものになることでしょう。どれか1つを洗練していくこともできますし、様々な経験をしてマルチに働いていくこともできます。自分のなりたい公認心理師像に近づくために、自由に仕事や仕事の仕方を選べることは公認心理師の醍醐味であると思います。

スクールカウンセラーの仕事

公認心理師・臨床心理士　　岡田（上杉）寿之

　私は、公認心理師として学校現場で働いています。学校現場で働く公認心理師や臨床心理士といえばスクールカウンセラーになりますが、皆さんはスクールカウンセラーにどのようなイメージを持っていますか？　どんな力を持っていると思いますか？　エスパーのように人の心を何でも見通せたり、悩みをスパッと解決できたり…？　と書くと書き過ぎかもしれませんが、何かすごいことをしてく

れるのでは？　と思う人もいるかもしれません。少しずつスクールカウンセラーも身近な存在になってきているかもしれませんが、「詳しいことは知らない」という方の方がまだまだ多いかと思います。さて、今回は、学校現場で公認心理師として働いてきた私の経験を通して公認心理師という仕事について紹介したいと思います。

学校現場で働く公認心理師、つまり、スクールカウンセラーにとって大切なこととは何でしょう？　こう問われたとき、皆さんはどう思いますか？

親戚の小学生が宿題で仕事について調べるときに、スクールカウンセラーをしている私にいくつか質問をしてきました。その中に、「その職業にとって大切なことは？」というものがありました。スクールカウンセラーとして大切なことは…心理学などの専門知識、心理テストをしたり、話を聴いたりする技術、人柄、コミュニケーション力など、いろいろあると思います。その中で私は、その子にはまだ難しいかなと思いながらも「バランス感覚かな…」と答えました。

公認心理師にとって一番の仕事は、「話を聴く」ということになります。その際に公認心理師は、偏った価値観や考え方、捉え方にならないように、気をつけながら話を聴いていきます。相談者の方は、日常生活での相手の反応によって傷ついていることも多いです。その場合、相談者の方は相手の人の反応に敏感になってしまいます。公認心理師が1つの価値観で他の人と同じように捉えてしまうと、相談者の方は安心して話せなくなります。そのため、自分が1つの価値観や捉え方に捉われていないかを意識しながら聴く必要があります。こういう意識も「バランス感覚」の1つといえるかと思います。

そして、もう1つ、私が考える大事な「バランス感覚」があります。

学校という現場で働いていますといろいろな立場の人から話を聴かせてもらいます。悩みを抱えた生徒はもちろんですが、その生徒に関わりのある先生（担任の先生が多いですが、それ以外の先生からも聴く場合もあります）や、場合によっては保護者の方からも話を聴かせてもらうこともあります。話を聴くといっても、尋問のように聞き取りをしていくのではありません。先生の場合は、その生徒に対してどうしてあげたらいいのか、どう理解してあげたらいいのか？　といった先生の悩みや思いや考えを聴かせてもらうことが多く、そういったことを聴きながら、先生と協力してその生徒にどう関わったらいいのか、どう理解していけばいいのかを考えていきます。保護者の方の場合も先生のときと同じように、

子どもへの対応に困っている、子どもの気持ちが分からないといった子育ての悩みや親としての思いを聴かせてもらいます。そして、子どもの理解の仕方や接し方を一緒に考えていきます。このように、一人の生徒に対して、生徒さんご本人、学校の先生、保護者の方といろいろな立場の人の思いを聴くことがよくあります。もちろん、生徒さんだけ、先生だけ、保護者の方だけというときもあります。例えば、その生徒が学校に来ることが難しい場合があります。そのときは、先生や保護者の方の思いを聴かせてもらうことになります。

　しかし、いろいろな立ち位置の人の思いを聴かせてもらう場合に、それぞれの人の思いが一致していればよいのですが、そうではないことも多かったりします。そのため、それぞれの思いを聴かせてもらっているスクールカウンセラーは、その時々の立ち位置や振る舞いがとても大切になります。もちろん、一番は生徒本人の思いですが、他の人の思いや考えを否定してはスクールカウンセラーにできることは限られてしまいます。言い換えると、悩みを抱えた生徒に対してできることが減ってしまいます。ですから、それぞれの思いが不一致な状況の中、生徒さん本人の思いを一番大切にしつつも、それ以外の先生や保護者の方の思いや考えも尊重しながら対応していくという、とても微妙な立ち位置にいる存在がスクールカウンセラーになります。しかも、守秘義務（相談者の相談してくれた話は他の人には伝えないことです。生徒の相談内容を先生や保護者の方に伝える場合は、生徒本人の同意が必要になります。ただ、その場合でも相談内容をそのまま伝える形は取らないように心がけます）もあるので、その立ち位置の中でバランスを取りながらできることを考えていくことはとても至難の業だと思っています。

　このような理由で、私は親戚の子の質問に対して「バランス感覚」と答えました。

　多くの場合、スクールカウンセラーは学校に1週間に1回、あるいは2週間に1回のペースで行きます。1回の勤務時間は地域によって違います。そのため、生徒さんとの面接も多くて週1回になります。保護者の方との面接は、月1回が多いように思います。人間は1週間に168時間という時間の中で生活をしています。相談時間は基本的に1回50分〜1時間ですので、スクールカウンセラーは多くてもその中のたった1時間という短い時間をその相談者の方と過ごします。しかも、相談室という限られた場所です。悩みを抱えた生徒さんと、このような「点」といえるような時間と場所でしか会えないスクールカウンセラーができることは、それほど大きなものではないかもしれません。しかし、だからこそ、

スクールカウンセラーは、その一瞬といえる「1回」の面接をとても大切にします。初めてくる相談者は、不安や緊張の中、勇気を持って来てくださいます。そういう方と1時間弱という短い時間ではありますが、その方の思いをしっかりと受け止め、信頼関係を築いていくためには、大変なエネルギーを費やします。そのため、特に1回目の相談者の方と初めて出会う面接の後は、いつも力が抜けるくらい疲れます。相談内容によっては、一瞬で判断を迫られる場面も多々あります。こう書くと大変重苦しい時間のような感じですが、そういう時間ばかりではありません。特に、相談者の方がよい方向に進んでくださっているときには、笑い合い、共に楽しく過ごせる瞬間もあります。相談者の方が、この一瞬のときを1つの「居場所」と思ってもらえるためにはユーモアもスクールカウンセラーには大切な要素のように私は思います。そういえば、私の後輩に「笑い」を研究テーマにしていた人がいました。とても鋭い着眼点だなと思いました。

さて、このように1回の面接で多くのエネルギーを費やしてもカウンセラーにできることは大変限られたものになります。1週間168時間を常に支えるというわけにはいきません。そこで、スクールカウンセラーには連携というものが大切になっていきます。つまり、その生徒さんの日常生活で関わりの深い人物との連携がとても大切になってきます。その多くが保護者の方であり、先生という存在になります。生徒さんの思いを尊重することに傾くあまり、保護者の方や先生の思いや考えを否定してしまっては、結果として、その生徒さんが安心できる生活範囲を狭めてしまう可能性もあります。だからこそ、守秘義務がある中で相談者の方に他の方との情報共有の同意を得つつ、先に話したようにそれぞれの思いを尊重しつつ、皆さんの思いを合わせていくという「バランス感覚」に優れた職人技のような活動をスクールカウンセラーはできるようになることが必要になります。そして、私の経験上、それぞれの思いが一致しだしたら生徒の状態はよくなっていく傾向があるように思いますので、この皆さんの思いを合わせていくことが、とても大事なことだと思っています。

最後に、公認心理師で生活は成り立つのか、家族を養えるのかについて触れたいと思います。結論から言いますと、それは「可能」だと思います。今、現在の私がそうだからです。ただし、スクールカウンセラーに限った話をしますと、一人の公認心理師が担当できる学校の数は今後減少していく可能性があります。そうなると、安定して仕事を続けるには信頼と実力が必要になります。そのために

は、私個人の考えですが、知識や技術だけでは不十分だと思います。それ以外の部分も含めた人間性そのものが、公認心理師として生きていけるかどうかに大きく関わっているように思います。

　これは、公認心理師の仕事に限らないことかも知れません。これを読んで下さっている皆さんが将来どのような仕事に就こうと考えていたとしても、その仕事の専門知識や技術だけではなく、「人間性」を磨いていくことがとても大切なことだと思いますので、日々の経験の中で、いろいろなことを感じ、ご自身の「人間性」の成長につなげていただければと思います。

新人の公認心理師が感じた心理職の魅力

公認心理師　　松田　祐輝

　私は臨床心理士と公認心理師の有資格者として、病院や企業で働かせていただいていました。働いていた期間は3年ほどで、現在は家業を継ぐために心理職からは退いています。したがって、心理職としての経験値は決して高くありません。しかし、当時の自分が新人心理職として感じていたことを書き記すことで、これから心理職を目指そうとしている皆さん、そのご家族にとって、何か参考になることがあれば幸いです。

　一口に「心理職」といっても、実に様々な領域で活躍しており、それぞれの領域で求められる役割は少しずつ異なります。その中で私は精神科病院で週3日、労働者の心理支援を行う企業で週2日働いていました。

　まず、精神科病院の心理職がどういう仕事をしているのか、という点について簡単に説明します。私は大阪府内にある精神科の単科病院で勤務していました。精神科の単科病院とは、総合病院のように内科や外科、耳鼻科、眼科などといった複数の診療科は無く、精神科のみで成り立っている病院のことです。私が勤務していた病院は入院床が約200床あり、その内のだいたい180床は常に埋まっている状態でした。また、自宅や他の施設から当院を受診される患者さんも1日50人ほどお見えになりますので、一日病院内を歩いておりますと非常にたくさんの患者さんと顔を合わせます。

　ここで読者の皆さんに尋ねてみたいのですが、皆さんは精神科の病院に足を踏

み入れた経験があるでしょうか。また、これだけ多くの精神科患者さんが生活している空間の雰囲気を味わったことがあるでしょうか。そこには私達が普段生活している社会とはまるで違う景色が広がっています。具体的にいえば、一日中廊下を歩き回っている人もいれば、壁に向かって話している人や、喜怒哀楽がコロコロ変わる人など、実にいろいろな状態像の患者さんがおられます。

　あらかじめ一点断っておきたいのですが、精神科の患者さんには、繊細で優しく、そして気遣いができる方がたくさんおられます。この点は誤解のないようにしていただきたいと思います。しかし、精神科の患者さんは病気の症状や心身の負担、あるいは、性格の不器用さによって、私達が無自覚のうちに作り出している「普通」という物差しでは計ることができない行動をとることがあります。このように一風変わった（と知らず知らずのうちに私達の意識が見なしている）患者さん達とお話をしたり、悩みを聴かせてもらったり、心理検査を実施したりするのが病院の心理職の仕事です。こう聞くと「なんだか難しそうだな…」とか「自分にできるか不安だな…」とお感じになるかもしれません。もちろん簡単な仕事ではありませんし、毎日が試行錯誤であることは事実です。しかし、患者さんの症状が緩和され、落ち着きを取り戻された後に、「先生が親切に話を聞いてくれて本当にたすかりました」と言ってもらえたときには、「この仕事をしていて本当によかった」と感じることができます。

　次に、労働者の心理支援を行う企業での業務内容について説明します。この企業では主に取引先の会社に出向き、その会社の従業員の方々に対してストレスに関する講義を実施したり、ストレスチェックの分析結果を説明したりしていました。ストレスチェックとは一言でいえば、心の健康診断です。高校生や大学生の皆さんは学年が変わった年度の始めに、健康診断を受けていると思いますが、会社も従業員が安全かつ健康に働くことができるために、大企業であろうと中小企業であろうと、年に一度の健康診断を従業員に受けさせる義務があります。これと同じように心の健康診断であるストレスチェックについても平成26年から実施することが義務化されました（厳密にはストレスチェックは、従業員が50人以上の企業が「義務」、49人以下の企業は「努力義務」です）。このストレスチェックでは、労働者にどれだけ心理的な負担がかかっているか、また、その心理的負担が頭痛やだるさなどの身体的な症状として現れていないか、ということを調べるためのアンケート用紙が配布されます。そのアンケートの結果を集計し、

部署ごとのストレスの特徴を説明したり、その特徴に応じた対策案を提案したりして、その会社の従業員が健康に働くためのお手伝いをしていました。

　この仕事をしていてよかったと感じるのは、自分が持っている心理学に関する知識や考えを表現する機会が得られるという点です。実は心理職には自分の知識や考えを明確に表明するという機会がそれほど多くありません。心理職やカウンセラーと聞くと、「自分の心の状態を言い当てる人」とか「悩みに対する答えを教えてくれる人」などというイメージを持たれる方もいるかもしれません。しかし、実際には相手の話を理解するためにしっかり聴くこと、いわゆる「傾聴」の姿勢を非常に重要視している心理職が大半です。したがって、相手の話を聴いたり質問したりしている間に50分のカウンセリングが終わってしまって、心理職が自身の意見や考えをほとんどいっていないということも珍しくありません。こんな風に仕事をしているからなのか分かりませんが、「聴き上手」な心理職はたくさんいても、「話し上手」な心理職というのはそれほど多くないというのが私の実感です。もちろん心理職としてのキャリアを積んでいけば、講演会や研修会の講師として呼ばれる機会が増え、自分の知識や考えを話すという機会は増えていきます。しかし、経験の浅い新人心理職にはそのような機会は多くありません。私は偶然にもこの仕事と出会い、大勢の人の前で話すという経験に恵まれたことは、特に新人の私にとって非常にありがたいことでした。

　最後に私が考える心理職のよい所を挙げたいと思います。1つ目として心理職という仕事はこれからもずっと続いていくと思います。なぜなら人間は生きている限り苦悩を抱えるからです。そこに心理職としての存在意義があります。また、心理職はAIに取って代わられるということも考えられにくいでしょう。やはり人間はロボットではなく、同じ心を持った人間に共感してもらいたいのだと思います。2つ目に、長く働くことができるという点です。どうしても加齢によって体力や瞬発力が衰えることは避けられませんが、心理職の業務にはそうした能力はさほど求められません。必要になるのは構築してきた理論と経験です。むしろ年齢を重ねることがアドバンテージになり得る職業でしょう。最後の3つ目は、やはり仕事自体のやりがいです。心理職は給料が低いわけではありませんが、いくら給料が高くてもその仕事の意味が理解できなければ、人間は幸せを感じられにくいものです。その点、心理職というのは責任も大きいですが、仕事の意味を感じられやすい職業だと思います。

他にも心理職という仕事が持つ魅力はたくさんありますが、紙幅の関係上これ以上書くことはできません。これ以外の心理職としての魅力は、是非皆さん自身が心理職になって体感されてみてください。

心理職は食っていけない？

精神科単科病院勤務　公認心理師・臨床心理士　　Y

　私は北海道の精神科病院に常勤で働いている現在社会人２年目の新米の公認心理師です。私の地元は京都なのですが、社会人１年目から病院でじっくり経験を積みたいという思いがあり、２年前に地元を離れ北海道へ旅立ちました。病院で働きたいのなら地元の病院で雇ってもらえばいいんじゃないの？　とお思いの方もいるかもしれません。しかし、地元で常勤職の募集を出している病院は「実務経験○年以上」という募集条件があり、社会人になったばかりの私は応募することもできませんでした。おそらくこれが「心理職は食っていけない」とよく言われる大きな理由の１つなのかなと思います（詳しくはまた後ほど）。さあ、どうしたものかと思いながら全国規模に手を広げて求人を探してみたところ、地方のいくつかの病院で新卒も募集できる求人を見つけました。これを見た私は「地元を離れるのなら行ったことのないところに行ってみよう」という考えもあり、北海道の病院の求人に応募したところ、採用していただけることになったので、この北海道の地で現在仕事をさせていただいています。

　病院における主な仕事内容は、心理検査、カウンセリング、集団精神療法の３つです。心理検査では発達障害の疑いがある方を対象とした知能検査や、記憶力や判断力など認知機能を調べる認知検査、どのような人柄なのかを調べる人格検査などを行っています。検査の結果をもとに、この患者さんは何が得意で何が苦手なのか、周りの出来事をどのように受け取ってどんな反応をすることが多いのか、といった特徴を分析します。そして、家庭や学校・職場などの普段の生活環境でより快適に過ごしていくために役に立ちそうなヒントを考えます。そして、最後に患者さんの特徴や今後のヒントを主治医や患者さんご本人、ご家族それぞれにとって分かりやすい形にまとめて伝えています。

　カウンセリングでは、アルコール依存症、抑うつ、発達障害、適応障害、パニ

ック障害などで困っている方やそのご家族を交えてお話を聴かせていただきます。カウンセリングで何をしているのかというと、基本的には普段一人、あるいは、家族との間でグルグル考えて複雑にからまってしまった悩みについて語ってもらい、その場の関わりを通して整理するようなイメージです。ただし、患者さんによって行うことはガラッと変わるのですべてがこの通りとは限りません。例えば、こちらから助言などは行わず、患者さんの語る気持ちや考えをひたすら聴かせていただいたケースもあります。そうかと思えば、毎回課題を設定して進めるカウンセリングもあります。この場合は、なるべく患者さんにとってハードルの低い課題を、患者さん主体の話し合いで決め、次回のカウンセリングまでに実践してきてもらいます。そして、実際やってみてどう思ったかなどを話してもらい、また次の実現できそうな目標を決めて…という流れを繰り返すというケースもあります。また、考えがまとまりにくいことでお悩みの方とのカウンセリングでは、ホワイトボードを用いて会話の流れを記録しながらお話を伺うこともあります。このように、カウンセリングでは、なるべく患者さんの要望や得意なコミュニケーション方法、考え方に合わせて臨機応変に形を変えています。

　集団精神療法では、依存症の患者さんやそのご家族を対象としたミーティング、勉強会の司会進行（ファシリテーター）を行っています。これらの会では話の進行役として、参加者さんの発言内容はもちろん、表情や仕草を見ながらその場に合わせて話をふることや、話の要点を整理してホワイトボードに板書することなどを主に行っています。もちろん、こちらから依存症やうつ病、身近な人とのかかわり方などについて、お話をさせていただくこともありますが、私が一方的に話し続けることはなるべくしません。具体的には、会全体の時間の4分の1以上を私が話すことはしません。というのも、集団精神療法では参加者さん同士で気軽に話せる場を作ることを特に大切にしているからです。似たような経験をした人同士の交流を通して、お互いに支え合える関係を作ることや、会の中で悩んでいることを話したときに、他の参加者から「自分はそういうときは、こうして対処したよ」という様々なアイデアを聞くことができる場を目指して関わっています。そのため、話の取っ掛かりとして私が情報を伝えたあとは、参加者さんに話のどの部分に納得できたか、しっくりこなかったかなどのご意見や、その話に関連した実際にあった体験談を自由に話してもらえるような流れを作ることを重視しています。

これらの仕事をしていてやりがいを感じるところは、日々の地道な関わりを通して、患者さんやご家族に小さな変化が起こることに気付いたりできること、が挙げられます。初めてお会いしたときに抱えていた問題も、ふと気づいたら気にならなくなっていた、あるいは、できなかったことが自然とできるようになっていた、という話を聴かせていただくと、その患者さんやご家族のお力になれてよかったと強く感じます。また、様々な方と関わる中で、自分のこの仕事に対する考え方や振る舞いが柔軟になっていく実感を得られることも大きな魅力の1つといえます。

　では続いて、気にしている方が多いであろう、収入面の話に移ります。当然のことですが、常勤職、給料が高い、残業時間が短い、アクセスがよい、土日休みなどの条件がそろった求人は、たくさんの人が応募します。また、はじめにも書いたように、常勤の仕事は経験年数を重視するところが多いため、駆け出しの頃は応募すらできないこともあります。やっと応募できるところを見つけたとしても、同じところに自分よりも経験豊かな公認心理師が応募していた場合、その方を上回るアピールが求められます。そのため、初めの頃は非常勤の仕事をいくつか掛け持ちをして経験を積む人もそれなりにいます。そのため、大学院を出てすぐや、公認心理師の資格を取ってすぐの社会人1年目2年目は、多少不安定な生活になることもあります。では、ずっとその状態が続くかといえば、もちろんそうではありません。しばらく、非常勤の仕事をいくつか掛け持ちをしていても、非常勤でも時給の単価が高いスクールカウンセラーの仕事もできるようになれば、ある程度安定した生活は送れますし、同世代の一般職の方の収入よりも、はるかに多い収入を得る人もいます。また、経験を積むことによって、上に書いたように常勤職に応募することもできるようになったりして、さらなるステップアップを図ることもできます。他にも、研修会や学会といった学ぶ機会に参加して人脈を作ることでも、よりよい条件の仕事を紹介してもらえるようになり、生活を安定させていくことができたりします。

　最後に、私に限っていいますと、現在の年収は全国的な同年代の平均収入額を下回りますが、特別派手な生活をしなければ一人暮らしは問題なくできます。これは、勤務地や経験不問といった募集条件も関係していると思います。そのため、いつとはまだ分かりませんが、将来的には私もステップアップをしていければとも思っています。ただ、これは心理職に限ったことではなく、どのような仕事で

も最近は転職する人も増えてきていますので、公認心理師という国家資格もあることを考えれば、「心理職は食っていけない」ということは言えないかと思います。

もし、未来が見えていないとしたら…そんな、あなたへ

精神科クリニック勤務　公認心理師　　D

　高校生のときの私は、未来が見えずにいました。しかし、ある資格との出会いをきっかけに、未来が開けたように思います。もし、あなたが今、未来が見えずに困っているとしたら…。かつて私が、どんな未来を見て、今どうなったのかを、私の仕事である公認心理師という仕事の内容の説明とともに、お伝えしたいと思います。

　高校3年生の春、私は、公認心理師という資格があることを友人から知りました。もともと、友人から相談を受けることが多かった私は、人の悩みを聴くという、自分にぴったりだと思える仕事に出会えたことに喜びを感じていました。さっそく、公認心理師を目指すことを両親に伝えましたが、両親は「人の悩みを聴くなんて、そんな難しくて大変な仕事がお前に務まるのか」「食べていけるのか、自分が気に病んだらどうするんだ。」「教師や看護師など他の専門職ではダメなのか」と反対されました。しかし、私は「初任給は20万円くらいだと思うから、食べてはいける。あとは腕次第なんだと思う。腕という意味では、どの仕事や職種も同じ。それなら、向いている仕事を目指す方がよいと思う」「話を聞いて気に病むなら、それはもともと気に病んでいたのだと思う」など、両親の疑問に対して、私なりに答えました。しかし、両親はさらに「就職口はあるのか。資格を取っても雇われないんじゃないか」「雇われたとしても、誰がそんな大学出たての、若い女の子に話しをするんだ」などの質問や意見を重ねて言いました。私は、想像でしか答えることはできませんでしたが、自分自身が答えられないなら目指すべきではないとも思い、拙いなりに情熱をもって答えました。その結果、「とりあえず目指してみよう」「ダメならそのときに考えたらいい」と言ってもらい、両親の承諾を得ることができました。

　現在、公認心理師として4年目になり、実年齢より若く見える私（笑）ですが、公認心理師という資格で生計を立てています。高校生のときの自分に教えるべく、

また両親を安心させるべく、より臨場感をもって、公認心理師という仕事について説明したいと思います。

公認心理師は、大雑把にいえば「心の問題の解決屋さん」です。心の問題は複雑で、ご本人や、ご本人と親しい方が知恵を絞り、あるいは、本やインターネットで調べたりしても解決できなかった問題の解決を依頼されることが多いです。では、本人や、本人をよく知る人でさえ解決できなかった問題をどう解決していくのでしょうか。ここに、公認心理師の専門性が詰まっていると思われます。ここでは精神科クリニックで出会ったDさんの事例を通して説明していきます。

自傷行為がやめられないことを相談に来られたZさんの事例です（個人情報に配慮し、本質を損なわない程度において、内容を変更しています）。一般的な問題解決は、どうやって自傷行為をやめるかもしれません。しかし、公認心理師の問題解決は、自傷行為を含め、より広い視点で捉えた問題解決になります。私が、まず気になったのは、服装の独特さでした。単に派手というわけではなく、ちぐはぐ感があり、私の個人的な感性かもしれませんが、ちぐはぐ感から、どことなく発達障害の可能性がある印象を受けました。Zさんとご両親から、幼少期から生活や学校生活について尋ねると、特筆する問題もなく、どちらかと言えばよい子で育ってこられ、発達障害について疑われたことはなかったとのことでした。しかし、細かく生い立ちを聴いていくと、問題行動には至っていないだけで、発達障害の特徴に当てはまるところが多くありました。そこで、私は、自傷行為は二次的な問題であり、Zさんの困りごとは、発達障害による生きにくさではないか仮説を立てました。2回目にお会いした際は、能力の高さ、得意苦手、陥りやすい認識や感情、ストレス時に取りやすい対処などを検討するために、心理検査も活用しながら分析しました。3回目では、Zさんやご家族からの聞き取り、現在の困りごと、心理検査の結果を踏まえた上で、彼女に対する総合的な考察と、今必要だと思われること、今後の見通しなどについて説明しました。この一連を、見立てと方針というのですが、彼女は私の見立てに納得し、もっと自分のことを知りたい、自分について考えたい、今後どうやって生きていけばいいか相談したいとのことでカウンセリングを希望されました（このプロセスの中で主治医からも発達障害の診断が出ています）。このような、見立てと方針については、大学や大学院でも学びますが、公認心理師として生涯を通して洗練させていく能力の1つです。

カウンセリングでは、話す内容に決まりはなく、趣味や心配ごと自由に様々な内容が語れます。時には、沈黙というメッセージをいただくこともあります。もしくは、とても親しみやすい態度で接してくださることもあります。私たちは、相手の声なき声に耳を傾けます。つまり、なぜ沈黙なのか、もしくは、なぜこんなにも親しみやすいのかなど、まず相手の身になって考え続けることもプロとしての大切な姿勢の1つです。相手の身になって、ひとしきり話を聴き、素朴な疑問を伝えたり、私の理解に誤解がないかを確認したり、時に心を痛め言葉を失ったり、笑うこともあります。Ｚさんは最終的に、自傷行為をする自分ではなく、また、発達障害を持つ自分でもなく、どのような自分でも信じられるように、自分と向き合っていきました。今まで、自分の拠り所としてきた、いわば信念のような思いによって、自分ががんじがらめになってしまうことは、カウンセリングの現場でよく見受けられます。その縛りに対して、Ｚさんは勇気をもって向き合い、「頑張れば何でもできるわけじゃない」「何を頑張るか、頑張り方が大切である」ことを自分で実感していかれました。これは簡単なことのように見えますが、実はとても勇気がいる、尊いプロセスとなります。

　私が最初に立てた見立てと方針は、ご本人が自分を知るための叩き台でしかないと思うことは、本当に多くあります。Ｚさんは私の叩き台を書き換えるべく、自分について深く理解し、新しい生き方に出会っていかれました。自傷行為については、私は一度もその是非について話したことはありませんが、「そういえばしなくなった、理由は分からない」と、ついでのように語り、それ以上はありませんでした。Ｚさんの能力や性格が変わったわけではありません。私が何かを教えたわけでもありません。もしかしたら、いつか自傷行為に及ぶこともあるかもしれません。しかし、困ったことがあれば、また一緒に考えよう約束し、Ｚさんとのカウンセリングは終了しました。

　先ほど、公認心理師は「心の問題解決屋さん」であると書きました。しかし、心の問題の解決は本人にしかできないとも感じています。私たちができることは、ご本人が自分の心の問題を解決しやすくするための環境を整えることくらいなのかもしれません。そして、公認心理師は、可能な限り、相手を深く理解することを通して、ご本人の環境の一部となることです。不思議なものですが、人は他者から深く理解されたと感じたとき、自分にとって必要な選択ができるようになるように思えます。そして、必要な選択は、問題の解決に導くこともあります。こ

こでポイントなのは、必要な選択を教えることや、誘導することではないということです。あくまでも、ご本人の環境の一部として、深く理解することに専念し、努めることが役割なのです。人を深く理解することは難しく、ついつい、こちらの思い、要領のよい方法を教えてしまいたくなります。しかし、深く理解することに専念し、そして、「待つ」ことが、結局は1番の近道なのかもしれないと実感します。とはいえ、私自身、理解が浅く、待てないことが多くあり、専門家としての自分未熟さに打ちひしがれる日々です。しかし、この道に来た選択は、私の人生で1番よかったことだと思っています。なぜなら、人の心を知る、生きることを知る、これ以上に興味を持てることが私にはありません。もちろん、人の心を知る学問は、臨床心理学だけではなく、例えば文学、芸術、スポーツなど、すべてが人を知る学問だとも思います。人を理解することは底なき営みです。しかし、だからこそ奥深く、生涯をかけて、心を込めて学ぶ価値ある道だと感じます。

これを読んでくださった皆さん、公認心理師の仕事についてイメージが膨らんだでしょうか。また、あなたが今後の人生を歩むにあたって、心に届いたものはあれば幸いです。

最後に、現実的な話をします。私は正社員としてしか勤務したことがありません。年齢は30代前半ですが、それなりの月収と年に2回ボーナスがあります。給料的には大学を卒業した同年代の一般企業で働く方々と同程度かと思いますので、平均的な年収であり、生活レベルも平均的です。ただ、公認心理師の場合、学会や勉強会に参加したり、本を購入したりといった出費があります。自分の腕を磨くための必要経費として、毎月自己投資をしています。また、心理職の場合、正社員よりも非常勤の方が、年収が高いこともよくあります。他にも非常勤の方は比較的心理の仕事に集中できることが多いですが、正社員の場合は組織としての仕事（受付や掃除など）も多い印象があります。

皆さんが進路を選ぶ上で、何かお役に立てれば幸いです。あなたが自分らしく歩んでいけることを願っています。

公認心理師を目指すあなたへ

公認心理師　　A

　この記事を読んでくださる皆さんに、私がしている仕事の内容や魅力、そして、公認心理師としてのやりがいについて、お伝えしたいと思います。私は現在、未就学（小学校に入学するより前）の子どもを対象に発達支援を行う仕事をしています。発達を支援するってどういうこと？　とあまりピンとこないかもしれません。人間は生まれてから死ぬまで、成長していく上で発達の段階というものがあります。例えば、1歳過ぎに1人で歩けるようになる、3歳ぐらいで自分の名前が言えるようになるなど、それぞれの年齢で大体こういうことができるようになるという定型があります。

　ただ、人間は一人ひとりが、姿かたち、持っている能力や知識など、すべてが異なります。例えば学校には、運動が得意な人がいれば、苦手な人もいますよね。数学が得意な人がいれば、0点を取る人（私です（笑））もいると思います。この記事を読んでくださる方のように心理職という仕事に興味を持つ人がいれば、全く興味がない人もいます。子どもの発達もそれと同じように、1歳になる前から1人で歩けるようになる子がいれば、2歳になっても歩けない子もいます。3歳でアルファベットを覚えている子もいれば、5歳になっても話すことができない子もいます。そのような様々な発達の課題を抱えている子どもや、その子どもの保護者の方に対し、日々の生活をより過ごしやすく、安心して成長していけるように、支援を行うのが私の仕事です。

　具体的な仕事内容としては、発達検査と発達相談です。保育所や療育教室に通っている子ども達に発達検査を行い、その結果を保護者や先生達に伝え、みんなで一緒に一人ひとりの子どもに合った支援の方法を考えています。

　発達検査というのは、子どもに積み木やお絵かき、クイズなどの課題をしてもらい、その子が何が得意で、何が苦手なのかを判断していくための手段の1つです。例えば、目の前にあるいくつかの積み木を、私が叩く順番を見て覚えて、同じ順番で積み木を叩くという課題が得意なA君という子がいたとします。しかし、私が声に出して言ったいくつかの不順な数字（2，8，5など）を繰り返し同じように言うよう伝えても、A君はなかなか答えることができません。ここか

ら推測されることは、A君は目で見て覚えることは得意だけれど、耳で聞いて覚えることは苦手だということです（高校生で例えるなら、英単語を見て覚えることは得意だけれど、リスニングのように耳から聞いて理解することは苦手という感じが近いです）。つまり、次にすることを言葉で伝えるよりも、写真や絵カードなどで伝えた方が、A君にとっては理解がしやすいのです。そのことを保護者の方やA君の担任の先生に伝え、A君がどうすれば日々困り感を抱えずに生活ができるのか、支援の方法を一緒に考えます。例えば、「今から手を洗うよ」と言葉だけで伝えるのではなく、洗面台の写真を見せながら「今から手を洗うよ」と伝えるようにします。A君は洗面台の写真を目で見ることで、「あ、今から手を洗うんだな」と理解を深めることができるのです。

　そして私のもう1つの仕事が、発達相談です。発達相談は、主に発達検査をした子どもの保護者の方に行うものです。発達検査から分かる子どもの得意なことや苦手なこと、また、そこから推測できる性格や日常生活を送る上で困っていること、これから困るであろうことなどを、保護者の方にお伝えします。それと同時に、子どもの家での様子や保護者の方が困っていることを聴かせていただき、一緒に対策を考えたり、こんな風にしてみたらどうか？　というアドバイスをさせてもらったりします。

　ただ、発達相談にはもう1つの目的があると、私は思っています。それは、保護者自身のやるせない思いや、終わりのない不安、行き場のない悲しみなどを、できるだけ吐き出してもらうことです。

　保護者の方々は、これまでも子どもと一緒に生活をしていて、これから子どもと一緒に生きていきます。中には、自身のお子さんの発達が遅れていることや発達障害であることを受け入れられない方、どれだけ頑張っても報われない事実に怒りの矛先をどこに向けていいか分からず、子どもにきつく当たってしまう方もいます。自身のお子さんに発達的な課題があることを認め、受け入れ、向き合いながら育てていく、共に生きていくことは、簡単なことではないと思います。保護者の方もどうしていいか分からず、自分の子どもの未来を思い、日々涙を飲みこみながら生活をしておられる方もいます。だからこそ、そのような方々が涙を飲みこまずに、素直に自分自身の感情を出せる存在でいたいと私は思っています。相談の時間だけでも保護者の方がホッと一息つけるよう、少しでも肩の荷が軽くなった状態で帰ってもらえるよう、相手に寄り添える公認心理師でいようと心が

けながら、お会いさせてもらっています。

　どうでしょうか？　少しでもイメージしていただけたでしょうか？

　もう1つ、公認心理師の仕事というのは、ハードなのに安月給みたいなイメージがあるかもしれません。そのため、私の勤務形態やどう生活しているのかなどについてお話ししておこうと思います。

　私は社会人としては4年目です。現在の仕事は、フルタイムの非正規契約社員で、1年ごとに契約を更新するシステムになっています。正社員ではありませんが、福利厚生（保険加入や通勤手当の支給、産休育休が取れるかなど）も整っていて、ボーナスや昇給、有給休暇もしっかりとあります（正社員の方と比べて無いものは、退職金や住宅手当などになります）。残業時間は最多で月20時間ほどで、当たり前のことですが、残業代もちゃんと出ています。一人暮らしをしていますが、他に副業することもなく、誰からの援助も受けずに、毎月の給料のみで生計を立てています。一人暮らしをする分には、特に生活費を切り詰めるわけでもなく、心に余裕が持てるくらい、適度に贅沢もできています。新しい服も買いますし、美味しいごはんも食べに行けるときは行きますし、貯金もしています（笑）。

　私たちのような対人援助職の仕事は、自分自身で勝負していく仕事だと思っています。相談者の方や自分自身のために、学び、経験を積み、どれだけそれを役立てることができるか。この身一つで、自分自身が持っている知識や技術、経験を使い、目の前の困っている人に寄り添い、助けていく職業です。私自身そのプレッシャーに何度も負けそうになったことがあります。それでもこの仕事にやりがいを感じる瞬間は、相談者の方からありがたいお言葉や心をいただいたときです。

　以前、私が担当しているお子さんから「先生ありがとう、僕がんばるね」と言われたとき、あるお母さんの方から「先生を待っている人がたくさんいますよ」と言われたとき、あるお父さんから「小学校に上がる前の最後の担当が先生でよかった」と涙を流してもらったとき…。このような瞬間は、公認心理師冥利に尽きる、この一言です。この瞬間があるから、プレッシャーにも打ち勝てる、日々の努力を惜しまず生きようと思える、辛い経験も耐えることができる、とそう思っています。私がこの職業を目指し始めてから8年が経ちましたが、「本当にこの仕事を選んでよかった」と心から思いながら、日々子どもたちや保護者の方々にお会いしています。

公認心理師の発達支援

公認心理師　　B

　私は、ある市町の母子保健機関で働いています。仕事の内容は、いわゆる乳幼児健診と呼ばれる乳幼児健康診査における発達アセスメント、保育園、幼稚園における先生方へのコンサルテーション、就学前の発達相談、医療・療育機関との連携です。ここでは、公認心理師の子育て支援について、私の経験を交えながら、特に乳幼児健診における仕事について紹介します。皆さんも小さい頃、自分が住んでいるところで乳幼児健診をしておられるはずですが、覚えておられる方はほとんどいないのではないでしょうか?

　乳幼児健診は、母子保健法という法律によって定められているもので、市町村が実施するとても大事な仕事の1つです。子どもが健やかに発育し成長していけるように、子どもの身体の発育状況や栄養状態、予防接種、精神発達の状況、病気にかかっていないかなどをチェックし、保護者の方からのいろいろな相談に応じ、必要があれば病院への早期受診や早期療育へとつなぐということをしています。

　ちなみに、乳幼児は何歳ぐらいまでを指すかご存じでしょうか?　こちらも法律で定められていて、1歳未満の子どもを乳児、満1歳から小学校就学前までを幼児といいます。

　では、ここからは乳幼児健診について、具体的な話へと移ります。乳幼児健診を主に担当するのは市町村の保健師です。公認心理師は、子どもの心や言葉の発達についての相談を中心に担当します。

　乳幼児健診では、まず、保健師がその子どもさんが年齢相応に発達しているかを把握するためのテストを行います。では、この発達を把握するためのテストとは、どんなことをするのでしょうか。具体的には、子どもが積木を積んだり、絵の中から保健師がいう身近なものを指さしで答えたりします。小さいお子さんなので、テストといっても遊びを通して進めていきます。このような発達を把握するためのテストから、そのお子さんが身近なものの名前を覚えているか、人と関わる力が身についているかなどが分かります。私は、同じ会場にいて子どもの様子を観察しています。そして、保健師から子どもの発達についての質問を受けます。保健師の相談で、保護者が心配していて発達を詳しく見ていく必要があると

きは、保健師が行った発達検査とは別の発達検査を実施したりします。

　健診会場には、1歳6ヶ月児健診、3歳児健診等、その名の通り、誕生した月が同じ子ども達がやって来ます。つまり、子どもとその保護者の方がたくさんいる会場で実施します。保護者の方の中には、隣の子どもさんが発達検査にスムーズに応じている一方で、我が子がスムーズに応じられない様子を目にするとショックを受け、焦りを感じることがあります。私は、そのような保護者の方の焦りやショックを受け止め、子育てについての悩みを聴きます。しかし、相談は子どもの発達についての悩みにとどまりません。例えば、「最近、他府県から夫の仕事の都合で転居してきた。日中、私は子どもと2人で過ごしている。親戚縁者は遠方に住んでおり、身近に相談できる方がいない」と訴えるお母さんもいらっしゃいます。このような場合は、地域の子育て広場を勧めることがあります。そして、他の保護者の方や子どもたちとの交流を通して、その保護者の方が子育てを一人で抱え込まないように支援したりします。そのためには、話を聴いて、子どもとその保護者を取り巻く環境を知ることが大切です。

　次は、発達検査の具体的な話に移ります。発達検査にはいくつかの種類がありますが、私が勤めているところでは、「新版K式発達検査」を使用しています。この検査は、保護者に質問し答えてもらうものではありません。決められた用具があり、その用具を使って、検査者と子どもが遊ぶことを通して、子どもの発達を理解します。検査であるため、定められた手順、玩具の使い方を守らなければなりません。しかし、もう一方で、このような検査は、学校のテストや試験のように合否を選別するものではないので、子どもさんとの楽しい会話ややりとりを通じて、その子どもさんの反応パターンをみていくことも必要になります。私も日常的に仕事の中で、この検査を実施していますが、子どもとの楽しいやりとりができるようになるまでには、相当な経験が必要であると感じます。実際に検査をするときには、定められた実施手順を守りつつも、目の前の子どもに興味を持ち続けながら、保護者の表情や仕草にも目配りをします。私の経験上、場の雰囲気が和やかで、保護者の方の緊張が緩んでいるときに、子どもさんが楽しく遊べることが多いように感じています。言葉の理解が遅い子どもさんは、一段と場の雰囲気や検査者から受け取る印象に繊細なところがあるようです。「気は抜かないようにしつつも、肩の力は抜く」といった矛盾した感覚ではあるかもしれませんが、このような感覚がとても大事なように感じています。

発達検査を実施する度に、新しく子どもから学ぶことがたくさんあり、毎回がとても新鮮です。というのも、同じ用具を使用し、同じ問いかけをしても、一人ひとり子どもの反応の仕方は異なるからです。発達検査を子どもさんに実施しながら、その子どもさんの反応に、内心、「そうきたか」「その方法でもできるのか」と感心することもあります。

　検査を行うことで、得意な、あるいは健常に発達している能力と、苦手な、あるいは、やや発達が遅れている能力が見えてきます。そして、検査を実施した後で、保護者の方に検査の結果を伝えます。保護者の方が普段の生活の中で困っていることと検査結果を擦り合わせ、子どもさんに関する困りごとが少しでも改善できるように、何かしらご家庭で取り組んでもらえそうなことをお伝えして、持ち帰ってもらいます。例えば、お母さんが同じことを繰り返し伝えないと行動に移せないお子さんがいて、検査結果からそのお子さんは、一度に聞き取って覚えておける言葉の量が少ないということが分かったとしましょう。そのような場合に、お母さんがお子さんに話しかけるときに「短く、区切って、ゆっくりと伝えてみてください」「いくつもいっぺんに伝えないで、1つずつ伝えて、それができたら次を伝えてあげてください」「そうするとできることが増えるかもしれません」といったことをお伝えしたりします。

　最後に、私は、ある市町でフルタイムの非正規職員（会計年度任用職員）として勤務しています。こちらで働き始めて3年目ですが、月額の給与は、大卒1年目として働く平均給与と同程度かと思います。皆さんが進路を考える上で参考になれば幸いです。

公認心理師の魅力

公認心理師　　C

　皆さん、こんにちは。ここでは、皆さんに公認心理師の仕事、そして、仕事をする中で私が感じている魅力を伝えたいと思います。

　私は現在、複数の仕事を掛け持ちしているのですが、一番出勤日数が多いのは福祉関係の仕事です。精神保健福祉センターといわれる行政機関の相談窓口で、ひきこもりや不登校の状態にあるご本人やご家族の相談に応じる仕事をしていま

す。ここの職場では週4日働いています。どんな仕事かというと、大きく4つに分けられます。1つ目は、ひきこもりや不登校の状態にある方々のご家族の個別相談です。電話でお話を聴かせてもらうこともありますし、来所してもらって顔を見ながらの相談も受けています。ひきこもりや不登校状態にあるご家族の親御さんの中には、なかなか子どもの状態を周りの人に打ち明けることができず、ご家族だけ、もしくはお母さんだけで抱え込んで辛い思いをされている方がおられます。このような状態をすぐに解決することは難しいことが多いですが、ご家族が少しでも安心して、困りごとを抱えている子どもさんに関われるお手伝いをしていけることは、この仕事の魅力だと感じています。

　2つ目は、ひきこもりや不登校の状態にあるご本人との個別相談です。ご本人のこれまでの経験してきたことや悩みごと、好きなこと、興味のあることなどを聴かせてもらったりします。お話をすることが苦手な方との相談では、卓球を一緒にしたり、ボードゲームをしたりと、お話以外のことをしながら一緒に過ごすこともあります。ご本人が過ごしやすい場所をどう作っていくのかを試行錯誤しながら考えていきます。また、ご家族からの相談を受ける中で、ご本人に会うために家庭訪問をさせてもらうこともあります。ご本人の近くで、適度な距離を保ちながら一緒に迷い、時には助言をし、時にはご本人の気持ちに触れながら応援することができること、またご本人のお話を聴く中で、自分一人では出会ったことのないような価値観や考え方に触れ、自分自身も成長できたり、視野が広げられたりすることもここでの仕事の魅力だと感じています。

　3つ目は、ひきこもりや不登校の状態にあるご本人さんのグループ活動の運営です。ボードゲームやカードゲームをしたり、体育館で体を動かしたり、本を読んだり、おしゃべりしたりなど、人と一緒に過ごすという居場所的なグループの運営をしています。そこでは、どんな過ごし方をしていても「OKだよ」ということを大切にしています。ゲームに参加してもいいし、しなくてもいい、おしゃべりに入ってもいいし、入らなくてもいい、どんな形でも人がいる空間で少しでも心地よく過ごしてもらえるようにご本人と一緒に考えながら過ごします。そんな居場所づくりのお手伝いができたり、ご本人さんの変化が見られるのはとてもやりがいを感じます。

　4つ目は、ご家族へ向けた学習会の運営です。ひきこもりや不登校のご本人さんと関わる上で、どんな情報があればご家族の助けになるのかを考えながらテー

マを決めます。私自身が講義することもあり、担当するテーマについて勉強をして資料を作って準備をしたりします。常に何が必要とされているのかをアップデートして考えていくのは大変ですが、自分にとっても新しい見解や知識を得られる機会なので楽しくもあります。

　次に出勤日数が多い職場はスクールカウンセラーで、月3日ほど働いています。

　スクールカウンセラーは皆さんも聞いたことがあるかと思います。私は小学校と中学校に配属されて勤務しています。相談室で児童・生徒さんのお話を聴きます。そして、相談に来た児童、生徒さんたちが、少しでも安心して日々の生活を送れるように、先生方に助言をしたり、一緒に考えたりします。また、年に1回、各クラスを回って心理授業をすることもあります。そういえば、「中学校のときにスクールカウンセラーの授業を受けたことがある」という記憶がある人もいるかもしれません。公認心理師という教師とは別の立場で児童・生徒に関わり、ご本人のことを分かろうとしたり、一緒にじっくり考えたり、他愛もないお話をしながら相談しやすい関係性を作れたりすることで、相談に来てくれた子どもが少しでも笑顔になってくれたりすることが、この仕事の魅力だと思います。

　最後に経済面のお話を少ししておこうと思います。公認心理師は、選ぶ仕事によって給料が大きく変わるなぁ、というのが私の正直な感想です。スクールカウンセラーなどの教育現場での仕事は比較的、時給単価がよいように思います。一方で、福祉関係の仕事はスクールカウンセラーのような単価で稼げるところは少ないのが現実かもしれません。私の仕事でいうと、福祉領域である行政の相談窓口で週4回働いて得られる給料と、スクールカウンセラーで週1回働いて得られる給料はほぼ同じくらいです。とはいえ、私自身は行政の相談窓口での仕事がとても好きで、やりがいを感じているのでこれからも続けていきたいと思っています。そのために、私はスクールカウンセラーの仕事を掛け持ちすることで、ある一定の収入を得るというスタイルの働き方をしています。

　公認心理師の仕事は、相談者やそのご家族の方のことを知り、援助する仕事であるとともに、自分自身を知り、理解しておく必要がある仕事だと思います。心理学の勉強を始め、心理職として働く中で、随分と自分が知らなかった自分に出会い、そして、いろいろな自分を受け入れてどんな自分のことも大切に思えるようになったような気がします。心理学の勉強を始める前と比べて、随分、生きやすくなったように感じています。こういった部分も私が感じる公認心理師という

仕事の魅力であると思います。

　あと、どうしても仕事だけでは息詰まることがあります。そういったとき、仕事以外の趣味や人とのつながりやぼーっとする時間が私を救ってくれています。これはどんな仕事に就いてもそうではないかと思いますが、仕事から離れて過ごせる時間、余白の時間を確保することはとても大切だと思います。

　最後まで読んでくださってありがとうございます。これから進路を決める皆さんが、じっくり自分の大切にしたいことを考える機会を持ち、進んでいきたい方向へと向かっていけることを願っています。

＊＊＊＊＊＊＊＊＊＊＊＊＊

　以上、様々な職種の心理職の声を紹介しました。

　常勤、非常勤など勤務形態はいろいろあるのですが、彼らの声から、十分に未来のある仕事だと思えますし、多くの人は、「やりたい仕事について、食べていけている」と言えると思います。やりたい仕事であるものの、食べていけない人もいますし、やりたくもない仕事で食べていっている人も少なくありません。その意味では、とてもよい仕事だと思えるのです。この仕事をしてみたいと思う方は是非目指してみてはいかがでしょうか。

独立独歩の心理職の仕事
（インタビュー記事）

「カウンセリング・ルーム輝（かがやき）」代表　　古宮 昇 先生

（インタビュアー：井上）

古宮昇（こみや のぼる）
- 「カウンセリング・ルーム輝（かがやき）」代表（神戸市）
- 心理学博士・臨床心理士・公認心理師
- 前　大阪経済大学　人間科学部　教授
- 前　ニュージーランド国立オークランド工科大学　心理療法学大学院客員教授
- 米国の州立ミズーリ大学コロンビア校より心理学博士号を取得。
- アメリカの病院精神科、州立児童相談所などで、心理士として勤務。
- カウンセラー歴は、日・米・ニュージーランド通算 28 年間以上。
　来談者数はのべ約 6000 名を超える。
- 著書は約 30 冊。
- 論文は 50 本以上。国際的一流学術誌、国内トップ学術誌などに発表。
- 講演、研修、セミナーは 600 回を超える。北は北海道から南は沖縄まで招かれて行っているほか、海外ではアメリカ、ニュージーランド、中国にて行う。
- 新著『プロカウンセラーの、人づきあいがすっごくラクになる共感セラピー』（大和出版）

井上：よろしくお願いします。現在はどのように働かれていますか？

古宮：大学を 2 年前に退職して、開業カウンセリングをしています。大学と大学院の教育はスパッとやめました。

井上：そうなんですね。やはりお忙しいですか？

古宮：自営業なんで、めちゃくちゃ忙しくて、それはありがたいことです。

井上：かなりのケース数をこなされている？

古宮：そうですね。それと私は本も書きたいし、論文も書くし、教えるのも好きで。大学・大学院では教えていませんが、日本各地で講演やセミナーのご依頼をいただいたり、カウンセラーの方々やカウンセラーを目指している方々に教えたりなどもしています。また、自分の勉強にもかなり時間を割いていますので、だいぶ忙しいです。

井上：そうですか。最近本を出される予定などはあるのですか？

古宮：現在、3冊書いているところです。

井上：じゃあどんどん出版を。

古宮：そうですね、これもありがたいことに、出版社から依頼をいただくのですが、それとは別に自分で書いた原稿が2冊分ほどパソコンにずっと眠っていて、これも早く出したいと思っているところです。また、学術誌で出版の審査を受けている論文もあり、その修正もしています。

井上：かなりお忙しそうですね。大学と比べると、どちらがよいとかってありますか？

古宮：これは私の独断と偏見ですけど、辞めてよかったとつくづく思います。

井上：そうですか（笑）。

古宮：やっぱり組織で働くのはサラリーマンなんでね、自分がしたくはない仕事があまりに多いので。人々のゴタゴタの仲介みたいなこともするし、もう自分の人生をそんな事に使うのは嫌だと思って。開業はやっぱりね、大変は大変ですし、決してやりたくない業務もありますが、それでもまだ意味を感じられるので。大学を退職してよかったです。

井上：わりと積極的に辞められたんですね。

古宮：仕事は開業一本にしたいと思っていましたので、積極的に辞めた、といえると思います。

井上：それは、ある程度前から決められてたのですか？

古宮：3年ぐらい前から準備を進めました。それまでも大学の教員をしながらパートタイムで開業カウンセリングを15年ぐらいしており、その上で開業カウセリングを本業にした、ということです。

井上：心理職の開業者の中での横のつながりはあるんでしょうか。

古宮：私はないんです。通常は、開業カウンセラーの方々は他のプロとのつながりがあるかもしれませんが、私はないんです。

井上：じゃあもう本当に1人で。

古宮：そうですね。でも、私のように横のつながりをもたないのは勧めませんね。仮に、私がかつて教えた大学院の修了生が開業したい、と連絡をくれたら、「横のつながりは作っときや」とアドバイスしたくなりますね。

井上：でも特に不自由はなかったということですね。

古宮：ええ、開業してまだ2年ですが、今のところは差しさわりは感じていませんね。

井上：心理職の開業はなかなか難しいとよく伺いますが、実際はどうですか？

古宮：私はかつてある県の臨床心理士会の開業部会に入っており、何年か前にその部会に参加してみたことがあったんです。そうしたら「この臨床心理士会・開業部会でホームページを作ります。そのホームページで、会員が開いているカウンセリングルームを宣伝しましょう」ということになり、「古宮さんの名前と、ご自身のホームページをお持ちならそのURLや、カウンセリング申し込み用の電話番号などを書いてください」と部会長から言われたんです。そのとき私は「あ、結構です。クライエントがいっぱいで、新規の予約を取れないんです」と答えたんです。当時は大学の仕事が本職で、カウンセリングはパートタイムでしたから、カウンセリングができる時間数も少なかったんですが。でもそれを言ったらすごくびっくりされて、他の臨床心理士の方々から「どうやったらそうなれるんですか？！」と尋ねられました。

その会合に来られていたのは、大学院を出てまだ数年の若い人たちではなく、全員が40代〜60代ぐらいの「プロとして開業しています」という人たちだったのですが、雑談になったときに他の方々の話をちょっと伺うと、「多くのクライエントが1〜2セッションで来なくなる」とおっしゃるし、他の人たちに聞いてもクライエントが少ないんですよ。それでカウンセリングが長続きしないんです。「他の開業の方々はそんなもんなのか」と思ったのを思い出しました。ですので、開業は難しいというのは、その通りだろうと思います。

「古宮さん、どうしたらクライエントがいっぱいになるんですか？」と尋ねら

れても、まさか「私の大学院の授業に来てください」、なんて失礼なことは言えないし、「はぁ、まぁ」と口ごもるしかありませんでした。

井上：そりゃそうですね。

古宮：とくに今はカウンセラーがめちゃくちゃ多いですからね。

井上：よく聞くのは、心理士が開業にあたってドクターとつながってないといけないというのがありますが。

古宮：そういうのは聞きました。実際、心理臨床で開業するなら、そのようなつながりは持つべきだと思います。でも、私は「患者さんを紹介してください」、と言える医師の人脈がないんです。前からお世話になっている著名なベテランの心療内科医の先生はいますが、その先生はご自身の医院にカウンセリングセンターを併設しておられますから、その外に患者を出すことはありませんからね。

井上：古宮先生は臨床心理士と公認心理師、どちらの資格でお仕事をされていますか？

古宮：ホームページには両方の資格を載せていますが、クライエントには、公認心理師ですとか、臨床心理士ですとか、そういうことは言いません。

井上：その法律の窮屈さみたいなのは、開業者の場合どうなのでしょうか？　医者の指導・指示みたいなことがよくあると思いますが、ああいうのは開業者にとっては窮屈なのではと、少し疑問があります。

古宮：心理開業の一般の話というより、私がどうしているか、ということをお話すれば、クライエントには初回面接の前に同意書にサインをしてもらっているんです。そこにはつぎのような内容が書かれています。秘密は守ります。ただし例外的に次のような場合には守られないことがあります。例えばあなたが自分を傷つけるとか、他人を傷つけそうな場合、あとは児童虐待・高齢者虐待の場合、私は国民として通報しなければなりません、そんなことを書いてあります。そして、主治医がいたら教えてください、私は主治医と連携しますので、と書いてあります。

井上：もうそれで充分ですよね。

古宮：でもね、横のつながりがあれば、こういうことについてもどうしているかを他の心理職さんに聞けるんですけどね。

井上：開業前に気をつけておかないといけない事や、先に準備をしておかないと

いけないような事はありますか。

古宮：たくさんあると思います。まず、お医者さんから患者さんを紹介してもらえる人脈を作っておくのは、やはり勧めます。それと、さきほどお話したような合意書や同意書をきちんと作る。私が使っている同意書は、あるベテランの大学教授の方で、かつての私みたいに大学教授をやりながらパートタイムで開業している先生が使用している同意書をもらって、それを元にしています。でも、法律の専門家に見てもらったことがないので、内容を改善するために、弁護士さんに依頼をしているところです。

　それから、開業に必要なのは、なんといってもセラピストとしての実力です。やはり、サラリーマンで会社から給料をもらうのと、自営業でお客さんからお金をいただくのはすごく違っていて、実力が収入に直結しますからね。もちろん、実力以外の要因もあって、お医者さんから患者さんを紹介してもらうシステムになっているかとか、人口密度の高い都会の駅近にルームがあるほうが来やすいとか、そういうことはあると思いますが、やはり実力がすごく大事です。

井上：私も大学の先生に力量ということはいつも言われます。開業の力量というのはどのようなものでしょうか。

古宮：開業の力量とは、簡単にいうと、自分が生活できるだけのクライエントが来てくれるかどうかですよ。リピーターのクライエントも含めて。

井上：そうですね。

古宮：ちょっと、話が外れるかもしれませんが、私はもともと精神分析理論が大好きなんです。それからやはり来談者中心療法もとても好きなんです。もう亡くなった私のお師匠さんが、すごく精神分析的で来談者中心療法的なセラピーをする方でした。その先生も大学教授をしながら、40年ぐらい開業カウンセリングをされていました。その先生はクライエントがとにかく続くんです。クライエントの皆さんが何年も通い続けるんです。私はその先生から、すごく努力して教わったので、クライエントがリピーターになって通い続けないとセラピーにならない、という考えでずっと来ました。

　私は現在、精神分析的に傾聴するセラピーもおこなっていますが、それとは別に、基本的に1セッションで解消する援助法もここ7、8年ぐらい非常に熱心におこなっています。1セッションを3時間とって、何十年間もの心の苦しみの原

因が、1セッション、または2〜3セッションで根本から解消します。

　また、それとは別に、アメリカ人の心理療法家が創始したハコミセラピーというセラピーのワークショップに、5年ぐらい前から熱心にずっと通い続けています。ハコミセラピーをプロとして始めて2年半ぐらいになりますが、これもクライエントがよくなるスピードが速いんです。だから、クライエントもそんなに長く通い続けないんです。

　それで、ここからが結論ですが、私が思っていたのは、私のお師匠さんのように、長く続く精神分析的カウンセリングだったらお客さんがたくさんくるので開業が成功しやすいけど、ブリーフセラピーをする人は、クライエントがすぐに来なくなりますから気の毒だなと思っていたんです。カウンセラーとして能力が低いわけでもないのに、仕事として成り立ちにくいなぁ、と。

　でも、私はフルタイムで開業してまだ2年しか経っていない時点での経験ですが、1セッションで解決したり、何年もずっと通い続けたりしないセラピーでも、セッション数を多くして、それが予約で埋まれば、仕事として成り立ちます。ありがたいことに、現在、新規申し込みの方には初回セッションまで最低2ヶ月は待ってもらわないといけない状態となっています。

　私のお師匠さんは、クライエントによっては週に2〜3回、それを何年も通い続けてもらっていたのですが、もっと早く終わるセラピーでも、ちゃんと生活ができるな、というのが私の今の経験です。

井上：その、短くというのは、リピーターになるというよりは、もう次から次にそういう方が来られるということでしょうか。

古宮：そうです。

井上：それは紹介だとか、ホームページを見て来られるとか、どういう場合が多いです？

古宮：紹介も多いですし、私の本を読んで申し込まれた方も多いです。私の本を読んで、このカウンセラーは本物だと思った、というようにおっしゃる方々もいます。

井上：なるほど。

古宮：それから、心理職で開業するなら、マーケティングも大切だと思います。患者さんを紹介してくれるお医者さんを持っておくのはその1つですね。あと、私の場合はメルマガを書いています。私のメルマガを読んで、もう何年も何年も

かかってやっとカウンセリングを申し込む勇気が出ましたという方もおられます。ただ、私のお師匠さんはそういう意見をとても嫌がりました。実力があれば宣伝なんかしなくてもクライエントはいっぱいになるんだとずっとおっしゃっていましたからね。だから今、空の上からすごく怒っているかもしれませんけど（笑）。ただ、私はやはり、お客さんを呼ぶ方法は大切だな、と思います。

井上：心理職の需要はやはり増えているんでしょうか？

古宮：日本全国でいえば、カウンセラーと名乗って供給する人は爆発的に増えていますね。

井上：現在、公認心理師が4万人ぐらいおり、臨床心理士より多くなりました。第5回公認心理師試験（2022年）が終わる頃には、もう、5万人を超えてくると思います。それ以降は、おそらく年間1000人から1500人ぐらいの供給になってくるのかと思われます。

古宮：そうですか。私は大学院を離れたので、最近の動向が分からないのですが、臨床心理士は年間何人ぐらいなんですか？。

井上：今ガクッと減っていまして、2020年で1790人ぐらいです。今は、臨床心理士指定大学院に行くと、公認心理師も取れるというのがスタンダードです。

古宮：なるほど。でも、今後はおそらく臨床心理士が減っていくのでしょうね。

井上：そうですね。やはり臨床心理士は10月に試験を受けるというのがネックになっていると思います。公認心理師は今後、第7回試験以降ぐらいからは、大学院在学中の2月に試験ができるようになりますので。

古宮：本当はそれが望ましいですね。

井上：厚労省は、看護職等と合わせて、2月から3月には公認心理師試験をやって、年度中に資格取得見込みになり就職して行くという体制を整えるでしょう。

古宮：そりゃそうですよ、やはり。

井上：そうすると、臨床心理士の試験は10月なので、もう受けないっていう人はすでに出ていますね。

古宮：なるほど。

井上：あと、臨床心理士の受験資格がなくなるわけではないので、臨床心理士は何年か先でいいかなとなると、公認心理師をまずは優先すると思います。そういう状況で、臨床心理士の受験者がもう目に見えて減っています。

古宮：私のお師匠さんの話に戻りますが、とにかく、一切の宣伝をしていなかったんです。それでも、いつも満員だった。だから、実力がすべてだとおっしゃっていました。その通りかもしれません。でももし反論できるとすれば、お師匠さんがカウンセリングをされていた頃より今はカウンセラーが莫大に多くて、昔とは違うんですね。でも、あの先生だったら今でも宣伝一切なしでたくさんクライエントが来ているのかもしれません。ただ、私はマーケティングは学びました。

井上：やはり勉強されたんですね。

古宮：勉強しました。だからメルマガを書くとか、自分の本に読者プレゼントページを作ってプレゼントをするとか、そういうアイデアはマーケティングの専門家に教えてもらい、今も続けて助けてもらっています。

　あと、話は逸れますが、私はワンルームマンションを借りてカウンセリングルームとして仕事をしているんですが、そのマンションを選ぶときには風水師さんに選んでもらいました。

井上：そうなんですか。

古宮：今のマンションで開業臨床を始める前に、ある心理士さんのマンションの部屋を時間借りしていたんですが、そこでカウンセリングを始めたとき、クライエントが続かず、中断ばかりしていたんです。私は以前と同じようにやっているつもりなのに、なぜか中断ばかりするんです。

　そんなときある風水マスターのことを思い出して、カウンセリングルームを見てもらいました。すると、「古宮さん、このマンションでカウンセリングをしたら、古宮さんの実力の3割も出ないです」と言われたんです。そんなことを言われてもここしかないんですと相談したら、「このマンションの待合室を使って、古宮さんはここに座って、クライエントはここに座らせて、この窓のところに赤いものを置いてください」など、いくつかアドバイスをいただきました。そうすれば、今から先2年ぐらいは、カウンセリングのお仕事がまあうまく行きますよ、ということでしたが、驚くことに、その先生の言う通りにしたら、またクライエントが続くようになったんです。

　その経験があったので、今の開業をするときにも絶対に風水マスターに見てもらおうと思い、賃貸マンションを探すときは、不動産屋さんから図面をもらって、風水の先生に鑑定してもらって決めました。30〜40ぐらいのマンションから、

現地視察に来てもらい「この部屋だったら大丈夫」と言われた唯一の部屋が、今開業で使っているマンションなんです。

井上：そうなんですね。

古宮：すみません、話が逸れてしましましたが、開業する時には風水にも頼るということです。

井上：なるほど。あとは当然、臨床家自身が商品といいますか…。

古宮：その通りです。カウンセラーという仕事はとてもありがたい仕事で、やりがいがあります。でも相当な実力がないとそうは感じられません。私だってもちろんまだまだ成長の途中で、カウンセラーとしてもっともっと力をつけたいと思って努力を重ねています。

　来談者の皆さんがどんどん変化してゆかれるので、それはものすごくありがたいです。3日前ですが、以前にカウンセリングを終結した来談者からとても心のこもった感謝のお手紙をいただき、そこには「20年以上あった抑うつも不安も体のだるさもなくなり、人のことも怖くなくなったし、やりたいことを見つけて幸せに生きています。古宮先生への感謝の涙がいま流れながらこの手紙を書いています」と書かれていました。その方のように、たくさんの来談者の方々が、40年も50年も抱えてきた心の痛みや重荷をすっかり解消して軽やかに生きるようになる、それに立ち会うことがよくありますが、それって、ものすごくうれしいんです。そんな経験をしょっちゅうさせていただけるなんて、とてもありがたいことです。

井上：開業で成功するのは難しいと聞きますが、力量をつけるにはどうすればいいと思われますか？

古宮：効果的なトレーニング法と非効果的なトレーニング法があります。私はアメリカの大学院を出たのですが、アメリカも日本も、大学院を含めて非効果的なトレーニングがあまりに多過ぎると思います。

　あまり効果的ではないトレーニングとは、講義を聞く、ただ読書をする、レポートを書く。そういう勉強も必要だし有益ですが、それがメインじゃ力はつきません。大学院入試や、公認心理師／臨床心理士試験など、試験で答えるような知識をいくらつけても役に立ちません。

　じゃあどういうトレーニングが効果的か。

まずは、生きた理論の学びです。私の場合だと共感的理解を大切にしています。人の気持ちをなるべく相手の身になって深く正確に共感的に理解する、実際に役に立つ理論の学びです。そういう学びは、知識を覚えるような学習では不可能です。自分自身の生い立ちや今の心の動きに当てはめて、また、周囲の人たちに当てはめて、じっくり理解できるような学び方です。

　それから、自分自身がセラピーを受けるトレーニング法も力がつきます。一例として模擬カウンセリングです。ロールプレイをお互いにたっぷりすることですね。実力のある指導者に見てもらって指導を受けながら、セラピストとしての経験もクライエントとしての経験もたっぷり積むことです。

　また、それとは別に、自分自身が本当の心理療法をたくさん受けることがものすごく大切だと思います。しかし、この点については、必ずしもカウンセラー自身がしっかり心理療法を受けることは必須ではない、というプロも少なくありません。私の感覚では、来談者の情緒に深くかかわってゆく形のカウンセリングではなく、考え方や行動を主に扱う形のカウンセリング法の業界では、カウンセラー自身が深いカウンセリングを受けることが必ずしも必要だとは考えない傾向があると思います。でも私がおこなっている、来談者の情緒的な苦しみの原因が解決し、苦しみが軽くなる、または解消する、そして生き方が変わる、そういう深いセラピーができるようになるには、自分自身がセラピーをたくさん受けて深い癒しと成長に取り組むことが必須だと思います。

　そのような、能動的に関わる大量のトレーニングに加えて、講義を聞いたり本を読んだりするのは必要だと思います。でもメインは、セラピーをたくさん練習すること、そして自分がクライエントとして自分自身の心に直面し、心の痛みを解消してゆくことだと痛感しています。

　アメリカも日本も、大学院でそんなトレーニングが少なすぎますし、学ぶ人たちもほとんどの人が、そういう機会を積極的に求めて、そこに大量の時間もお金も労力もつぎこむ、ということを十分にしていないと思います。

井上：カウンセラーの力量をつけていくのは、向き不向きという適性ではなく、やはりトレーニングということなのでしょうか。

古宮：ええ、そうです。向き不向きも、そのような能動的な訓練を通して自分自身を見つめてゆく過程で分かってくると思います。自分が本当にプロとしてカウンセリングをしたいのかどうか。

井上：プロを目指すならばやはり自分がセラピーを受けないと、あるいは受けられないといけない。

古宮：ええ、それが私の経験です。でもね、なかには「セラピーを受けないといけないと言われたので、試しにカウンセリングを受けました」という人も出てくるのですが、それじゃダメです。本当に自分に向き合うんです。試すんじゃなくて、経験してみるためにするんじゃなくて、本当に自分に向き合うためにです。でもね、大学院生を含めてプロのカウンセラーになる人、およびプロ・カウンセラーの人々が、それを一番したがりません。だからなかなか実力がつかないんです。

　それから、さきほど申し上げましたが、活きた理論の学びが絶対に必要です。でも、大学院の教授でもそういう教え方ができるとは限りません。本に書いているような知識をもっともらしく講義することはできるんです。でも、そうじゃなくて本当に分かっている人から、実践に活きる理論を学ぶ必要があります。

　受験勉強のために単語を覚えるような勉強は、何の役にも立ちません。正直に言いますが、公認心理師や臨床心理士のペーパーテストでは、本当に大事なことは何も測っていないと思います。あのような試験に受かるような勉強をしたって実践には役に立ちません。例えば「来談者中心療法の３条件は何ですか？」と問われて、テストでは「えっと、共感と受容と、そうそう純粋性だった！」と思い出して回答すれば正解です。でも、カウンセリングをするためにはそんな専門用語を覚える必要はないんです。そんな言葉を覚えるよりも、共感的で受容的で純粋なセラピストのセラピーを受けて、「共感、受容、純粋」を実体験で感じて初めて来談者中心療法の基礎が分かるんです。

井上：やはり、よい先生のカウンセリングを受けなきゃいけないというのはありますか？

古宮：あります。ただ、「きちんとしたカウンセラー」を見つける単純な方法はないんです。大学で教授をしているカウンセラーなら実力があるか、というと全くそんなことはありません。本を書いているかとか、外国の本場で勉強したとか、年齢が高いとか、そういうことも関係がないんです。

　ただ、カウンセラーになるための経験として、よいカウンセリングを受けるのは絶対必要だと思います。さらに理想は、よいカウンセリングとよくないカウンセリングの両方を受けることだと思います。

井上：そうですね。

古宮：「あのカウンセラーはあまりよくなかった」という経験は、とても貴重な学びになると思います。

井上：そして、一番大事なのはやはり自分と向き合うこと。

古宮：そうです。本を読んで向き合いましたとか、自分でよく内省しましたとか、そういうことでは足りません。プロのカウンセラーとのカウンセリング交流が必要です。

井上：その本当というのを、どういうふうに体で覚えたらいいのかが難しいと思います。何かコツのようなものありますか。

古宮：それについては私の未熟なところで、言葉では伝えられないんです。

井上：難しい。

古宮：自分で経験してこそ分かると思います。自転車に乗るってどんな感じですかとか、泳ぐってどんなんですかと言われても、自分が自転車に乗ったり泳いだりしたときに初めて分かるのと同じですね。自分が自転車に乗れるようになって進んだときに、あー、これが自転車に乗ることか、これが進むということか、と分かります。ところがカウンセリングを学ぶ多くの人たちがやっているのは、自転車はまずサドルにまたがりましょう、そして左右平衡を取って、ペダルを踏みましょう、ということを知識として暗記しようとしているんです。試験ではそれで満点が取れますが、そんなことをいくらやっても自転車には乗れないんです。

井上：そうですね。

古宮：でも、実際に自転車に乗れるようになるには、そんな理屈は要らないんです。

井上：口で説明できないものですね。REBTを習ったときに、菅沼憲治先生から同じように習いましたが、いまだに分かってるとか言われるとすごく不安があります。感覚ということをやはりよくいわれるんですが。

古宮：そうなんですね。REBTこそ理詰めでやっているように見えますが、実際にはそうじゃないんですね。

井上：かなり自由度は高くて。感覚ということ、モータースキルと言いますが、そういう感覚ということをすごく重視します。REBT創始者のアルバート・エリス自身もそうだったそうです。

古宮：そうですか！ REBTって、少なくとも初心者のうちはテンプレートがあって、その通りにするものだ、という感じに見えるんですが実際にはそうじゃないということですね。

井上：そうですね。今、この人嘘ついたなとかいうことも感覚で掴むところとか。

古宮：そのときにどう対応するかですね。来談者がウソをついたなと思ったときにどうするかは、実践を通して学ばないと身につきませんよね。

ともかく、実践に役立つ活きた理論を教えることのできる先生からしっかり教わることと、自分が学びたいカウンセリング法を実際にたくさん受けることですね。それが大事です。

それから、スーパービジョンを受ける、ここも多くの初心の心理職はとても不十分な人が多いと思います。私が大阪経済大学の大学院で教えていたときは、大学院生はカウンセラーとして1セッションしたら、1回スーパービジョンを受けることを必須にしていました。最初はそれぐらいのトレーニングが必要だと思います。

井上：そうですね。

古宮：月に1回とかそんな頻度じゃなくて。私自身も今もスーパービジョンを受けているんですよ。毎月、3～4時間ぐらい受けています。

井上：多いですね。

古宮：ハコミセラピーについては日本の第一人者の人に受けていますし、それとは別に、傾聴による対話カウンセリングについてもスーパーバイザーの先生に毎月相談して自分のやり方を検討しています。そっちのスーパーバイザーの先生は、私との関係性について、先生が生徒に教えるというよりも同僚という立場で自分の思うことを話している、とおっしゃっていますが、私としては、先生から教わっている、というつもりでやっています。

井上：やはり、スーパービジョンというのは開業されてても、受けるものなのですね。

古宮：私はそう思います。私自身には必要ですね。

井上：それやはり開業の前から、もう開業した後もこの先生にスーパービジョンしてもらおうと決めていたということですよね？

古宮：私はパートタイムで開業していたものをフルタイムにしただけのことですから、パートタイムのときからずっと続けています。

井上：その技というのでしょうか、僕ならREBTしかできないですが、開業にあたってよく大学の先生から聞いたところによると、心理職の力量というのは、

汎用性の高さであって、それが基礎であって、どこにでも顔を出せるっていうことを大学院では養成しているといわれます。実際、開業するとなると、やはりその汎用性の高さといいますか、何でもできるという人が開業しやすいのか、そうじゃなくて、何かに特化したとか、専門分野が強い人が開業に強いのか、先生のお考えではどちらになるんでしょうか？

古宮：汎用性とはどういう意味でしょうか？　子どもでも大人でも男性でも女性でもカウンセリングできます、という意味なのか、それともカウンセリング法について、来談者中心療法も認知行動療法もできますというような意味ですか？

井上：どちらも含みます。大学院でいう汎用性の高さというのは、教育や医療や福祉など、どういう分野にも顔が出せるということおっしゃる先生が一番多かったです。一方で、臨床心理士をやめて公認心理師を専門にやられているところは、例えば医療の中で役に立つ認知行動療法に特化しようとか、そういうようなところもありましたし、技を何個か身につけましょうというのを汎用性の高さとおっしゃった学校もありました。

古宮：技ということは、異なるカウンセリング法が使えます、という意味ですか？

井上：そうですね。箱庭だけじゃなくて、他のものも身につけましょうという先生もおられました。

古宮：そうおっしゃる先生方がおられるんですね。開業臨床の現場では実際はどうなのか、というご質問ですよね。

井上：はい。開業に関わらず、古宮先生はどうお考えかということも含めてお聞きします。

古宮：私は米国の大学院を修了して米国で就職したのが、プロ・カウンセラーとしての出発点だったのですが、あの国のカウンセラーは、私は折衷派です、と答える人が一番多いんです。でも折衷にもいろいろあります。岩壁茂先生が書かれた文章だったと思いますが、理論的折衷、技法的折衷、共通要因型折衷などの立場があります。

　単純にお話すると、理論的折衷の立場では、例えば「私は来談者によっては来談者中心療法を使い、別の来談者には精神分析療法を使ったり、認知行動療法をします」というのは全然おかしいと言うんです。なぜかというと、○○セラピーというやり方の基盤には特定の理論があり、その理論のさらに基盤に特定の人間観があります。人間とはこういう存在で、人間の心はこうなっていて、心理的に

こういう状態が健康でこういう状態が不健康もしくは苦しみだ、という理論があるということです。だから、そんな来談者の心を健康にするにはこういうテクニックがいるんだ、というように、1つにまとまった理論と技法の体系があるんです。だから、「私は来談者によっては来談者中心療法を使い、別の来談者には精神分析療法を使ったり、認知行動療法をします」というのはおかしい、というわけです。というのも、そもそも来談者中心療法と認知行動療法と精神分析療法はそれぞれ全く異なる人間観に基づいているのだから、人間の心を本当にきちんと理解したら、来談者によって異なる心理療法を使うなんてことはできないはずだ、と。

　例えば、来談者中心療法を例にして説明をします。来談者中心療法は、うんうん、はいはいと聞いてればいいというものではありません。そうではなく、カウンセラーが、この来談者にはこのことに気づいてもらおうとか、こうなってもらおう、と思うことが、クライエントが自分らしく生きてゆけるよう成長することを妨げるんだと、という人間観があるんです。そのままの来談者を受け入れて尊重し、来談者が感じたり考えたりしていることをその人の身になって共感的に理解する、その関係性の場でこそ来談者は自分の命の力によって本来の自分を取り戻してゆく、と考えます。それに対して、認知行動療法だと、あなたのこのスキーマなりビリーフがこう歪んでいますよね、と教えて、分かってもらおうとするんです。そうしないと来談者は変わらない、もしくはそうやって教えるのがもっとも効果的だ、と考えます。

　だから、「私は来談者によっては来談者中心療法をするし、別の来談者には認知行動療法しますよ」と言うカウンセラーについては、人間とはどういうものかが分かっていないから、そんな矛盾したことが言えるんだ、ということになります。

　私はそんなふうに学びました。じゃあどうするのがいいかというと、まずちゃんと自分なりの理論を持ちなさい。そこには複数の理論を入れて構わないけれども、理論的に矛盾しない自分なりの理論を構築しなさい、と言うんです。その自分の理論に照らすと、この場面では例えばゲシュタルト療法の技法がこういうように役立つから、ここではゲシュタルト療法の技法を使ってみるとか、そういうことはあり得る。だけどこの来談者にはA療法、この来談者にはB療法を使うなんてありえない、と教わったし、私はなるほどと思ってずっとそうやってきたんです。その上で、開業して感じるのは、大学院で教えるのと、フルタイムで実践をするのは違う、ということです。

今はそう思います。こんなので答えになっていますかね？

井上：はい。

古宮：私は、大学で常勤教員として教えながらパートタイムで心療内科医院と大学の学生相談室と開業を合わせて 20 年弱やっていました。大学教員といういわばサラリーマンとして働きながら、パートタイムでカウンセリングをするのと、カウンセリングをフルタイムで行うのは違うなあ、と感じています。

井上：そうですね。そのフルタイムの開業者の、プロのアイデンティティといいますか、プライドというようなものが、もっと本などで世に出回ったらいいなと思うのですが、なかなか少ないですね。

古宮：開業臨床をしっかりやっている忙しいプロはあまり本も書きませんしね。
　書く時間もないし、出版社も本を出した実績のない初めての著者の本はなかなか出してくれないと思います。著名な先生の大きな後押しなどがないと、なかなか難しいですね。

井上：売れるかどうか分からないですしね。本屋もやっぱり売れないとダメってのはありますから。

古宮：以上が、ちょっと話が逸れる部分もありましたが、あくまで私のこれまでの経験からの話です。フルタイムで開業するといろんな来談者が来ますので、違う技法を身につけることが必要になってくるな、と感じています。

井上：いろいろとお伺いすることができました。どうもお忙しい中ありがとうございました。

司法・矯正領域　　A 先生（公認心理師・臨床心理士）

（インタビュアー：井上）

井上：お忙しいところどうもありがとうございます。本日は司法領域の心理職についてお聞かせいただきたいと思います。よろしくお願いします。

A：よろしくお願いします。

井上：A さんの勤務先はどんな施設ですか。

A：刑事施設、つまり刑務所や拘置所などの施設になります。そこに、月 2 回行っています。

井上：心理相談ですか？

A：私は主に、薬物事犯で収容されている方とグループワークをしています。収容されている方が、再犯でまた戻ってこないようにするためのプログラムです。

井上：それは、執行猶予の人も来るのですか。

A：いえ。実刑になった人たちです。

井上：じゃあ、割と長い期間収容されている人たちですね。

A：はい、そうです。

井上：一回のセッションは、だいたい何名くらいでやるのですか？

A：状況によりますが、2 〜 6 名程度です。場合によっては個別対応になることもあります。

井上：そうなんですか。

A：はい。なぜか私がいる所に薬物事犯で入ってくる人が減っています。おそらく、私が行っている施設は、犯罪傾向が進んでいない方が多い感じで、改善の見込みありという方とお会いしてるんです。

井上：リハビリというか、ちゃんと社会復帰することを前提としている感じですね。

A：そうですね、はい。

井上：一般的に薬物事犯の再犯率は高いですよね。

A：そうですね。全国の統計で、5 年以内に 55% から 60% と言われています。

井上：そんなに戻ってきてしまうのですね。

A：はい。ただ、私がいるところは、犯罪傾向の進んでない方が多いので、再犯の場合、犯罪傾向が進んでいると判断されると、累犯の方が多い施設に入所され

るのではないかと思います。あくまでも私の想像ですが。以前、一度、ある累犯の方が多い施設を見学する機会があり、そこでは1グループあたり12人ぐらいいました。

井上：多いですね。

A：多いんです。さらに、そのグループワークを何ヶ所かでやってたので、かなり多いと思います。

井上：Aさんに直に聞いても分からないかもしれませんが、その現場で心理士は足りているんですか？

A：どうなんでしょうね？　これは私の感触なので正確ではないと思いますが、累犯の方が多い施設や少年施設にはカウンセリングをするために入っているカウンセラーがいるのではないかと思います。

井上：うーん。そうなんですね。

A：少なくとも私の行ってる所のカウンセラーというのは、いわゆるカウンセリングをするカウンセラーではないです。

井上：なるほど。そのような心理士として入られる場合、専門の知識や特殊な知識というのは、求められるのでしょうか？　それとも入ってから勉強するのでしょうか？

A：私の場合は後者です。というのも私、この仕事に就きたくて応募したわけではなく、成り行きでこうなった部分もありまして。もし、この仕事に就いてみたいのであれば、認知行動療法に関する知識がある方がいいかもしれません。

井上：そうなんですね。

A：グループワークの授業としては12回あります。多くの方は自分なりに取り組みますが、中には前向きに取り組みにくい方もいました。

井上：ああ、よほどひどかったんですね。

A：はい。だけど私もそんなに気にしていなくて、まあこういう人もいるなという感じで。

井上：その方の年齢はおいくつくらいですか？

A：当時たぶん30代前半くらいだったと思います。だんだん10回目ぐらいからちょっとずつ喋るようになって。それで、彼はなんで薬物にはまっていたのかというと、理美容系の仕事をしてて、下っ端から入って、自分は休むことは許されないと思ってたと言っていました。それで、頑張るために薬物を打ってごまかし

ていたみたいなことを、徐々に話すようになってきて。最後の日に彼が私に投げかけた一言が「先生は僕を人として見てくれた」というようなことを言ったんですよ。別に私はそんな大それたことをやってるつもりはなかったのですが、そんなことを言われてすごくびっくりしました。別にその人を特別に構っていたとか、優しくしていたとか、そんなのは全然なかったんですが、彼がそう言うということは、この方はどんな幼少期を過ごしてきたんだろうという疑問が湧いたんです。でも、それを聴く時間はもうないし、私はその決まった授業の12回が終わったらもう会う事がないので。今、どうしているのか分からないけれど、その一言がすごく引っかかっています。

井上：生育歴とそのような犯罪との絡みですね。

A：はい。だから私はその方の世話をやってるわけでもないのに、人として見てくれたというのは何を意味してるのかなと。こんなことぐらいでそう言うということは、彼はどんなひどい目に遭ってきたのかなと思いました。

井上：人として見られてないと思っていたのでしょうかね。他にもそういうふうに、自分は人として見られてないなと感じてるような人って多いんですか？

A：そこまで言われたことはないです。私がいる所は、初犯の方が多く、犯罪傾向が進んでいないので。

井上：初犯なのに、執行猶予付いてないんですね。

A：いいえ。みんな一旦は執行猶予で、判決が終わっているのですが、その後また薬物を使って捕まったため、この施設にきています。だから私もみんなと会う中で、「執行猶予で（薬物使用が）終わっていたら、ここ来なくてもよかったのにね」という話はよくしています。

井上：終われなかったんですね。

A：終われなかった人ばかりです。執行猶予がついた後で捕まったら、即実刑なので。

井上：やはり、そのやめられないような背景というのは、みんなあるんですか？

A：そうですね、多くの方はもう二度と薬物はやらないという決意はするそうですが。その決意以外の策を打っていないというような感覚が私の中にあります。というか策を打てない、策を知らないという方が正しいのかもしれません。なかなか一旦薬物が体に入ったら、そもそも自分の強い意志だけでコントロールするのは難しいし。

井上：やはりそうなんですか。

A：そうなんですよね。だからまたどこかのタイミングで、例えば、栄養剤代わりに使っていたような人は、徹夜作業が続いたりとかしたら、また使ってしまうとかですね。

井上：そういう話よく聞きますよね。

A：はい。それで、結果、どこかのタイミングで捕まって戻ってきてしまいます。

井上：その 12 回の授業というのは、年間何回ぐらいやるんですか？

A：だいたい 12 回を半年でやるので、年間としては 2 クールですね。

井上：内容はどんなものですか？

A：法務省の指定されたもので、おそらく全国共通で使っているテキストだと思います。内容としては、松本俊彦先生が開発された薬物依存症の治療プログラム SMARPP（スマープ）に基づいた形で作られているのではないかと思います。カリキュラムは厚生労働省の HP でみることができる「薬物依存離脱指導」にほぼ準拠しています。(https://www.mhlw.go.jp/seisakunitsuite/bunya/kenkou_iryou/iyakuhin/yakubutsuranyou_taisaku/kaigi/zenkoku_h29/dl/s5-2.pdf)

井上：12 単元のグループワークですね。

A：そうです。処遇カウンセラーというのが、私の職名です。このカリキュラムは「必修」・「選択」・「専門」と分かれていますが、その中の「専門」の部分になります。

井上：1 回どのぐらいの時間やるんですか？

A：3 人以上の場合は 90 分でしていました。1 人とか 2 人の場合は、60 分です。

井上：相手方にも結構しゃべってもらいますよね。

A：そうですね。なので、60 分のうち最初の 10 分は、ウォーミングアップとして私の本来のミッションとは全然違うことをみんなで話すことが多いです。その中で、印象的なのは、始まった途端、1 人の人が「ちょっと先生もみんなも聞いてほしいんです」と言い出して、面会で家族に言われた事に傷ついたことを、泣きながら話した人がいましたね。

井上：心理支援も入っていたりするのですか？

A：入ってないです。本来は薬物からの回復の指導を行うのがミッションなんですが、今ほどお話ししたように、授業の始めにこのミッションとは全然違う話を

ワークを行うウォーミングアップとして聞いたりしてます。

井上：この12回のプログラムを、最初からやるのは結構大変だと思いますが、教科書や勉強する教材みたいなものはあったんですか？

A：先ほどの松本俊彦先生の本などは、参考にしたりすることはあります。ただ、学問として学んでもらうというよりも、今までどういったときに薬物を使うことが多かったかとか、そういうのは人それぞれなので、それを洗い出していただく。受験対策とかと一緒で、やはり傾向と対策を打とうと思ったら、その人のこれまでの薬物に関する実績を洗い出さないと、なかなか対策が打ちにくいです。

井上：やはり結構…特に1対1の場合だからでしょうけど、個々を考えてということですね。

A：そうですね。それはグループであっても同じで、それぞれ薬物を使っていた場面とか、時間帯とか、どういう気持ちになったときに使っていたのかなど、みんなそれぞれ違うので。その違うということをみんながお互いに学びあったりとか、今後どうやってやめていこうかなというふうに、それぞれの方がその人なりに考えているところがありますので。それをお互い発表し合うことで、口には出さなくとも内心、「この人そんなこと言ってたら（薬物をやめられると思うなんて）甘いわ」みたいなのも感じるのが、この勉強だと私は思っています。

井上：そうなんですね。

A：けなし合ったりとかは、私が関わった人たちには無かったですが、でも、内心思っていたところはあったと思います。むしろ、具体的に「自助グループに行こうと思う」と言う人の話も聞いたりすると、自分も行った方がいいのかなと思えるのが、グループのいいところですね。

井上：当事者意識を持たせるというか。

A：そうですね。

井上：結構、深刻に考えている人の方が多いんですか？　それともそうでもない人が多いですか？

A：それはどうか分からないですが、今は初犯の人がほとんどということもあって、多くの人に引受人がいるんですよ。

井上：ああ、なるほど。

A：待ってくれている人がいるんですね。奥さんであったり、お子さんであったり。だけど、累犯の人が多い施設だと、引受人無しとか、見捨てられた人なんてたく

さんいると聞きます。だから、やはり「待ってくれている人がいる間にどうにかしたいね」っていうことは言います。

井上：うん、その辺は刺さりそうですね。

A：まあ、本人さんたちも分かっていて、また刑務所に入ったら、もう見捨てられるだろうなっていうのは、それぞれの人が思っているところで。

井上：こういう仕事って、なかなか世間一般で知られていないと思います。薬物依存で捕まった人と出会うということもあまりないと思いますが、最初こういう人と出会うのは、やはり怖いとかありましたか？

A：それはありました。一方で、必ず刑務官が1人はそのグループの後ろにいらっしゃるので、もしかしたら、世間でやるよりは安全かもしれないと思います。

井上：なるほど。

A：何より本人らは口には出さないけど、ここで自分が暴れたら結局自分が損するというのは分かっていると思うので。

井上：その施設にいる方は、そこが居心地がいいのでしょうか？

A：どうでしょうね？ 居心地がよいと言った人はいませんね。「早く帰りたい」とはみんな言ってますが。

井上：閉じ込められてる訳ですからね。

A：そうです。スマホも使えないし、好きなこともなかなかできないし、ましてやお酒を飲むなんてとんでもないし。

井上：そうなんですか。この仕事もはじめてどのくらいですか？

A：丸5年になります。

井上：やりがいとか、続けられる理由というのはありますか。

A：そうですね。基本的にこの仕事は成果が見えないんですよ。12回終わったら、お別れみたいなことになるので。

井上：その後も分からないですね。

A：分からないです。で、もしまた刑務所に入ることになったとしても、私がいる所にはおそらく来ないので、累犯の人が多い施設の方になってしまうと思うので、分からないし。また、もしかしたら、町のどこかですれ違っている可能性も大いにあるのですが、私がお会いしている時は、みんな同じ格好なんです。だから、よほど向こうから声かけられない限り、私は判別できる自信がないんです。

井上：でもやりがいを持ってないとなかなか続けられないと思いますが。

A：そうなんです。だから、なんだろうなあと思って。一方で、この仕事は刑事施設の数しかないので、一旦離れて、またやりたいと思っても、なかなかすぐにできるものでもないと思うんです。

井上：そうですね。異動とかはあるんですか？

A：私は非常勤ですので、異動はないです。常勤の正規で雇用されている方は異動があります。ですので、私の上司も毎年のように変わっています。

井上：これからも続けていこうとはお考えなんですね？

A：そうですね。

井上：スクールカウンセラーとかとは、やはりだいぶ違うと思いますが。

A：全然違います。

井上：会わずにおろうと思えば一生会わない人たちの可能性の方が高いですもんね。

A：そうですね。

井上：確かにあまりにも貴重な体験ではあると思います。

A：うーん…、だから、その成果が見えないのに、なんで続けてるのかな？みたいなことは考えます。

井上：成果が見えないのも、結構大事かもしれませんけどね。スクールカウンセリングもすぐ成果が出るっていうもんじゃないと思いますし、見えたら嬉しいのはありますが、実際は見えない方が多いですもんね。

A：そうですよね。たぶんこの仕事に関しては、1人も刑事施設に戻って来ていないというのが一番の成果だと思います。

井上：でも、半分戻ってくるわけですからね。確率的には。

A：そうです。だから、累犯の人が多い施設にいたら、あの人が戻ってきた、とかいうのはあるのかもしれないです。

井上：もちろんね、戻ってくれるなと思っているとは思うんですが。

A：そうなんです。私がこの12回の授業をして、みんなが薬物をやめられるなら、たぶんそれで全国飛び回って食べていけると思うんですよ。

井上：そうですね。

A：話が逸れてしまいますが、もちろん全員の方にこのままやめ続けていただくのがもちろんベストなんですが。そんな薬物に一回でも依存した人は、そこから

薬物なしでやっていくっていうのはそう甘いことではないです。だから、私の現実的な目標としては、全員が薬物をやめ続けるっていうところには置いてなくて、自助グループに対する抵抗感を下げるということを、私の中の目標としてやっています。皆さん、自助グループとか聞くと、なんか怪しいところみたいなイメージがすごく強いので、その心のハードルを下げる、ちょっと一回行ってみようかな、行ってみてから判断しようかな、というところまで下げることを私の目標としてやっています。

井上：孤立をさせないということですね。

A：例えば、1回でも薬物に手を出したところを家族に見つかったとするならば、家族の落胆は相当あると思うので、そんなときに家族に相談できるはずがありません。また、家族からは薬物をやめ続けるっていうのを期待されていると思うので。そこで自助グループの人であれば、経験者の方が多いし、気持ちを分かってもらえると思う。そのためにも自助グループにつながっておくことは必要かなと思っていただくことに、重きを置いています。

井上：使命感ですね。

A：それしかないですね。私がやめ続けられる薬とか提供できるんだったらいいですが、そうはいかないので。

井上：それだけ難しいってことですよね。薬物をやめ続けることって。

A：そうです。

井上：でも、すごく貴重な仕事だと思いました。12回のセッションがあるなんて初めて聞きましたし。もちろん、薬物を止め続けることが難しいのは素人でも分かりますが、そこまでしか知らないので。その後どうしていくのかとか、なんでやめ続けようという決意だけではダメなのかとか、待っている人がいるというのが大事かと、話を聞かないと実感ないですもんね。生の当事者の声を聞かれているのはすごいと思います。どうもありがとうございました。

フリーランスカウンセラー　　日並 昭夫 先生（臨床発達心理士）

（インタビュアー：井上）

井上：よろしくお願いします。現在はどのような立場で仕事をされていますか？

日並：私はフリーのカウンセラーとして、毎年複数箇所から契約をいただいています。今も仕事後なのですが、今日は就職氷河期世代活躍支援ということで、新卒時に就職環境がよくなくて、希望する仕事に就けなかった、あるいは正社員になれなかった方々が正規雇用に就くための就労支援という、京都市からの委託事業です。

井上：なるほど。

日並：その仕事は2021年の4月から始めました。他にも専門学校の学生相談をもう10年以上やっています。主に就職の面接に関する相談や面接の練習をしています。調理と製菓の専門学校ですので、応募する業界や職種は概ね決まっていますが、ほとんどの学生さんは19歳か20歳なので企業の面接がイメージできないようです。事前に面接練習をして少しでも採用になる可能性を高めるという支援をしています。

井上：はい。

日並：あとは、某刑務所で、出所する人たちが仕事に就けるような支援をしています。法務省の取組みですが、週2回、刑務所勤めです（笑）。他にも日本語学校が留学生のメンタル相談室を開室されたので、その立ち上げのお手伝いをしています。

井上：おお。

日並：だから今年度は4本立てですね。単発の仕事も合間にありますが。

井上：そんなにたくさんの仕事があるものなんですね。

日並：全部非常勤です。これは心理職としての働き方にもつながってくると思いますが、1ヶ所でフルタイムで、しかも正社員でという働き方をしている心理職の方は、私が知っている限りほとんどいません。

井上：そうですね。

日並：よくて1年契約です。ですので、私のように非常勤を渡り歩いている方が多いように思います。私も毎年、ほとんどの仕事が1年契約です。1年ごとに契

約を更新してもらったり、契約が途切れてしまったら、次の年は無くなった分を新しい仕事で補充しないといけませんので。

井上：はい。

日並：それで、週1回とか週2回での仕事をかき集めて、1年間の収入を確保しているという状況です。

井上：それでもたくさん切れずに仕事があるというのはすごいですね。

日並：そうですね。おかげさまで今年でフリーになって18年目です。何とか18年間食いつないできました。だから毎年就職活動をしています。

井上：そうなりますね。

日並：常に次の仕事を探すための営業をかけているという感じですね。誰かに会ったら「なんか仕事あったら紹介してくださいね」という、そんな感じです。

井上：例えば、自分のカウンセリングルームを持って開業するというようなお考えはなかったんですか？

日並：独立する前はそういう考えもありました。ただ、その頃、家族を養うために毎月一定の収入が必要だったんですね。開業するといい時はいいんですが、無い時は0以下ですよね。それが許されない状況でしたので、たとえ日雇いでも時給でも、やった分が必ず入って、これだけの年収が確保できるという確証がないといけない状態だったので、それでカウンセリングルームは持たずに、仕事があるところに行ってその日働けば収入になる、そういう働き方をしてきました。

井上：知人で、外で勤めていていながら自分のカウンセリングルームも立ち上げて、税金対策もするという人がいますが、そういうお考えはありますか？

日並：税金対策しないといけないほど稼いでないので、そういう必要もなかったということです（苦笑）

井上：心理職を選ばれたきっかけは何ですか？

日並：この話は心理職を目指している方にはあまりプラスにならないと思いますが…、目指してたわけではなかったんです。

　もともと私は会社員で営業の仕事をしていまして。とにかくこの会社員というのが嫌で嫌で。一生このまま終わるのが絶対嫌というその想いだけで、いつか自分でなんかやると思っていたんですが、それが何かっていうのは一切なかったんですね。

井上：ええ。

日並：このまま営業で生きて行くしかないだろうなと思っていて、とにかく営業力を強化しようと思い立って…。営業の基本は聴くことなので、聴くプロはカウンセラーだから、カウンセラーの講座に行って資格を取ろうかって。それがスタートで産業カウンセラーの養成講座に通いました。

　ところが思っていたのと全然違いましてね。結構ガチでメンタルとか心理とかの勉強をさせられまして。そこで何とかカウンセラーの資格を取って、一応、相談にはのっていたんですが、この程度の知識で相談にのるのは失礼だと思って、それで大学院に行き直したんですね。夜間の大学院です。

井上：なるほど。

日並：社会人枠があった大学院です。そこでは2年間ガッツリと、心理、福祉、教育の勉強をして、修士論文も書きました。そして、修了と同時に会社をやめました。

　一応、大学院も出たからカウンセラーですっていう看板をあげてフリーになったんです。だから、心理の仕事につきたいから大学院に行ったんじゃないんです。とりあえず自分で何かやりたい、それが大学院に受かったことで、カウンセラーの資格も持ってたので、カウンセラーという看板を出して、とにかくこれで食べて行くしかないなというのがスタートだったんですよ。

井上：日並先生には、京都コムニタスで産業分野の講座でもお世話になっていますが、先生の授業はすごいと思います。とても勉強になって、僕もそれで公認心理師が取れたんですが。

日並：心理の専門家ほど、あまり知らない領域ですよね、産業って。

井上：それもありますが、僕はもともと仏教が専門ですから。

日並：そうでしたね。

井上：ええ。本来は心理は門外漢なんですが、それでも先生の産業の授業は、僕の中ですごくよくて。

日並：ありがとうございます。

井上：産業に詳しくなられた経緯というのは何かあったのでしょうか。

日並：1つは働く人のカウンセリングを長くやっていますので、結局その人を支援するために詳しくなったりはあります。例えば会社を辞める時や休職期間で傷

病手当をもらっている場合など、そういう人たちのために、法律や制度を少しでも理解して、それが労働者の権利を守っていくことになるし、支援策の根拠にもなるし、そういうとこから労働法などは覚えざるを得なかったですね。あとは前に営業の仕事をしていたとき、採用のコンサルをやっていたので、窓口が人事とか採用の担当者だったので、実はうちの会社は休職している人がたくさんいて…というような相談もあって。それで、メンタルヘルスも勉強せざるを得ないというようなことです。

井上：でも実際、大学や大学院ではそういう勉強はできないですからね。

日並：確かにそうですね。

井上：はい。やはり労働者と直接関わって来られたという経験からですね。

日並：そうですね。そうでなければ、わざわざ調べてまで教えるという機会はなかったと思います。私自身、労働者ですが、労働法に守られて働いてるわけじゃないので…（笑）

井上：たしかにそうですね。

日並：雇用されている側からすると、労働法はすごく大事です。特に今、メンタルダウンされている人が多いので、復職プログラムとか、そういうのをよく聞くようになりました。それが勉強の機会にはなりました。

井上：企業に直接、カウンセラーとして雇われる公認心理師というのは出てこないのでしょうか？

日並：私が知っている限りではまだいないですね。産業カウンセラーは産業とついていますので、産業領域の、働く人のメンタルヘルスのプロなんですが、それでもカウンセラーとして企業に正規雇用されている人はいなんじゃないですか。

井上：やっぱりそうなんですね。僕が知ってる限り、過去に臨床心理士として企業にやとわれた人は2、3人を知っていますが…。

日並：それは社員としてですか？

井上：心理職の社員として採用されて。

日並：それは珍しいですね。

井上：そうですね。企業に雇われる心理職がほとんどいないという理由はあるんでしょうか？

日並：これは個人的な意見ですが、企業は利益を追求しますので、利益を出さな

い部署は最小限にしたいですよね。

　従業員のメンタルを守っていく、予防していくっていうのは、実は利益につながるのですが、なかなかそこの理解というのは深まらないですね。

井上：そうですね。

日並：我々はそこをよく分かってるんですが、企業はなかなか理解しない。企業の中でメンタルダウンをすると、弱者とか敗者とか、そんなイメージがどうしてもあって。そう見られたくないっていう労働者自身の考えもあって、もしそうなったときって、それを知られたくないという空気があるみたいです。

井上：ストレスチェックというのは、やはり外注になるんですか？

日並：産業医のいる所は自社でやっているのではないでしょうか。

井上：そこで心理職が雇われたらなあと思ったりもしますが、なかなかそうはいかないですね。

日並：公認心理師がストレスチェックをやってもよいということになってますね。

井上：ええ、なりました。

日並：でも、心理職自体の認知がまだ浅いんじゃないですか？

井上：そうですね。たとえば、企業の中で、公認心理師が国家資格になって空気が変わったみたいなのはないですか？

日並：まだ聞いたことがないですね。

井上：日並先生みたいに、カウンセラーという形で企業に入ろうと思った場合、どういうルート、どういう人脈があったら仕事が得られると思いますか？

日並：人脈って自分から営業をかけないとできないので、もともと営業をやっていたのが、1人でやるようになって、すごく活かされています。人の顔見たら「仕事の情報あったらちょうだい」って、本当にこの繰り返しです。だからもともと人脈は0なんです。

井上：後からつくった？

日並：そうなんです。独立する前の会社でできた人脈は一切使いませんでした。

井上：そこを利用しなかったんですね。

日並：そう決めてましたし、それが18年続けられた1つの理由でもありますね。

井上：なんとなく分かります。私も独立したようなものなので。営業力は大事ですよね。

日並：大事ですね。営業力というのはかっこいいもんではなくて、厚かましさというか、よくいえば熱意というか、そういうのがあると何とかなるんじゃないかと思います。

井上：はい。前にインタビューした古宮先生は、お師匠さんから営業なんかするなと言われたそうです。腕があったらクライエントは勝手にやってくるというお考えだったそうですが、古宮先生はそんなわけにいかないと、営業してメルマガをやったり、コンサルタントに入ってもらったり、何ならもう風水まで頼ったとい言っていました。

日並：そうなんですね。

井上：日並先生は、心理職としての力量と営業としての力量、どっちに力を注いでいますか？

日並：それは間違いなく営業力の方ですね。私の場合、心理職といっても、心理からはちょっと距離があると思います。対象者が、メンタルダウンしているとか、休職中であるとか、あるいは仕事場の人間関係で悩んで鬱状態になったとか、長く仕事に就けなくて精神的にまいっているとか、そういう方が多いですが、心理的なアプローチってほとんどしないんです。

　だから心理のスペシャリストではないですね。その代わり領域が横に広がりました。出口は1つですが、ニート・引きこもり・求職者・休職者・発達障害の人たちも対象なので、心理の領域も含まれるのですが、出口は仕事に就くことなんです。仕事に就いてない人が、私の対象者のほとんどでした。就労のための支援場所って様々ですが、厚労省の領域ですよね。文科省の領域は大学くらいで。大学のキャリアセンターにもいたんですが、必ず就職という出口に向かっての支援だったので。だから大学も専門学校も公共の就職支援機関でも、同じ目的に向かって支援するという仕事ができたので、営業先の幅が広がりました。とにかくやれそうなことはなんでもやってるうちに…領域が広がったので人脈も広がって…。「あのおっさんに頼んだら何でもやるから一度話してみようか」というのが増えてきて、「こんなことをやろうと思うんですけど、できますか」というような依頼をいただけるようになりました。

井上：なるほど。

日並：なんでもやってるうちに、やらせてもらったところは全部人脈になっていきますよね。結局、それが営業につながるということです。「やります。やれます」

で失敗もありましたけど、一応18年やってきた積み重ねが多少はできていて今に至っている感じですね。

井上：「出来ない」を言わないのは大事ですね。

日並：大事ですね。「出来ない」って言ったら、もう二度と声はかからないので(笑)。

井上：そうですよね（笑）。

日並：内容も分からなくても「出来ます！出来ます！」って言って後から困っていることも多いですが…（笑）。

井上：僕の師匠が、「できるかできないか聞いてへんねん、やるかやらへんか聞いてんねん」てよく言いますけど。

日並：おっしゃる通りです。交通費とギャラが出るんならやる。やる以外に返事はないですね。

井上：心理職で食べていけるかといつも言われるんですが、そこですよね。

日並：そこです。

井上：掴めるかどうかですよね。やはり掴もうと思ったら日々アンテナを張りめぐらそうってことと、断らないってこと。

日並：そうですね。本当に野生動物が日々獲物を探しているのと一緒です。

井上：それは営業マン時代からもそういう能力をお持ちだったんですか？

日並：営業の時からハンターと言われてました。新規開拓が好きで、飛び込みで初めてのお客さんを獲得してくるのは得意でした。一方で、お客さんと丁寧に長く付き合うのは不得意でした。

井上：向き不向きありますね。

日並：そうですね。

井上：日並先生の分野では、資格は産業カウンセラーがやはり問われるんですか？

日並：1番問われるのはキャリアコンサルタントだと思います。
　キャリアコンサルタントがないと厚労省の仕事をするには不利だと思います。だから就労支援ならキャリアコンサルタントですね。就労支援に心理相談が入ると臨床心理士だったり、産業カウンセラーだったりということもありますが、キャリアコンサルタントがあれば就労支援に関してはほぼいけると思います。

井上：やはりアイデンティティとしては、キャリアの方ということになるんですか？

日並：キャリアを真剣に勉強したわけではなくて、仕事に就いていない状態が本

人にとってどれほどよくないか、ということをよく知っている1人なので、とにかく1日でも早く仕事に就かせるということだけです。

井上：はい。

日並：受刑者も仕事がないから再犯に走るというデータでも出ています。とにかく1日でも早く仕事に就かせる、仕事に就いてない状態から脱出させることが一番大切だと思います。ですので、キャリアがどうとかあんまり、思わないですね。

井上：心理職といえばそうですが、それはキャリア…仕事に就かせる人という感じですね。

日並：そうですね。心理の知識が役に立つことはありますが。

井上：はい。資格を駆使して生きていくというよりは、やはり営業力とその仕事に就かせるコツみたいなのがあるかもしれませんが。そういう仕事に就かせるコツのような能力はどうやって身につけられたんでしょうか？

日並：これはもう経験の積み重ねですね。面接に受かるためにはとか、プロフィールシートをどう書けば書類選考に通るかとか、テクニックの部分もありますが、その人にマッチする仕事はどんな仕事かを、本人が気づかない視点で提供（気づかせる）できるかどうかだと思います。

井上：誰から習うでもないですね。

日並：はい。ただ、その人の見極めは必要ですね。どういう人でありたいのかという、そこの見極めはちゃんとできないといけません。

井上：僕らは大学院に入るためにそういう書類を作ったりとか、面接対策に力を入れていますが、たぶんそこはそんなに変わらないと思います。

日並：変わらないと思います。

井上：そういうのって、やはり経験上、採用側の身になることもあると思いますが。

日並：ありますね。採用側の目線を一応知っているので、その一言はいけないとか、そのアプローチは、向こうは全然興味ないよっていうことはアドバイスできます。そこは強みだと思います。

井上：我々が指導する大学院受験でも、そこは大事ですね。やはり相手に利益がないと、採らないよということです。実際、大学院からあなたを採ってこちらは何か得があるんですか？と言われてショック受けて帰ってくる人もいます。だから定員割れだから通るだろうと思っていたら落ちた、というようなことはよくあります。

日並：大学院もそうなんですか？　企業の面接はむしろそこだけですからね。

井上：でも、企業の方がもっとシビアですよね。

日並：シビアな反面、正社員として雇う場合は先が長いので、何か1つ見込みがありそうだったら採ろうか、ということはあります。もちろん本人の年齢にもよりますが、ある程度年齢が若ければ、少し長い目で見て、うちで鍛えてやろうという感じはありますね。

井上：就労支援する方々に対しての、これは絶対伝えようというような、決まったものはありますか？

日並：やはり自分で決めるということですかね。助言もしますし、資料の提示もしますし、それこそ面接練習は模擬面接官になってやります。でも最後は自分で決めたことが1番ということは、直接言う場合もあるし、基本的にそういう考え方でアプローチはしています。

井上：なるほど。我々も大学院受験では、その大学院でないといけない理由を立てろということはいつも言います。そこがいいという理由じゃなくて、そこじゃないとダメな理由を考えてといつも言っています。

日並：それは就職の時と一緒ですね。

井上：理念に感銘を受けましたと言うのと、私を採ってくれたらこれだけ利益がありますよと言うのとでは、どちらを取る？ということですね。

日並：まさにそうですね。

井上：ええ、案外その辺が分かってないというか、前者の方がいいと思っている人が多いんですよね。

日並：そうですね。志望動機を履歴書に書きますが、まさにそれを書く人が多いです。

井上：ホームページに書いてあるようなことですよね。

日並：そうそう。

井上：日並先生と同じようなお仕事されてる方は多いですか？

日並：いえ、そもそも私みたいな働き方は少数派です。

井上：そうですね。

日並：それは就労支援の領域でも一緒です。そんな働き方でよく家族を養ってきましたね、と言われるんですが…。そういう部分も含めて、ほかの方と同じとこ

ろは少ないと思います。あと、私、仕事以外であんまり人と接しないんですよ。こういう仕事をしている反動かもしれないですが、必要がなければ話をしないというか、そんなところがあって。だから周りの人がどんな人かって分かってないことが多いですね（笑）。

井上：はい（笑）

日並：組織に仕えてるとか、上司に仕えているとかっていう意識が全くないので。仕事には仕えてますけど。

井上：もう完全にフリーランスの感覚ですね。

日並：そうなっていると思います。でも会社員のときよりは、周りに合わせるのが上手になっていると思います。生きていかなければなりませんので（笑）。

井上：私も大学院を出てすぐの29歳で京都コムニタスを作りましたので、ほぼ組織に属したことがありません。それこそバイトで、ホテルマンなどやっていましたが。資格も、今回初めて公認心理師という国家資格を取りましたが、それまでは、およそ資格らしきものは全然持ってなくて。教員免許とかも取ろうと思いませんでしたし。

日並：僕が言うのもなんですが、それでよくやってこれましたね（笑）。

井上：やはり、付いてきたスタッフが優秀だったんですよね。

日並：それはやっぱり1番の能力ですよ。人がついてくるというのは。

井上：そうですね。それが1番ですね。今回の公認心理師の講座もそうですが、やはり彼らが優秀だったので。

日並：そこは営業力以上に大事なところですね。人が付いてきてくれるというのは。私はね、誰かがついてきてくれるとかが、全くないんです。それは卑下しているわけではなくて、自分自身もそう思っていましたし、だから1人でやろうと。会社を起こすとかは考えずに1人でやろうと思っていたんです。あと、人を雇うって大変ですよね。

井上：そうですね。日並先生も産業支援をやられていると、本当にお分かりかと思いますが。

日並：ええ、それ以上大変なことってないと思いますね。

　私は、自分の分は稼げますが、人を雇ってというのはできないし、しなくてよかったなと思っています。

井上：もちろんタイプの問題だと思います。心理職のフリーランスの方自体は結

構知っていますが、それで長くやってこれている人というのは、他にあまり知りません。

日並：その点は、私は恵まれていますね。

井上：人脈とか、人ですよね。

日並：結局そこです。人ですね。

井上：幅の広さが大事ですか？　それとも１人と深く関わる方が大事ですか？

日並：仕事を得るということでは幅の広さですが、その分、ひとりひとりとの付き合いは薄くなります。ですので、その人の仕事にいかに付加価値を付けるかということを守っていれば仕事は継続していただけると思います。そこだけは気にしてますね。だから、忘年会も新年会も行きません。僕みたいに掛け持ちしてたら全部行かないといけないことになるんですよ。当然無理なので、もう最初から一切行かないと。忘年会に行かないからといって仕事が途切れるわけではないですからね。

井上：そうですね。でも、やはりそうやってフリーランスでやるというのは、ある程度覚悟が要ると思います。ちなみに、フリーランスでやっていくと腹を決められたのはいくつの時ですか。僕は先ほど言ったように29歳でした。

日並：それは早いですね。私は43歳ですね。

　いつかは、サラリーマンをやめるというのは決めていたんですが。タイミングがたまたま大学院修了時の43歳だったという、これも結果論ですね。ただ、私の周りは、早くに独立した人で、ずっと続けてうまくいってる人は少ないですね。40歳や50歳を越えてからの人の方が失敗が少ない感じがします。ですので、井上さんの29歳というのは正直びっくりしました。今だと、起業って学生でもやるような時代ですが、約20年前だと、なかなか思い切った選択ですよね。

井上：そうです。やろうというよりは、いろんな事情があって、やらざるを得なくなった部分が１番大きいです。もう勢いで、机１個に椅子１個から始めてみたいなところでしたね。

日並：そうですか。

井上：はい。そこでの最初の生徒が、現在までうちで講師としてやっていたりとか。

日並：そうなんですね。そうなると背負うものがどんどん増えてますね。

井上：本当にそうですね。そうなると、もう引っ込みとか、そういう問題じゃな

くなってきていますよね。その辺がまた原動力になっていますが。

日並：なるほど。私の場合、仕事のモチベーションといえば、掛け持ちで複数仕事やっていることにありますね。他の職場での経験が違う職場で間違いなく活かされていますし、自己研鑽でもあります。それと、毎年必ず1つ新しいことをやると決めています。

井上：ああ、それはわかります

日並：それで運よく、大体毎年1つくらいは新しい仕事が増えるんです。その新しいことをやる労力って非常に大きいですが、まだこの歳でも一応やれているというのは自信でもあります。

井上：必要とされている感って、やはり強いですか？

日並：仕事をいただけるというのは、どこかでそういう評価もいただいていると思います。また、若い人に「日並さんみたいな生き方したいです」と言われるのが1番嬉しいですね。

井上：なかなかできないですけどね。

日並：もう4、5年、そういう若者が何人か集まるラボってやっています。最近はZoomで月一回くらい集まるんですが。

　そこでは必要とされている感じがありますし必要とされたいですね。

井上：僕らも何が原動力になるかなっていつも考えながらやっていますが、最近では、さっき言ったようについて来てくれてる人たちに子どもができたとかは、案外原動力になると思いますね。以前は、やはり必要とされてるからというのはありましたが。

日並：はい。

井上：でもやはり、フリーランスでそれだけやろうと思うと、いわゆる自己肯定感というところも必要だと思いますが？

日並：そうですね。自己肯定感は重要ですね。自分で新しいことがやれる、新しいことができるようになるというのは能力があがったとちゃんと自覚できますので。

井上：今でも成長してるという実感はありますか？

日並：歳取ってからの方がありますね（笑）。簡単なことでも歳取ると必死にやらないとついていけません。パソコンなんかだと、こんなことが分からないのかという場面がよくあるので、今のほうが成長しているなと感じますね。

井上：じゃあ、これからもずっと新しいことにチャレンジしつつというお考えですね。

日並：それは毎年の現実的な課題です。やりたいことがやれるというのが、フリーランスの最も魅力を感じるところなので。それができなくなった時は、店じまいかなという感じですね。

井上：そういう覚悟も、プロとして１つ大事なことですね。本日はありがとうございました。

日並：はい、ありがとうございました。

第3部

公認心理師養成大学院・臨床心理士指定大学院への道

　これから心理職を目指す人は、何らかの資格が必要になることは間違いないと考えられます。臨床心理士ができるまでは、「心理」名の付く資格は乱立しており、あまり重要視されては来なかったのですが、臨床心理士が資格として大きな実績をあげてきたことが、公認心理師という国家資格につながったと見ることもできます。そのため今後は、心理職を目指すということは、まずは資格取得を目指すということになります。その資格のほとんどは、公認心理師と臨床心理士になります。第1部でも触れていますが、この2つの資格は、心理職を代表する資格と言って差し支えなく、心理職者としては必須になっていくでしょう。公認心理師は国家資格で、臨床心理士は民間資格という違いはありますが、資格取得には、大学院に行かねばならないと考えておくのが妥当です。公認心理師にはBルート（区分B、P26 図1-1参照）という学部卒業で受験資格を得る道もありますが、当面は大きく機能することはないと考えられます。ここでは公認心理師養成大学院・臨床心理士指定大学院受験をするために、何をすればよいのか、ということについて述べていきます。

第1章

臨床心理士指定大学院受験総論

　公認心理師になるにせよ、臨床心理士になるにせよ、大学院に行くのがスタンダードだというのは、周知のことだと思います。2022年現在において、「公認心理師指定大学院」という名称は存在せず、公認心理師試験受験資格が欲しい人は、それに対応する大学院に行くわけですが、その大半は臨床心理士指定大学院になります。したがって、現時点では、臨床心理士指定大学院で公認心理師の単位にも対応しているところで両資格を目指すのが、これから心理職を目指す人にとって最も一般的なコースということになります。

　また、臨床心理士指定大学院で、公認心理師の単位に対応していない、あるいは将来的にも対応する意思がない大学院はほぼありません。一方で、臨床心理士指定大学院をやめて、公認心理師のみに対応するという大学院は少しずつ増えています。国立では茨城大学、私立は関西では神戸学院大学、関西福祉科学大学などです。こういった大学は、学部で公認心理師の単位を取得している人しか受験することはできません。厳密に言えば受験はできると思いますが、資格が取れませんから、進学に意味がなくなってしまいますし、現状の法律では、後から学部の単位を取ることは認められていません。

●まずは学校選びから

　これらを踏まえて、心理職を目指す方が、最初にやらねばならないことは「学校選び」です。まず、高校生の方と、大学生や社会人の方では、選択肢が異なります。高校生の方は、基本的には大学院には行けませんから、大学の学部選びになります。資格が必要であれば、公認心理師の単位に対応している大学ならば、国家資格である以上、カリキュラムは大きく異なることはありません。またインタビューをしてきた中でわかってきたことですが、学部で公認心理師を目指して、指定単位を取る人は、平均すると30名程度です。実習を担当できる先生が1人につき15名までとなっていますから、先生2人分の人数といったところでしょ

うか。心理職を目指すことを決意した高校生の方が、大学を選ぶ際には、偏差値以上に考えないといけないことが、この学部の単位を取れる定員です。また、実習には誰でも行けるというところと、選抜があるところとがあります。どちらがよいかは個人の好みですが、実習については、先生方も外部に送る以上、慎重になります。どのような実習施設に行けるのかを事前に調べるのも有益です。また、大学院進学を想定しておく必要もあります。例えば甲南大学は、どの学部でも公認心理師の単位を取れますが、大学院を設置していませんので、学部の単位を取った後は、外の大学院に行く必要があります。ただ、いくつかの学校の推薦枠もありますので、学生の進路のこともしっかり考えてくれています。一般的に最も多いのは、内部の大学院にそのまま進むケースです。しかし、そうは言っても内部だけに限らず、外部の大学院を受ける人も少なくありません。概ね、2校から3校を想定するところからがスタートになります。

　京都コムニタスでは、入塾の相談に来られる方に、まずは「どこの大学院に行きたいですか？」「行きたい学校は決まっていますか？」などの質問をします。よく「学校はそんなに早く決めないといけないのですか」と聞かれますが、もちろん、完全に決めてしまうわけではありません。受けない学校のことを想定するよりも、受ける学校を想定して情報収集する必要がありますが、暫定候補としては多くても5つくらいではないか、というのが私の感覚です。その中から2校から3校に絞り込むイメージです。

● **偏差値は関係なし、行きたいところに行ってやりたいことをやる**

　私がかつて、大学受験予備校に属している時は、「どの大学に行けばいいのですか」という質問はほとんど受けず、「この偏差値でどの程度の大学に行けますか？」という質問が一番多かったと思います。一方、大学院受験は、偏差値は関係ありませんので、まずは自分の最終学歴になるということ、履歴書に書くことも考えること、自分に合っているかどうかを考えること、このあたりをまず考慮して探すのが妥当でしょう。もちろん、偏差値が関係しない、ということは、「だからブランド大学がダメ」と言っているわけではありません。そこに本当に行きたいならば、自分の将来に必要というイメージがわくなら、ブランドであるか否かは関係がないということです。

　今の大学受験に慣れている人にとって、学校選びというのは意外とリアリティ

がないものです。京都の会場で関東の大学を受験して、合格したら北海道のキャンパスだった、なんてことは今や珍しい話ではありません。こんな大学受験を高校生に課している大学が、志望理由を聞くのも、正直いかがなものかと思うこともあるのですが、大学院受験は、大学受験とはそもそも競技が違うと考えて、学校選びをしましょう。特に何らかの資格取得を前提とした場合、「資格さえ取れればいい」と考え、学校はどこでもいいと考えがちです。同じ資格を取るにせよ、どこの学校に進むかによって、自分の進むべき道も変わりますし、どういった先生に出会うかによってその資格への思いも変わってきます。

●まずは人を見る、探す

　私がおすすめしているのは、まずは人を見ることです。これは個人的な規準でもあるのですが、私はとりわけ高い買い物をする時は、必ず人選びから始めます。もの選びや値段交渉はその後です。よい人に出会うまでいくつもの営業所をまわるようにしています。大学や大学院選びも（塾・予備校選びも）、安くない金額の授業料を支払いますので似ている面はあります。私個人でも、学部4年、修士課程2年、博士課程3年と合計9年間大学に学費を払いました。学費以外にもかかる金銭を思うと、これは人生でもトップクラスの出費です。やはり経済的に余裕のある人であっても慎重に考えて然るべき金額になります。まずはどのような先生がおられるか、その先生がどのような研究をしておられるか、その他、どのような社会的活動をしておられるか、教育についてどんな考え方をもっておられるか、このあたりのことを下調べしておくと、自分の人生の重要な時期を託す気持ちになれるかどうか、考える材料になります。著書などで有名な先生を選ぶ際には、その先生が忙しくて、指導に手が回るかどうかは確認しておきたいところです。もちろん人によりますが、有名な先生は忙しいのが基本です。それでなくても大学の先生は総じて忙しい方々です。

●大学選び三態

　一般論として、大学選びの規準は、先生、生徒、図書館（その他施設）とこの3つがあげられます。昔の先生でこれを物質の三態（固体、液体、気体）になぞらえて大学三態という人がいましたが、言い得て妙だと思っていました。大学選びの三態は、まずは人探しで、その最初は教授陣だと言えますが、これに加えて、

事務方も重要です。やはりよい大学は、事務方が安定して、かつ学生に興味を持っています。大学を訪問したときには（最近はオンラインが多いですが）事務方の人とゆっくり話してみるとよいでしょう。よく帝塚山大学の事務方が京都コムニタスまでお越しくださるのですが、学生に対する情熱を持った本当に素晴らしい方でした。私も帝塚山大学に学生を訪問させる時は、彼を頼るように伝えているくらいです。また私は、京都文教大学に大学院受験対策英語を教えに出講していますが、やはり事務方に素晴らしい方がおられ、いつも窓口対応してくださいますが、私たちと話すときでも、本当に学生のことを思いやった対応をとっておられます。先生とは別に事務方が、京都文教大学の大学院に進ませて、よい臨床心理士や公認心理師になって欲しいと強い思いを持っていることがよくわかります。その方の思いに触れて、私も出講依頼に応じました。一方、どこの大学かは言えませんが、訪問をした時に、事務方が「私はこんな大学もう辞めようと思っているんですけどね」と言うところもありました。このあたりも大学によって全く違うところです。よく、大きな大学ほど事務方が横柄で、小さい大学ほど丁寧、と思われがちですが、そうとも限りません。前述の「もう辞めようと…」の方は小さい大学の方です。結局は個人の人間性によるところが大きいといえます。

　ただし、上記の二態（先生、事務方）は、必ず入れ替わります。私がこの仕事を始めたころにおられ、お世話になった先生も事務方も、何せ20年近く活動していますので、多くの方が定年などで退職されました。京都光華女子大学でいつもお世話になっていたある部長は、退職前2月くらいに、わざわざ電話をくださって、「この3月で定年やねん、今までありがとう」と言っていただきちょっと感動してしまいました。この大学も、この部長以降もよい事務方がおられる学校です。

　最後の一態ですが、定期的な入れ替わりがないのは、図書館です。図書館は学校によってある程度特徴が出ます。京都文教大学は、臨床心理学の名門校ですから、図書館の臨床心理学系の蔵書は素晴らしいといえます。また、書籍数は、その大学の心理学講座の歴史と比例しますのである程度大事ですが、自習環境、書庫の環境、職員に専門職人（司書）がいるかどうか、このあたりも重視しておいた方がよいでしょう。図書館にお金をかけている大学はよい大学といえます。仮に目的の本が所蔵されてなくても、すぐに発注をしてくれる柔軟さがあれば問題ありません。また、雑誌論文の複写を外部にすぐに発注してくれることも重要で

す。蔵書数、職員の柔軟な対応、あと意外に重要なのは、医学中央雑誌（医中誌）の登録をしている学校は、臨床心理学系にとっては有用です。

　以上から見て、漠然と「面倒見のよい大学」、「就職に強い大学」、「最強の大学」等、雑誌の見出しなどでよく見そうですが、こういった規準で選ぶことも避けた方がよいでしょう。私がいつも塾生に言うのは、「学校をある程度決めて、その後、自分の足で、大学に行ってみて、空気を吸ってみて、人に会ってみて、それから、いろいろ考える」です。今は、コロナ次第というのが残念ですが、ポストコロナでもこの点は揺らがないと言えますし、コロナ禍にあっても、よい大学はそれなりの対応になります。

●これからの臨床心理士指定大学院選び

　ここまでは、臨床心理士指定大学院選びだけではなく、他の大学院選びにも通じることでした。ここからは臨床心理士指定大学院に特化した選び方になります。臨床心理士指定大学院が通常の大学院と少し異なることは、実習をはじめとする実践の訓練を豊富に行うところです。

　第1部で、公認心理師の登録者数が臨床心理士をすでに上回っていることを指摘しました。それは特例措置期間のいわゆるGルート（区分G、P26図1-1参照）から、臨床心理士資格を持たない人が公認心理師になったからです。しかし、例えば心理査定や、心理テスト、セラピーの実践などは、学部で習えるとしても、一部であり、本格的なものは大学院で習うことになります。つまり、臨床心理士の資格は、大学院でしかできない実践経験を積んだ人が得られる資格ということになります。第6回試験以降の公認心理師も、そのような実践を積むことにはなりますが、2022年の段階では、その公認心理師はまだ生まれていません。第7回試験になって初めて、2018年からの新カリキュラム適用の学生が大学院を修了して、法律に沿ったという意味での純粋公認心理師が生まれますが、それまでは臨床心理士の資格が、心理職者としての能力の担保になっているのです。

　70校以上の大学を取材してわかったことですが、公認心理師の養成が始まって以降、臨床心理士指定大学院が、その中心的役割を果たさざるを得ない状況になりました。それに伴って、多くの大学で、「資格の名前にこだわるのではなく、心理職者の養成こそが使命であり、資格はその後について来る」といった考え方ができてました。私は、これは日本の心理技術者養成史上最も大きな変化だと考

えています。そのためだと考えられますが、現在、心理職養成の大学の考え方が、臨床心理士指定大学院としての臨床心理士養成の歴史を踏まえつつ、それぞれ独自の路線で公認心理師養成も行っています。やはり、大学によって、医療に強い、福祉に強いなど、得意分野が異なりますし、何より、国家資格が新設されたわけですが、その公認心理師像が大学によって大きく異なり、「臨床心理士の技術や能力を基礎として獲得した、大学独自の公認心理師の養成」という構図ができました。ただ、このことは、私たちが大学にインタビューをしてきたことでわかったことであり、外からインターネットなどで見てもなかなか見えにくいところです。もしわからなければ、私たちのような専門業者に聞くのが妥当だと思います。

●入学してから失敗しないことを想定した臨床心理士指定大学選び

　大学院受験は、人生に関わる局面での試験になります。だからとても重い受験になります。だからこそ、自分の人生の重要な一幕を預けるに足る臨床心理士指定大学院を選ぶ必要があります。そのため、先述の三態プラスたくさんの判断基準を持っておくとよいでしょう。例えば、カウンセリングルーム、プレイルームなどの施設、実習、学費、就職など様々なポイントがあります。いずれにせよ、入学してから、失敗しない選び方を考えておきましょう。私が常に言っていることは、大学院に入ることよりも、入ってからの方が重要だということです。

　以前、花園大学に行って、ある先生と京都コムニタスから花園大学に行った生徒について、少しお話させていただきました。そのうち1人は大学院入学後に、海外に留学するなど、めざましい変化を遂げたと言っていただきました。また、帰ってきてからのカンファレンスでの発言、講義での積極性も大きく変わり、一皮むけたという言葉もいただきました。私としてはとてもうれしい瞬間です。

　一方で、どこの学校とは言えませんが、その学校に行った生徒さんから、日常的に先生が「忙しい、忙しい」と言って、あまり指導を受けられず、ボランティアやワークショップなどの手伝いはたくさんさせられる、と聞いたこともあります。また、ゼミでの研究指導はダメだしのみ、どこが悪いか教えて欲しいというと、そんなことは自分でしろ、「反抗的」といった認識を作り上げてしまい、果ては、この人は向いていないから、臨床心理士になるのはやめるべき、とまで言い出す先生もいます。こういった先生は、ゼミを変えたいと大学当局に申し出ると、「寝耳に水！」と言って、トラブルになったこともあります。トラブルにな

ることにおいて学生に一切の原因がないとは言いませんが、先生の差配次第であることも間違いありません。トラブルは起こらないところには全く起こらないものです。ただし、先生の手伝い（という名の無償労働）をすることについて、私は基本的に肯定します。それによって得られる学びもたくさんあるからです。臨床心理士指定大学院の場合、実習など、人間関係を作っていく場に自分の学生を送るわけですから、そのあたりの指導は、是非、生徒個人に関心を持っていただいて、懐深く受け止めてあげて欲しいというのが私の願いです。

　先の花園大学の先生は、ご自分の指導外の生徒さんのことも、詳しく把握しておられました。京都コムニタスから行った生徒のことも、よく理解しておられ、これから、どういった形で成長して欲しいか、ということを明確に語っておられました。このような先生は、生徒に失敗させないように導いてくれますし、少々問題があっても、それをクリアする方法を考えてくれます。

　臨床心理士指定大学院は入る学校を失敗すると、悲劇の２年（以上）になってしまいます。これは間違いなくその後の人生によくない影響があります。それでも苦痛を感じながら、自分の感情を殺し、何とか修了はすると、頑張る人もいますが、中には心が折れて、心理職自体を諦めるという人にも出会ってきました。私たちにとっても最も辛い瞬間です。後悔しない大学院選びの方法を身につけましょう。

●学校選びが終わったら次に何をすればよい？ → 受験時期を定める

　学校選びだけで、こんなにたくさんの情報を消化しないといけないので、学校が決まるとゴールインとなりそうですが、実は、この地点がスタートラインの一歩手前で、まだスタートラインではありません。このスタートライン一歩手前に立った時期（それが何月か）が重要になります。言い方を変えると受験をする時期をいつに定めるか、ということになります。

　臨床心理士指定大学院入試は多くの場合、９月と２月の年二回行われます。ただし、最近は、関西圏では、早ければ奈良女子大学が６月から７月上旬、兵庫教育大学や鳴門教育大学は８月、11月から12月には兵庫教育大学や鳴門教育大学の中期試験、そして２月の後期試験、遅ければ３月にも花園大学や奈良大学、梅花女子大学などの試験があります。ある意味ではアイドリング期間がほとんどありません。そのため、受験戦略以前に、どの時期の受験にするかを定めることが

重要になります。一般的には前期入試と言われる９月受験を目指すのがよいと思われます。９月のメリットとしては、２月に比べて多めに合格者を出す学校が多いことと、現役大学生が卒論などもあって、準備不足であり、社会人や大卒者の方に軍配があがることが多いといこともあげられます。また私たちのような塾を利用していただくと、他の受験生と比べて、アドバンテージが多くなりますので、有利に受験勉強を進めることができます。デメリットとしては、受験決意の時期にもよりますが、自分が準備不足になってしまうことがあります。特に研究計画が上手くいかないというケースはたくさん見てきました。９月入試をお考えの方は、早めに研究計画を含めた準備に入られた方がよいということになります。

●受験時期が定まったら、いよいよスタートライン

　受験時期が定まり、臨床心理士指定大学院受験のスタートラインに立ったなら、まずやらねばならないことがあります。私はこれを「宇宙空間からの脱出」と呼んでいます。特に心理学を初めて手がける人は、「何から始めて」「何を読んで」「何を覚えて」「どこまで、どの程度できればよいか」は全くわからないと思います。言い方を変えると基礎がわかるということにつながります。これがわかってくると、「宇宙空間」に足場ができますので、まず足場を定めるところから始めます（脱出はまだですよ）。具体的に私が推奨しているのは、全国の大学院の過去問を片っ端から見てみることです。というのも、ほとんどの大学院の先生は、「どんな問題を出すのですか？」と質問をすると、「基礎を出す」と言われます。だとすると、過去問は、過去問としてというよりも、基礎を知る意味で有用ということになります。できるだけたくさんの過去問に触れることで、多くの学校が出している問題は、学者が基礎と考えているトピックと理解して間違いないでしょう。足場が定まって、基礎が見えたら、宇宙空間から脱出です。

　次は道具をそろえます。道具は「キーワード辞典」のような類ではありません。学術書としての辞書をある程度持っておく必要があります。今は『現代心理学辞典』（有斐閣）が最新です。誠信書房の『心理学辞典』も情報が比較的新しいです。こういった辞書を入手することは重要です。よくないのは辞書を１つだけに頼ることです。必ず複数の見解を見ることを心がけましょう。できるだけたくさん辞書を引くことが求められます。また「事典」の方も重要です。有名な『心理臨床大事典』（培風館）、『心理臨床学事典』（丸善出版）なども有用です。名前が間違

い探しみたいに、微妙な違いになっていますが、本の中身は非常に優れています。

　ある程度でよいので道具がそろってくると、やっとスタートラインに立って出発の準備ができたといえるでしょう。

●学科の勉強と書類作成は並行

　そしていよいよ学科の勉強になります。ここからが受験準備です。入試科目は、ほとんどの場合、心理学、英語、面接の三種目になっており、事前に研究計画書、志望理由書などの書類の提出を求められることがほとんどです。これらの書類は面接のカテゴリーとして捉えるのがよいでしょう。この三種目は、並行して進めるのが妥当です。京都コムニタスでは、授業として、心理学、英語、そして、それ以外をすべてカバーする「必修」という授業を設置しています。心理学と英語の勉強方法は、この後、第3部第3章以降で担当者が書いていますのでそちらに委ねます。ここでは、必修の授業を通した、研究計画、志望理由などの書類作成と面接対策について、我々京都コムニタスでの取り組みを実例として、述べていきます。まずはすべての下地になる必修の授業の概要について述べて、その後に書類と面接の各論と続きます。

●京都コムニタスでの必修の授業：「必要なことを必要な分だけ過不足なく」

　京都コムニタスに初めて来られた方々から、当塾のことで最も多く質問をいただくのは、必修という授業についてです。必修の授業は、当塾のオリジナルのものです。基本的には私（井上）自身の経験とこれまでの京都コムニタスのキャリアを下地に、入試の合格から、入学後の大学院生活をうまくやっていくために必要な要素をできるだけたくさん盛り込んだ内容になっています。大学という機関で生活するとはどういうことか、研究をするとはどういうことか、ということも話していきます。私としては、学科の能力を高めるという意味でもこの必修を受けてもらいたいと考えています。必修の授業を全部語り尽くすのはかなりの文量を要しますので、ここでは必修の授業の要点と枠組みを説明します。

　まず、京都コムニタスでの合い言葉は、「必要なことを必要な分だけ過不足なく」です。必修の授業の中で何度もこれを言います。これを常に頭に置いておき、その上で今できることを精一杯こなします。「過ぎたるは猶及ばざるが如し」と言いますが、だからと言って、少なければ足りません。自己アピールなどもそうで

す。アピールし過ぎは相手に不快感を与えますし、アピールしなさ過ぎはもっと不快です。何事もバランスが大事です。私はよく「先生にとって何が一番大事ですか？」という質問を受けます。私は迷わず「バランス感覚」と答えています。「必要なことを必要な分だけ過不足なく」はバランス感覚を象徴する言葉だと捉えています。

しかし、これは非常に難しいもので、油断していると人はすぐにバランスを失いかねない危うさを持っています。バランス感覚は、日常、どの局面でも必要です。例えば、授業の声の大きさなどもそうです。大き過ぎたらうるさいですし、小さ過ぎたらもちろん聞こえません。教室や、人数ごとに「ちょうどよい」が存在するはずです。よく言えば変幻自在に自分を変化させることが必要であることに気付けば、一歩前進です。

バランスの悪い人は、他人を変えようとします。あるいは他人が自分に合わせるべきだと考えます。そして、現実に気付かなかったり、目を背けて嘘をつき、すべて他人のせいだと考え始めると、独善的な誇大妄想を主張して騒ぎ始めるなんてこともあります。バランスを失うと、百害あって一利なしです。自分の発言や行動を振り返ってみて、「不必要なことを、不必要なくらい、過ぎたり、足りなかったりしているか、していないか」と、いつも考えておかねば、すぐにバランスを失ってしまいます。こう考えると本当に難しいものですが、この先に「適性」があり、必修ではこのバランス感覚と適性の獲得を重視します。

●まずは論理的思考から

必修の授業は、どの分野の方にも共通して受けていただいています。自分の授業を自分で必修と名付けるのも勇気がいりますが、創業以来、一貫してこの授業を続けてきました。必修は一言でいえば、学科以外で入試に必要なことを一手に行う授業です。本来は学科以外でやらねばならないことの方が多いのです。

入試と入学後に目を向けた場合、英語と専門科目だけができていれば、問題がないかというと、決してそんなことはありません。まずは論理的に考えることができなければ、どんな分野に進んでもうまくいきません。論理的思考力のある人が「今自分にできること」がわかります。論理的思考力が身に付けば、「他者が求めていること」もわかります。両方がわかれば、どんな行動をすればよいかもわかります。また論理的思考力が身に付けば、学科での「論述」ができるように

なります。論述をするには、「事実に基づく」という意味がわかりますし、「根拠」「証拠」を提示しながら言葉を作ることができます。それによって「筋道」を通した物の考え方ができます。

　それができると、いったん、出た結論に対して「じゃあ、これはどうなる？」とさらに疑問をかぶせて、それについて考えて、また結論を出して、また疑問をかぶせて、を繰り返していくことができます。これが「深く考える」ことです。これができると、深く考えた上で話すことができるようになりますから、自分の発言や行動に理由をつけられるようになります。そうすると、不用意な発言や「そんなつもりじゃなかった」なんてことを言わなくてよくなります。つまり自分の発言に責任を持つようになります。

　必修の授業は、このようにして、よい循環を作ることを念頭においてセッティングをしています。

●フレームワーク──まずは問いの設定

　その意味で、まず論理的思考の枠（フレーム）を提示し、フレームに沿って考えるという作業を体感していただきます。基本フレームは「問いの設定」「回答（仮説）」「証拠」「方向性」です。最初の問いの設定ができなければ、次に進めないといっても過言ではありません。そのためこの問いの設定の説明から始めます。

　問いの設定をしていくには、幅広い知識を要します。それには幅広い興味を持つ必要があります。幅広い興味を持つには観察が必要になります。あらゆる学問をするにはまず「観察」から始まります。多くの人は、子どものころに朝顔など何らかの花の観察をしたと思いますが、ここで何を観察するのかというと、私たちが日常持っている知識や常識です。

　常識を常識と決めつけず、事実であるかどうかをよく見て、対象から情報を引き出します。例えば、自分の座っている椅子1つ取ってみても、よく観察をしてみると、情報が満載です。何かしら文字情報が書いてあるかもしれません。だとすると、それを読めなければなりません。特殊な言語や文字が書いてあったならば、それを読める人こそが専門家ということになります。そして、例えば「何が書いてあるのだろう」と疑問を作ります。「なぜ英語で書いてあるんだろう？」「どんな素材だろう」と無数に出てくればなおよいでしょう。

●興味と疑問

　興味を持つということは、すなわち疑問を持つことです。これは人工的にできます。自然発生物ではありません。例えば、興味のある人に出会えば、まず最初に質問をすると思います。そして、「出身はどこですか」「好きな食べ物はなんですか」など、疑問詞をつけた疑問文で質問をするのが通常です。これをオープンクエスチョンといいます。この疑問文が、研究の質を決めます。できるだけよい疑問文を作る能力を身につけることが、その後の研究計画や志望理由の作成に役立ってくれます。また、大学院入試や編入入試で、必ずと言ってよいほど聞かれることの1つに「何がしたい？」というものがあります。これに回答する方法は、大きくわけて2つです。「自分の立てた問いに答えたい」ということ、あるいは、「証拠探しの旅をしたい」、ということも言えます。月の満ち欠けを見て、古代中国人は月が15個あると考えた人がいたそうです。そんな説から、「月は実は1つで、実は我々の目には15種に見えるだけ」と考える人が出て、「じゃあなぜ満ち欠けして見えるのさ？」という素朴な問いかけから、事実に迫ってみたい、ということが1つです。証拠探しの旅とは、例えば考古学なら、遺跡を掘りに行くことです。仏教の遺跡は中央アジアにもたくさんありますが、まだ未知のものがあります。何が未知なのかさえわかりません。それには掘りにいくしかありませんので、現地にいくことです。文献学なら文献を読むことです。私はこれを専門としますが、これも旅といっていいと思います。どんな文献をどんな理由で読みたいと考えているのかをいえればOKです。必修の授業は、このフレームを身につけるところから始まります。

●思考のエラーチェック

　必修の授業の目的は、各人が論理的に考えることで、「よい循環」を作れるようになることです。論理的思考力が身に付いていなければ、すぐに「悪循環」に陥ります。必修はそうならないための予防策でもあります。よい循環を作ることは容易ではありませんが、悪循環にならないようにすることは、ある程度方法があります。まずはエラーチェックです。エラーは思考と身体とがあり、ここではまずは思考のエラーを改善することを優先します。思考のエラーチェックにはREBTを応用します。REBTについては第1部で説明しましたので、ここでは割愛します。方法として、まずは不安や怒りなどの不健康でネガティブな感情に

気付くことから始めます。その感情から自滅的行動につながっていた場合、それはチェック対象です。そこには根拠のない思い込みがあります。その思い込みを言語化し、適切な形に変えることによって、感情も適度なものに変えます。

　この作業を先にしておくことに意味があります。これをしておかないと、例えば不安にとりつかれたまま勉強をしても、どんどん不安になっていき、成果があがらないのです。例えば、よく受ける質問に「先生、不安なんで、この単語帳全部覚えたらいいですか？」というものがあります。しかし、こういった人は、仮にその単語帳を全部覚えたとしても、すぐに「この単語帳から出なかったらどうしよう」となり、もう一冊に手を出します。そしてまた「ここからも出なかったらどうしよう」となり、さらに三冊目に手をかけたとき、「最初の単語帳の単語を忘れたらどうしよう」とループにはまり込んでしまいます。これを本当の意味で効率が悪いといいます。効率が悪いとは、試験に出ないかもしれない勉強をすることではないのです。無駄なのは、例えば「どうせ何をしても無駄」「私なんてどうせ無理」などといった、どうどうめぐりにしかならない思考であり、うまくいかない自分を責めることです。

●大人の三原則とエラー思考の三原則

　私たちが手がける受験は、大人の受験です。基本的に子どもが受けることはありません。ただし、何をもって大人かは難しいところです。とりあえず数字でいえば大学院受験は、22歳から23歳で受験します。すでに成人ですから、大学院側も大人として扱います。そうである以上、私たちが自分が大人であると、言える状態にしておかねばなりません。

　私が考える、大人の三原則は①「目の前にいる世界で一番嫌いな人を追い出さない」、②「距離を取ればよいなどと言って、自分が出て行かない」、③「世界で一番嫌いな人に助けてもらえる」この3つです。まず「追い出さない」は当然です。自分の気に入らない人を追い出すのは、いじめと同じです。意外に重要なのは②で「出て行かない」です。「気に入らない人がいれば自分が出て行けばよい」と言う人はとても多いのですが、これは実際現実的ではありませんし、その人と調和を取ることを拒否するか、あきらめてしまっています。事の善し悪しはともかく、大人とはいえません。最も重要なのが③の「世界で一番嫌いな人に助けてもらう」はとても難しいことです。「助けてあげる」のは簡単です。実は助けて

もらう方が負担が大きいのです。かのマザーテレサは、他者を「必要とする」ことをよく説きました。世界で一番嫌いな人を必要として、助けてもらえる人は、本当の大人です。

　また、エラー思考の三原則として①「嫌だから」②「できないから」③「○○さんが△△をしてくれる（してくれない）から」を何らかの根拠にすることをあげています。「嫌だから」を根拠にできてしまう人は、よほど周囲に恵まれているのかもしれませんが、例えば「掃除をするのが嫌だからしない」と言って、「じゃあ、他人がやるの？」と聞かれ、「その人も嫌ならしなければよい」という環境下になってしまうと、数日でゴミ屋敷になります。それさえ想像できない想像力の欠如にも、問題が生じています。

　「できないから」も困った思考です。まず相手方は何ができるかを知りたいわけです。例えば、志望理由を書く時、「私は、○○ができないから、大学院で学びたい」と書いてしようと、エラーです。相手方は「できる人」が欲しいのであって「できない」を主張してしまう人を欲しいと思うことはまずありません。

　最後の「○○さんが△△をしてくれる（してくれない）から」を根拠にする人は、例えば面接で、「親（上司、先輩などもよくあります）から大学院に行くこと（資格を取ることなどもあります）をすすめられた」などと言ってしまう人によくある傾向です。こういった人は、例えば「私に優しくしてくれるからよい人」などという判断基準を持ってしまっていることが多いです。また「私を不快にしたから謝ってくれた」などと言えてしまう人も危険です。

　こういったエラーは誰でもしてしまうものですが、これに気付き、修正することが重要です。またエラー思考の多くは偏っていることが多く、私たちは知らない間に差別や偏見を無知に基づいて持ってしまっています。エラーを修正するということは、知識を入れた上で、バランスのよい思考を手に入れることでもあり、「ちょうどいい」「適度」「適切」といった言葉の意味を身体で覚えることも意味しています。例えば、私たちは夏には半袖、エアコンの下で生活しますし、冬はあったかい服と暖房のもとに生活します。それは要するに「ちょうどいい」ものを探して見つけた結果です。しかし、何かが偏ったり、バランスを崩すと、「どうでもいい」などという思考が頭を席巻し、暑いときにさらに暑くなるような生活をしたり、体調を悪くすることもあります。その意味では「健康でネガティブな感情の獲得」は極めて重要だと考えています。その延長線上に、研究計画、志

望理由、面接対策などがあるのです。これらは、私たちが手掛ける入試で重要なトピックであることは間違いないので、十分な準備が必要です。

　あまり意識されていないことが多いのですが、学科以外の項目は、むしろ重要なものが多く、これらが合否を分けることもよくあります。場合によっては、ゼロに近い点数がついていることもあるのです。しかし、多くの人は、不合格の要因を学科にしか求めないもので、その要因を英単語だけに求めるケースが最も多いと思います。臨床心理士指定大学院入試は総合力が重要です。やはり、悪循環に陥り安い人は、そのままだとよい循環は巡って来ません。うまくいく人は、よい循環を手に入れています。総合力を身に付けることによって、このよい循環を体感したり、あるいは悪循環に気付いて、そこから脱する方法を体得していく必要があるのです。

●こんなこと言っては（しては）ダメよ集

　必修の授業では、エラーチェックのトピックが終わると、「こんなことを言っては（しては）ダメよ集」に進みます。ここでは、ある一定のことを言ったり、書いたりすると、それが致命傷になり得ることを伝えます。例えば、過去の人が当塾に来る前の志望理由書で、どこに出しても通用しなかったというより、あちらこちらで叱られたという代物が残っています。

　それは、その名も「編入学志望理由書」です。後述しますが、私が常に強調しているのは、志望理由書とは、その学校、その学科、その資格でなければならない理由であって、一番よい理由ではないのです。第一志望などと書いたり、言ったりしてしまっては、必ずや「第二は？」と相手に疑問を与えてしまいます。ましてや「編入学理由書」というのはあまりにも杜撰で、「○○大学志望理由」とも書いていません。おそらく、少し変えればどこにでも出せるように作ったものだと思われます。しかし、こういった性根で書くと、逆にどこに出しても通用しません。書いている人は、ほぼ無意識なのだと思います。

　こういった無意識的に生じてしまうことに気付いて、これをしないようにしておくことが重要です。こういった文章を書いてしまうのは、意外とプロが多いのが厄介なところです。自信満々でとんでもないことを書いている志望理由書対策書もありますので、要注意です。

●じゃあどうする？ を考えて、さあ書類と格闘

　論理的思考のフレームを身に付け、自らの中にあるエラーのチェックができて、不健康でネガティブな感情を処理することができるようになり、その上、受験において、あるいは書類作成において「こんなことをしてはダメよ」ということを知り、さらにその先に「じゃあどうする？ 編」が必要になります。

　必修の授業の中でやることは、過去の人の書いた、研究計画や志望理由を見てもらうことです。20年近く継続していると、かなりの蓄積があります。その中には、かなり特徴のあるもの、自己調査をしたもの、当たり障りのないもの、上手なもの、チャレンジングなもの、などなど、いろいろな評価ができるものがそろっています。

　提出書類は学校によってかなり異なります。例えば京都ノートルダム女子大学だと、研究計画、志望理由、卒論要旨をそれぞれ1500字程度で書かねばなりませんので、かなりのボリュームになります。一方、京都光華女子大学はそれぞれ研究計画書と卒論要旨が600字程度です。両方受験する人は、結構な手間がかかります。だいたいどの学校がどのような書類を、どの程度の量で要求してくるかは、それなりに安定していますので、変動が少ないところです。ただし、立命館大学は最近3000字が2000字になりましたし、2022年度入試から参考文献を字数の中に入れるように指示が加わりました。花園大学はインターネット上で提出できるようになりましたので、手書きの手間が減りました。こういった形で少しずつ変動することはよくありますので、毎年しっかりチェックしておかねばなりません。

　いずれにせよ、過去の人の書類は、通常の過去問以上に参考になります。すべて合格者のものですので、それなりの力があるのと同時に、どの程度の水準で書けばよいのかという目安にもなります。それぞれの書類には、それぞれのドラマが詰まっており、しっかりとした思い入れを盛り込んで書いてあります。自分にしか書けないものを書いています。また、受験する学校にのみ適応するように書いています。

　京都コムニタスでは、ほぼすべての書類作成に私は関わりますが、当然ながら、どれ1つ同じものはありませんし、借用することもありません。それぞれの人が「何がしたいのか」ということを明確に引き出した上で、さらにそれを少しずつ具体化していき、時間の許す限り納得のいく書類を作ります。ここで大事なこと

は、本人が納得のいく書類を作ることです。決して、受験校に迎合した形で書くわけではありません。

　確かに大学の先生は、研究計画書を見て、自分たちが指導できるかどうかを考えます。第2部で対談させていただいた元大阪経済大学教授の古宮先生もそう仰ったことがあります。しかし、京都コムニタスでは、大学に合わせることよりも、まず自分が本当の意味で何をしたいのかを突き詰めた上で、それを形にすることを最優先課題としています。その上で、研究計画と志望理由に分岐します。志望理由は、その学校でなければならないに理由に展開していきます。研究計画は料理のレシピと同様、具体的に何を作るのかということをイメージしていきます。実際に作っていく作業は、授業外で個別に作っていきます。必修の授業はそのために全員に適合する情報を提供して、構えを作るということを重視しています。

●最後は面接対策と集団討論

　研究計画や志望理由の一通りの説明が終わると、次は面接対策に移ります。それぞれの詳細な作り方は後述します。

　京都コムニタスでは面接対策にかなりの力を注ぎます。そのため、約2ヶ月時間をかけて、最終的には集団討論の実践までを行います。面接は、私たちが手掛ける受験では、必須といえます。配点が高いところも多く、臨床心理士指定大学院では、例えば兵庫教育大学が300点、帝塚山大学が200点です。

　面接の点数を高める方法は一様ではなく、相手方の多様な観点に耐えうるように自分を作ることを考える必要があります。そのため、必修では、過去の人がどのような質問を受けたか、といった単純な対策をするのではなく、根本的に自分を見つめ直すところから始めます。すでにエラーチェックから始めていますので、自分を見つめ直す装置は身体に埋め込まれているはずですので、この段階で比較的入っていきやすい状態になっています。面接は受験の中でも最も緊張する場面ですので、やはり、入り口は不安対策からになります。ここでもREBTを応用し、不安低減の実例を示し、自分の不安と向き合う重要性を示します。

　手順は、①不健康でネガティブな感情への気付き、②そのイラショナルビリーフの知覚、③ラショナルビリーフへの変換、④健康でネガティブな感情の獲得。このようになります。しかし、そう簡単にできれば苦労はしませんので、少しずつ実践してもらうようにしています。その次に、過去の面接質問集を一通り見て

もらいます。本章の最後に、少しだけ面接内容を紹介しておきます。

　面接には実はたくさんのドラマがありますので、そのドラマの披露と解説をします。例えば、「試験どうでしたか？」という質問に対し、「身の程知らずでした。すみません」と、なぜかあやまった人がいましたが、その人は「そう、身の程知らずだったのね。じゃあ終わりましょう」と言われ、そこで試合終了になってしまいました。これは悲劇でした。しかし、ちょっとした一言が決定打になっていることはたくさんあり、慎重な回答をするにはどうすればよいのかを解説していきます。

　それが終わると、一通りのマナー集もやります。写真も意外に重要です。気をつけて欲しいのは、写真撮影後です。ごくまれにあるのですが、写真と別人の顔にわざわざなる人がいます。昔いた別の予備校で試験前日に金髪になった男がいました。「気合いをいれるため」だそうですが、気合は頭部以外で入れろと言いたいところです。また、女性に多いのですが、写真はプリン頭で気に入らないので、当日きれいに染め直した。あと年配の人にありがちなある日（試験前日）突然白髪がなくなった系…困ったもんですが、よくある話です。眼鏡にも似たような現象はあります。実はたまにいるのですが、コンタクトレンズなのに伊達眼鏡…最初は「どういうこと？」と思いましたが、意外にそういう人がいることを知り、また「どういうこと？」でしたが、要するに写真のときの姿であるなら、髪の色も眼鏡もあまり気にしなくても大丈夫だということです。また服装も適切な服装で行きましょう。これはいわゆる常識の範囲内でいいと思います。

　マナー集が終わると、以降は質問タイムです。これについては面接対策の仕方についてなど、これまでいくつか書いてきました。京都コムニタスでの面接対策の仕上げは、塾生の側に質問を大量に作ってもらい、それに私がすべてに回答するというやり方です。この方法でやると、いわゆる想定外がなくなります。この質問タイムにかなりの時間を割くのですが、慣れてくると、塾生からの質問が止まらなくなります。こうなるとかなりよい状態ができあがっています。話し口調で話すこともできていますし、アドリブの意味もわかります。臨機応変も少しわかってきます。こういったキーワードが整ってくると、討論への準備ができてきますので、最後に討論の練習をします。

　必修の授業の最終局面は集団討論になります。これはアウトプットの練習にもなります。他人の前で話すことに対する抵抗感を減らしていきます。また、集団

の意味を考えてもらいます。さらに討論とは何かを考えてもらいます。その上で、公認心理師でもよく話題になる「連携」「協働」といった言葉の意味を考え、実感してもらうことを目的とします。昔は関西圏では、立命館、京都教育、龍谷といった大学が主たる集団討論を課す指定大学院でしたが、最近はほとんどなくなってしまいました。医学部学士編入、就職活動ではいまだに課されます。あまり実践で使うことがなくなってきているのが残念です。

　以上が概略です。私が必修を通して伝えたいこと、身につけて欲しいことを流れにしてまとめると、

①まずは適性磨き

②論理的思考力を身につけること
  1. フレームで考えること
  2. 根拠、証拠でもって事実に基づいた思考をすること（嘘はつかない）
  3. 疑問をしっかりもつこと
  4. 疑問に合わせた回答（仮説）を作ること
  5. それを裏付ける証拠を出して、筋道をたてて考えること
  6. 結果に対して「じゃあどうする」と方向性を考えること
  これら1つずつを開くとさらに説明が増えますが、今はおきます。
  この論理的思考のもとに論文検索もあります。

③思考のエラーをチェックできるようになること
  1. エラーの三原則を知った上で、REBTでいうところのイラショナルビリーフに気付くこと
  2. 思考が感情を作っていることを知り、思考をコントロールすれば感情のコントロールにつながることを知ること
  3. 明らかにおかしいと思える文章や考え方を見て、「おかしいものはおかしい」と考えられるようになること（こんなことをしてはダメよ集）
  4. おかしな考え方は、人工的に変えられるということを知ること
  5. 実際に変えてみること

④じゃあどうするを考えて書類対策
1. 実際に過去の合格者の研究計画や志望理由書を見る
2. 志望理由や研究計画の基本を知る
3. 学校ごとの書類を見たり、内部生のものを見たり、特徴を掴む
4. 日本語の書き方を知る

⑤面接対策
1. 思考のエラーチェック〈面接用〉
2. 適性を知る＝相手が求める人材像を知る
3. 言葉のエラーチェック（カミングアウトの禁止から）
4. バランス感覚を知る（完璧主義、極端主義を離れる）
5. 質問をできるだけたくさん作って、こちらに聞く
6. 適切な回答を知る
7. 面接マナー講習
8. 集団討論対策

　以上が必修の授業の骨格です。これが学科以外で身につけることの総論です。
　これらの1つひとつにさらに肉付けがされて授業が構成されていきます。その
中には時事的な問題が入ったり、小論文の書き方、そもそも論文とは何か、歴史、
宗教、文化なども多少は入ります。研究方法や調査方法などの情報も入ります。
肉付けの仕方は時代によって少しずつ変化するものです。特にコロナ禍において、
社会はダイナミックに変化しました。それに対応して視野を広げていくことも必
修の役割であろうと思っています。以下では書類対策面接対策各論に焦点を当て
ます。

研究計画等書類作成・面接対策各論

　京都コムニタスでは、書類作成に力を注ぎます。書類作成は授業外で個別に作っています。入試用願書に書類を書く際の基本は、「どうしてもこの学校に入学したい」という旨が全面的に読み手に伝わることと、相手方に「なるほど、そりゃうちの大学しかないわな」と言わせることを意識することです。そのためには、まず相手方が読みやすいように書くということが必要です。

　書式が特に指定されていない場合（書式がある場合はもちろん、それに沿います）、まず文量ですが、通常は A4 一枚が基本です。多くても 2 枚までです。一枚は横書き 1200 字が妥当です。私としては 1600 字は多いと思います。もちろん、PC で書きます。書式としては 40 字×30 行で、左右の余白はしっかり取り、文字間隔は詰めると読みやすくなります。左右の余白を狭くして、文字間隔が広くなると、一目で追いにくくなり、読みにくくなります。中央に寄せましょう。一方、行間は広い方が読みやすいといえます。上下の余白は少なめにして、30 行の行間を広めに取りましょう。文字間隔が広く、行間が狭いものが最も読みにくいということになります。フォントは基本的に明朝を使います。ゴシックでも構いません。草書などあまり変わったフォントは使わない方がいいでしょう。ポイントは 10.5 から 12 ポイントが通常です。それより大きいのも小さいのもおすすめできません。私は 10.5 を使います。

　次に用紙ですが、どこにでもある白無地のコピー用紙で結構です。模様等は不必要です。感熱紙（懐かしい！）はやめてください。時間がたつと字が消えることがあります。私たちの世代は、ワープロを使っていましたので、そのマナーとして、感熱紙で提出をしないようにと習いました。またあまり高級な紙（例えば和紙）などには書かない方がいいでしょう。その種のアピールを嫌う先生も知っています。

手書きの場合（例えば京都光華女子大学は手書きです）、もちろん鉛筆は不可です。消える（消せる）ボールペンも不可です。これも（意識的に消さなくとも）文字が消えてしまうことがあるそうです。一般的なボールペンで書くのが無難です。私はジェットストリームが書きやすくて好みです。まとめて買うと一本100円もしません。人生で最もといえるくらい丁寧に書きましょう。書き間違えた場合（京都コムニタスでは基本的に想定しませんが）、修正液は不可です。新たな願書を用意するか、二重線、訂正印です。訂正用の小さな印鑑も売っています。

　次に封筒にいれるために書類を折らねばならない場合、基本的に四つ折りにはしません。三つ折りが妥当です。指定の封筒がなければ、長形3号を使うのが妥当です。また、当然ですが、学校ごとに書類を作りましょう。仮に同じ字数であっても、可能な限り、その学校にフィットするように書くことを諦めないでください。仮に前期不合格で、後期を受ける場合、同じ書類を出すのはやめましょう。一度でも不合格になった場合は、誠実にバージョンアップに取り組むべきだと思います。

●志望理由書の書き方──そもそも志望理由は難しい

　毎年、志望理由書作成は塾生を悩ませます。大学院受験の方は研究計画との両立が大変です。そのため、なかなか腰を落ち着けて書類を作るための準備をすることができません。そのため、ある程度、ポイントを押さえておくことが重要です。ある大学の先生から、最近の学生は自己アピールが苦手だからこういった書類の書き方を教えてやってくださいと依頼を受けたこともあります。　そもそも志望理由書を書くことは、とても難しいことです。苦手な人はだいたいの大枠を先に作るという方法もあります。一例をあげると、

①軽い自己紹介（実績、経験を含む）

②①における問題意識

③②における取り組みの中での○○学校との出会い（先生、論文も含む）

④○○学校に関心を深めたところで、オープンキャンパス参加（先生の講演会なども含む）

⑤オープンキャンパス等で魅力に映ったところ（コロナ禍もあってオンラインも含めて学校によります）

⑥もう一つ独自に魅力に思えるところ（ここが腕の見せどころ：自分の能力を活

かせる系がオーソドックス）

⑦将来の展望（○○学校だからこそ描けるもの）

⑧以上からどうしても○○学校でなければならない

　京都コミュニタスで実際に作る際には、当然ながら、もっと個人に合わせて綿密に枠を作りますが、概ねこれでも通用すると思います。①から最後までの筋が通っているかどうかが大切です。これを入り口にして、いろいろ考えてみましょう。

●よい志望理由書を「作る」ことを心がける

　冷静に考えてみると気付くのですが、現実としては、志望理由書は、学校を決めてから作ります。これは意外に重要なことです。志望理由が定まってから学校を決めるわけではないのです。これも志望理由書を難しくする1つの要素ともいえます。しかし、これは事前にできるテストのようなものです。また、通常、要項に、誰かに見てもらってはいけない、と書いてあるわけではありませんし、添削をしてもらってはいけないとも書いてあるのを、私は見たことがありません。したがって、他人の助けを借りてでも、最後までよい物を作ることを心がけるべきでしょう。また、よい物ができるなら、出願だけでアドバンテージをとれることになります。逆の見方をすれば、この書類が足を引っ張るということも十分にあるということになります。医学部受験ならば、書類審査が一次試験というところもたくさんあります。私はこのような書類審査は得意です。そのため、私たちからすると、こういった書類をしっかり課してくれる大学の方が受験しやすいと考えています。

　よい志望理由書の定義は1つです。要するに、どんなことを書いたとしても、読み手に「そりゃ、この人はうちの大学に来るしかないな」と思ってもらえればいいのです。ただし、それが難しいのです。また、いざ書くとなると、欲をもう少し出したい面もあり、プラスアルファとして、相手が「この人に来て欲しい」「この人に教えてみたい」「この人と一緒に研究してみたい」と思ってもらえれば素晴らしいことです。最低限「この人は、なかなか優秀かも」と思ってもらいたいところです。

　よい志望理由書に「相手が欲しくなる志望理由」が加わっていれば、かなりのアドバンテージになります。優秀とおぼしき人が、確実にその大学に入りたいと言っているということになりますから。ただ、これがまたさらに難しいのです。

なぜ難しいのでしょうか?

●よい志望理由書は読み手を説得できる

　相手が必ず絶賛するような完璧な志望理由などないからです。まず考えておかねばならないことは「理由」と「動機」と「きっかけ」はそれぞれ異なりますから、分けて考えておかねばなりません。

　その中でも「理由」が最高峰で、他人を説得するためのものです。理由は「誰が見ても」と言える要素が必要になります。普遍性とも言います。すなわち、一人の先生に訴えかけるものではなく、どの先生が見ても説得されなければならないのです。誰が見ても説得される要素というのは、いわゆる「エビデンスベース」と言えるもので、風邪薬をほとんどの人が風邪薬と認識し、それをほぼ無批判に飲んで風邪に効くと、我々が思うのは、ほとんど正確な知識がなくとも、「治験」を通って、世に流通しているので、少なくとも安全ではあるだろうと、信頼して口に入れることができます。私たちはほぼ意識せざる形でエビデンスを信じる思考の癖があります。要するに、志望理由の世界でもエビデンスがあれば、読み手は説得されるということになります。

　一方、「動機」は自分を納得させて、モチベーションになっているものです。自分を突き動かすエネルギー源といってもよいでしょう。例えば「○○で困っている人の役に立ちたい」のようなものでも使えますし、極論、「○○が好き」というのも○○の内容によっては使うことができます。

　「きっかけ」はそれほど重要ではないのですが、例えば「友人が不登校になった」「中学のときに素晴らしいスクールカウンセラーに出会った」などはきっかけにはなると考えられますが、あまり説得性はありません。

　繰り返しですが、理由は自分ではなく、いかに相手、読み手が納得してくれるかがポイントになります。文字数が許す限り、試験官を説得するのです。相手に「わかった」と言ってもらいたいところです。その上で、「それならうちの学校しかないね」と思って(言って)もらえれば、それでミッションコンプリートです。

　納得をしてもらうには何か決定的な理由が必要です。決定的というからには、具体的である必要があります。具体的にするには情報が必要です。情報は多ければ多いほどよいでしょう。情報はインターネットなどで公開されている情報とされていない生の情報と両方が必要です。できれば、生の情報を入手しましょう。

まずこの生の情報を入手するところが、難しさを生む第一ハードルになるのです。できるだけたくさん、受験する予定の学校に足を運びましょう。コロナ禍にあって今はいろいろ難しいですが、できるだけアクセスをとりましょう。電話かメールを入り口にしましょう。オンラインも含めて、オープンキャンパスや説明会情報をよく見ておき、少々無理をしてでも参加しましょう。オープンキャンパス参加は十分志望理由に使えます。1つでも説得する材料を増やしましょう。そして、先生をしっかり調べておきましょう。例えば、年齢なども大切です。定年まであと1年の場合、指導教授になってもらえない可能性もあります。また先生方の論文はできるだけ多く集めておきましょう。受験する学校の先生の論文については、読み込んでいて損はありません。

●オリジナリティも必須

　難しさの第二ハードルは、オリジナリティの出し方です。仏教の「苦」と同じで、代わりがきかないところがポイントです。「私がその学校に行って、その資格を取らねばならない理由」です。他の誰でもないのです。だから、過去の成功例としての志望理由書をそのまま写したとしても、その人のものにならなければ合格には届かないのです。そのため、オリジナルのものを作るにはどうすればよいか、ということを考えていかねばならないのですが、容易なことではありません。

　もちろん、オリジナルを作る前に基本を押さえておかねばなりません。オリジナルを作るには、第一ハードルの情報を駆使して、自分にしかできない経験を語り、その中で自分にしかない問いかけを語ると近づいてきます。

　この2つのハードルを越えて構想を練ります。

●とりあえず書いてみる

　第三のハードルですが、実際に文字情報化することです。もちろん、これはこれでとても難しいです。多くの人は、これを第一と考えているところがありますので、要注意です。上記の二つのハードルを必ず越えておきましょう。

　いざ書くときが来たら、もう少しチェックしておきたいところがあります。

①総合文字数と書式があればよく見る
　普段、私が手がけているだけでも、文字数が、600程度、800、1200、2000、

特に制限なしとがあります。これもよく見ておく必要があります。まず例えば「800字以内」となると、オーバーしてはいけません。「800字程度」となると、少しオーバーしても構いませんが、いずれにしても少ないのはおすすめできません。次に制限がない場合ですが、これはなかなか困ります。反芻になる部分もありますが、これもパターンがいくつかあります。指定の用紙があり、行の線が入ったものと、無地（枠あり）のものと、マス目のものとがあります。最近、マス目は減りました。たいていの場合、行線のものか、無地です。この場合、字数で考えるのがよいかと思います。字数は、A4一枚分を適量とし、だいたい1200字（40文字×30行）から1600字（40×40行）を限界とします。それ以上になると、読み手が疲れます。本当は、1行40字は多くて、人間の目の幅だと、少し追いにくいようです。正確には左右に追ってしまいます。要するに首が左右に動いてしまいます。一番見やすいのは33文字程度かなと思います（実際使うことはほぼありません）。

　また、用紙指定がない場合は、A4で出すのが基本です。余白の規定等がなければ、できるだけ左右の余白を広くとり、文字間隔を詰めます。また行間は広い方が読みやすいので、できるだけ広げます。そう考えると、40×30行の1200字が適量だと見ています。フォントは明朝かゴシックが基本です。ポイント数は10.5から12ポイントが通常です。

②アピールポイントを書く

　字数に余裕があれば、例えば、留学をした経験があれば是非書きたいところです。TOEICなどのスコアも自慢できると思うくらい取れていれば、書いても構いません。ボランティア経験などをうまく組み込むことも可能です。誰が見ても、優秀と思ってもらえるポイントがあるならば、うまく入れることが重要です。

　ただし、これは、入れ方を間違うと、逆効果になることもありますので、よく考えてから入れる必要があります。

③できないことは無視してできること（できたこと）を探して書く

　志望理由を書く際もう1つ考えなければならないことは、自分の実績です。私は常に塾生に「適正な自己分析」をするように伝えています。よく言われるのが「私は何もできない」「何もない」などですが、これまでの経験では、本当に何も

ない人は滅多にいません。たいていの人は何か「できること」を持っています。例えば、20 年同じ部署で勤めたという人は、「ただ勤めただけ」と言うのですが、これは立派な実績です。なかなか 20 年勤続することは今の時代難しいことだと思います。この場合、その人は「継続力」を持っていると書きたいところです。この 20 年をいかに重要な年月にするかがポイントになるのです。決して諦めず、自分が何をしてきたのかを、じっくり考えてみると、必ず大義名分がたち、よい志望理由ができます。特に考えて欲しいことは、これまでの経験の中で忘れられないこと、強く疑問に思ったことです。その出来事を一度文章化しておくと、様々な局面で使えますので、極力早くその作業をしておくことがおすすめです。このように志望理由を立てるには内と外をしっかり作っておくことが重要です。

●研究計画書の書き方

　研究計画をたてる際に、まず私が最初に言うことは、「料理のレシピ≒研究計画」ということです。研究計画とレシピは構造的に大変似ています。実際の作業をいくつかあげます。まずは、先行研究探しとその読解です。研究に関わる人なら誰でも言うことですが、先行研究を押さえておくことは、研究計画作成にあたって必須になります。しかし、中には英語の文献しかないものもあって、論文自体を探すのも、見つけてから読むのも大変な手間がかかることもあります。京都コムニタスでは、教員が一緒に読んだりすることもよくあるのですが、いずれにしても、入手から考えても相応の時間がかかります。ですから、かなり早い準備が必要です。

●テーマ設定は外せないキーワード選びから

　ある程度、論文等で情報が入ってきたら、次に苦労するのは、大枠のテーマ設定です。研究計画で苦労する人の傾向として、何となくテーマを選ぶ場合と、全くテーマが浮かんでこないという場合があります。

　テーマ設定のアイディアが全く浮かんでこないという人は、自分の経験をテーマに選びがちです。これは必ずしも悪いわけではありませんが、注意が必要です。特に、自分自身に生じた問題を研究したいというパターンは避けましょう。例えば、不登校経験やいじめを受けた経験を持つ人が、そういった研究をしたいというケースは多いです。そのこと自体が悪いわけではないのですが、自分の経験を

中心に考え、例えば「なぜ私はいじめを受けたのか？」という問いかけをしてしまうと、普遍性に欠けますので、研究計画としては不適ということになります。

　また、意外に多いのが、興味があまり持てない分野を選ぶ人です。つまり、大学院合格のためには、大学の先生に合わせることが近道だと（勝手に）想像して、本来研究したかったことを外してしまうのです。もちろん、これはよくありません。大切なことは「行きたい学校に行って、やりたいことをする」です。やはり自分が何をしたいのかということを、明確にした上で、テーマを絞りこむのが理想です。そのためには、私はよくテーマ選びで困っている人に「外せないキーワードを 20 個程度出してください」と指示します。その傾向をみると、だいたい何がしたいかが見えてきます。自分が何がしたいかが見えないことが一番大変ですので、まずそれを知るためのキーワード設定と考えてください。そのうちに外せるキーワードもでてきますので、徐々に「どうしても」外せないキーワードを設定していきます。いきなりテーマを決めてしまうと、後から修正しにくくなります。例えば「虐待の研究がしたいです」と最初から決めてかかると、そこに囚われてしまい、他にやりたいことが見つかってもこだわってしまい、変更できずに止まってしまうということがよくありました。キーワードを絞り込んでいくことで自分のこだわりが見えてきます。それが定まれば、そのこだわりを突き進むか、撤退するかも見えてきますので、論文を探すことも容易になってきますし、論文が探せれば、疑問も出てきますので、よい循環が生まれます。キーワードを見ると、一定の傾向を見て取ることができます。例えば、「学校」「中学生」「不登校」と並べば何に興味があるかどうかをかなり限定できます。しかし、キーワードを設定するには、やはりそれなりの情報かあるいは何らかの経験が必要になってきますので、関心幅も広ければ広いほどいいでしょう。京都コムニタスでは、とりあえず、キーワードを並べてもらって、私がいろいろ質問しますので、それに答えていってもらえれば、徐々に煮詰まってきます。その上で、また論文を探し、読んで、さらに煮詰めるという作業を繰り返していくことで純度を高めます。

●辛くても「何がしたいのか」を明確にする

　研究計画書を大学院の先生が見たときに、必ずと言ってよいほど、「何がしたいのか」ということが意識されます。この「何がしたいのか」というフレーズは永遠のテーマです。しかし、これを読み取ってもらわなければ、研究計画は合格

とは言えません。少なくとも自分なりに何がしたいのかを伝えられない状態から脱しておきたいところです。この何がしたいのかという問いに答えることは実は結構難しいことです。しかし、大学院の教員は言えて当たり前と考えています。

　つまりこの部分を研究計画の分かれ目の1つです。この「○○がしたい」と言えるものを作るには、疑問詞を明確にするとうまくいきます。「なぜ」と問うと、理由を問うことになります。「いつ」「誰」「どうやって」などなど、うまく疑問詞を駆使して、問うてみたい疑問を設定し、その疑問に答えてみたい。そして答えを裏付けるための証拠になる情報を集めたい。これがいわゆる「してみたいこと」であり、仮の問題の設定になります。これは苦労しますが、早めに作っておきたいところです。

　そして情報量を多くしてから、質のよい疑問を設定することが重要です。でもこれを乗り越えれば、あとは結構スムーズに進みますので、産みの苦しみといったところです。

●疑問の設定＝仮の問題の設定ができたら、素材集め

　ある程度疑問が整ったら、次は素材と道具集めです。先述したように研究計画は料理のレシピと同じです。レシピでいえば、料理のテーマ（カレー、ハンバーグなど）、素材（鯖や鯵、牛肉など）、調理法、道具なども考えていく必要があります。その組み合わせは無数にあります。研究も同様です。

　そのためにはまずは情報収集です。たいていの場合、先人が似たようなことをしていますので、それを調べる必要があります。レシピも例えばハンバーグのレシピは無数にあります。先人と重ならないことも大切ですが、それだけではなく、先人がどんな疑問を持って、何を明らかにしようとして、どんな対象を使って、どんな方法で取り組んだのかを学ぶ必要があります。

　自分が明らかにしようとすることについて、方法が確立されている場合とされていない場合があります。宇宙のはるかかなたの星の土を研究しようと思えば、「ハヤブサ」に行ってもらうしかありませんが、それが確立される前と後では方法は全く異なります。これから宇宙の研究をしようと思う人が、ハヤブサについて、「聞いたことも、見たこともない」では、研究意欲自体があるのかと疑われてしまいます。そのために情報収集の基本的なこととして、文献収集をしなければなりません。そしてハヤブサが何ができて、どんな経緯で生まれ、どんな実績

を作ったかを知識として持っておかねばなりません。

　今の時代はインターネット使用が標準ですので、ネットで文献を探すのが基本です。最近はかなりたくさんの検索サイトがあります。わからないときは、大学図書館のサイトをみると、一通り紹介されている場合が多いと思います。今のところ、一般的によく使われている論文検索サイトは CiNii や Google scholar などです。とりあえずこのあたりを使いこなすことから始めましょう。これらは、PDF で論文を見ることができるものも結構あり、私たちが院生だったころからすると夢のような時代です。また、Google を使うと海外の文献を探すことも可能ですので、必ず海外の文献を入手しておくことが必要です。

　私の印象では、CiNii は丁寧に探してくれるけれど、その分引っかかる数が少なく、Google は逆にたくさん引っかけてくれるのですが、かなり雑に引っかけてくれます。医学系ならば Pubmed もあります。これは強力なツールです。そうして集めた論文の参考文献を見て、また少し古い文献にも手を伸ばしておく方がよいと思います。そして文献ネットワークを自分なりに作っておくと、研究計画には非常に役にたちます。

●素材が集まってきたらテーマを確定する

　情報収集をある程度できるようになると、素材が集まってきます。そうすると、次はテーマの確定です。ここから長い旅の始まりです。レシピでもテーマがないと、読み手は困りますが、実はこのテーマ確定が意外に深いのです。料理といっても和洋中様々あります。まずはこのカテゴリーから決めないといけないでしょう。それが決まってから、料理のメニューを決めた方が、何となく思いつきで決めるよりもよい決定ができます。例えば、必修の授業でよく「ハンバーグカレーの法則」と言うのですが、「ハンバーグカレー」という料理があったとします。しかし、これだけを見聞きすると、「ハンバーグが乗ったカレー」なのか、「カレーソースがかかったハンバーグ」なのか、どちらでも理解できます。つまり、名前をつけただけだと、何の料理であるかを理解できていないということになります。研究計画のテーマも、たいていは、ここで悩む人が多いのです。つまり名称が先走って、具体像として自分がどんな料理を作ろうとしているかが見えないということがよくあるのです。真面目に考える人ほど、「ハンバーグ＆カレー」のようになってしまいがちですが、論文は一論点が基本です。「ハンバーグ＆カレー」

だと二論点になってしまいますので、不適ということになります。

●テーマが決まればより精度の高い問題設定

　情報（論文）集めをし、テーマが決まれば、次は、改めて疑問を設定します。疑問 Questions は問題ともいいます。この疑問の設定こそが、研究の行き先を決めます。疑問を設定する能力は、研究のスタートラインに立つために必要な能力です。逆から言えば、疑問を設定できなければ、研究もできないと言っても過言ではありません。

　この能力を養うには、やはり、情報量を獲得しておくことが基本です。情報がなければ疑問もおこりません。昔は情報が少なかったので、収集力が重要視されたのですが、今は、情報過多の時代ですので、整理力が求められます。それだけ、読みこなす能力が必要ということになるのです。

　よく「科学ではわからないことがある」という人がいるのですが、科学者は、「世の中でわからないこと、未知のことを常に探している人」ですので、わからないことがあって当たり前です。むしろ、まだ解き明かされていない疑問を無数に持っているのが普通です。私個人も頭の中は常に疑問で一杯です。コロナ１つとっても、「いつまで続くのだろう？」「マスクは何のためにするのだろう？」「コロナでバブルが来た企業と、倒れた企業の違いは何？」「ポストコロナのオンライン授業の行方はどうなる？」「なぜ日本人と欧米では罹患者数も、死者数も大きく異なるのか？」などなどいくらでも思いつきます。こういった疑問をリストにして、そこから、研究になりそうな、あるいは何が何でも研究してみたい疑問をいくつか選びます。

　疑問の設定がおおむねできたら、次にやるべきことは、同じような疑問の論文をピンポイントで探します。仮に全く同じ疑問の論文が見つかったとすれば、研究計画書作成段階としては、少し疑問を変えた方がよいと思います。とは言っても、全く同じ疑問に出会う確率の方が低いと思いますので、思いきって素朴に不思議に感じたことに挑んでもらった方がよりよい研究計画になると思います。しかし、一方で、「私の研究テーマは誰も研究していないので論文が全くない」と言い切る人も結構いますが、これはよくありません。今時、そんなテーマを探す方が難しいと思います。できるだけ海外の文献も含めて探すと、なにかしら引っ掛かりのある研究が見つかるものです。そして、適切な文献が見つかれば、カー

杯読みましょう。

●資料が物語る事実を読み取る

　論文を読むことは簡単なことではありません。読み方を自分なりに身につけておく必要があります。また読むポイントをある程度定めて読むことは重要です。読むポイントになる部分は、要旨、テーマ、臨床心理の場合は対象者も重要です。また、方法（質問紙、面接など）、道具（尺度など）も外さずに読み込みたいところです。それらを踏まえて、結果や結論を読みこなすと、非常に有意義になります。そして、その上で自分の研究したいテーマに適切な方法論を知ることが必要になります。

　方法論とは、簡単に言えば「資料に物語らせる方法」です。私たちが勝手に考えて話すのではなく、資料が物語っている事実を代弁するのが私たちの仕事です。そうすると手続きが必要になります。過去の研究を見れば、その手続きについては大いに参考になります。

　例えば、仏像を資料とした場合、仏像だけじっと眺めても何も起こりません（何か起こったら怖いです）。発見された場所、その地域、材質、形状などなど様々な角度から見たり、同じ仏像について語る経典などの文献とつきあわせてみたりすると、時代が見えたり、所有者が見えたり、制作者の技法や当時の権力構造が浮かび上がったりすることもあります。その上で自分がどんな方法を取るべきかを考えることが重要です。また、例えばインド、東南アジア、日本の仏像はそれぞれ相違点を持っていますが、共通点もあります。それは「比較」という方法を用いて初めて浮かびあがってきます。心理学なら統計を使う、いわゆる量的研究、その他、質的研究もあります。

　量的の場合、ほとんどの場合、大学生を対象に質問紙を配布して、統計処理をして、その数字が物語る事実を読み取ることが求められます。こういった統計的手法を取りたい場合、尺度を探すことは大切になります。よく「質問紙は作れますか」という質問を受けますので、勉強しておきましょう。

　量的としてわかりやすいものとしては、心理学ではありませんが、『プロ野球でわかる！　はじめての統計学』（佐藤文彦著、技術評論社）という書籍があります。例えば、プロ野球で打率3割というのは、素晴らしい数字になります。野球を知っている人には常識的な数字です。しかしこれは長いプロ野球の歴史の中

で、徹底した数字の情報を統計的に導き出した結果、そのような結論に至るのです。「タバコを吸ったら肺がんになりやすい」というのは、多くの人が知っていますが、これも統計学です。医療分野のこういった因果関係を統計的に調査するを疫学と言います。こういった数字が物語る事実を読み取る能力も重要になります。この資料こそが研究を支える最も重要なもので、研究の数だけ資料があります。ですから、自分の都合と資料のあり方は本来関係のないものです。数字を勝手に改ざんしたり（それを「書き換え」と強弁してみたり）、あることをないと言ってみたり、ないことをあると言うのは、研究者としては最もやってはいけないことです。研究の世界でも、いわゆる STAP 細胞事件は、当事者の資料のねつ造と改ざんが問題になりましたが、理研という組織自体に大きな影響を及ぼす騒動に発展しました。あれで人生が変わった人も少なくありません。そのくらい研究の信頼性を揺るがす事件でもありました。自分の都合のよいように資料をねじ曲げて読んだり、解釈することも研究の世界では許されざることです。

　次に質的といわれる方法もあります。主としてインタビュー調査（半構造化面接など言い方はいくつかあります）になります。量的な研究で導き出される数字が語る事実は、数が多いほど信頼性は高まるのですが、一方で、多くなればなるほど少数の見解には目が届きにくくなります。また、臨床心理学系の研究対象の場合、クライエントが想定されることが多いですが、対象者の人数が多くないことは珍しいことではありません。例えば、不登校者の研究がしたいと思っていも、質問紙で研究をするのは容易ではありません。仮に研究対象になってくれる人がいたとしても、ごくわずかになるでしょう。そういったケースでは、質的研究法を用いるのが有効になります（というか、それ以外にない）。質的研究法を採用した場合、分析方法も書くことになります。京都コミュニタスでは、私が M-GTA（修正版グランデッドセオリーアプローチ）をいろいろ経験していますので、これを採用することが多いです。時々、KJ 法を採用することもあります。

　研究方法が定まれば、ゴールは間近です。ここまで見えてくれば、一度立ち止まって、もう一度、何がしたいのか、何を明らかにしたいのか、何を調べたいのか、などを再度考えてみましょう。そして、自分の方向性が、うまく他者に説明できる状態になっているかを確認しておきましょう。その上で、どのような調査で、どのような情報を集めるかを決定しましょう。そして、その情報をどのように処理するか（例えば統計など）を確定しましょう。ここまでが下拵えです。こ

こからはあらためて研究デザインを考えて書きますが、最後は「現実的」なものを作ること、普遍性があること、再現性があること、手順がはっきりしていること、道具（尺度等）が明確であることなどを意識して、文章に盛り込みながら書いて行きます。

　何度も言うように研究計画はレシピと同じです。レシピは現実に作ることが可能な料理が記されているのが普通です。江戸時代、天明2年（1782年）の『豆腐百珍』という百種の豆腐料理のレシピがありますが、これは現代人でも作ることができるものです。普遍性と再現性は抜群です。非現実的な事例としては、極端ですが、「1万人から質問紙をとる」なんて書いたら、当然相手は驚きます。私たちは、歪んだ大学受験教育を受けていますから、「努力をすることがよいこと」という言説があり（もちろんしなくてよいとは言っていません）、「頑張っている姿は評価してもらえる」と習うことが多いようです。

　しかし、努力や頑張りという抽象的なものよりも、現実的な方が優先されるということは、大人の受験では重要な観点です。また、倫理的に問題のあるもの（書きにくいので具体例は控えます）、被験者に負担の大きいもの（質問紙→自由記述→さらにその後に面接といった具合のもの）、あるいは、被験者の不安を煽るようなもの、被験者の過去の傷をえぐるもの、このようなものは避けるか、あるいは慎重な調査方法をしっかり検討して選択するのが適切でしょう。今は質問紙調査が多いと思います。また質的研究も見直されてきています。

　このあたりを考慮に入れて方法を決定すると研究デザインは概ね完成です。あとは字数を考慮して参考文献をどの程度にするかなど微調整になります。

●最後は面接対策：意外に知らない面接対策方法

　私たちが手がける受験では多くの場合、面接を重視しています。面接を重視しない学校はごく稀にしかありません。また、面接が重要ではないと思っている人は、それほど多くはありませんが、実際に対策となると、何をすればよいかわからないという人の方が多いと思います。冷静に考えると、面接の経験を山ほどしている人はそうはいませんし、そんなに受けている方が、何か問題がありそうですし、そんなに受けているということは不合格経験も多い可能性が高いので、信頼性に欠けるかもしれません。1つ覚えておきたいことは、面接では、話す文言自体に合格の鍵があるわけではないということです。仮に、一言一句違わぬ言葉

をAさんとBさんが言ったとして、Aさんは合格、でもBさんは不合格、何なら怒られた…ということは生じ得る、ということが重要です。面接はやはり言葉面を見るのではなく、その人を見ているのです。だからこそ適性磨きをしっかりしておきましょう。

●まずは適性磨き──想像力が鍵

　臨床心理士指定大学院は心理職としての適性を見ています。公認心理師に至っては、法律第43条に「資質向上」が「責務」になっています。見方は大きく分けて3種類あります。臨床心理士に向いている人、向いている可能性がある人、向いていない人です。適性について、学校によっては「実習に送ることができるかどうか」を基準に面接を見ているところもあります。以前、兵庫教育大の夜間部の試験の面接で300点中220点ほどとった方がおられましたが、この方は、私の印象としてもその適性は高いと思いました。

　面接でアピールすべき点は「なぜ自分が臨床心理士に向いていると言えるのか」この点は大事にしておきたいところですし、実際よく聞かれています。これは生まれ持った資質を問うているのではなく、どのような人生を歩んできて、その過程の中でなぜ臨床心理士に出会い、そしてわざわざなぜ臨床心理士という仕事を選ばねばならなかったのかに始まり、どういった経緯から自分が臨床心理士に向いていると思ったのか、そして、事実向いていると言える根拠、その上で、その資質をどのように磨いてきたか。これらの問いには自分でいつでも答えられるようにしておきましょう。

　「面接対策」は、「相手に合わせる想像力」が重要になります。例えば、前述した志望理由をうまく作ったとしても、丸暗記をしていこうとする人が少なからずいます。丸暗記をした口調で話されると、聞き手にとっては気持ちのいいものではありません。実際にあるのは「ちょっと待って、『そこ』がよく聞こえなかった（わからなかった）から、もう一度『そこ』を言ってもらえる？」と言われ、「そこ」がわからず、もう一度最初から言おうとすると「じゃあ、もう結構です」と切り捨てられるというケースです。これを言われて、合格するケースはほとんどありません。面接は、会話をする場であり、相手方の質問に答えて、こちらの持つ情報を提供して、相手に自分が、いかに相手方の学校に入りたいのかを示して、説得して入れてもらおうとする場です。このことをいつも基本としておく必要が

あります。

　相手方の聞きたいことをいつも考えて、その上で、相手が欲しい人材がどのような人材かを考えて、自分がそれに適合していると（極論、嘘でも）、考えて（極論、思い込ませてでも）、その場に合わせた自分を作るように、想像力を働かせます。この想像力が「適性」を作り、相手方はその適性をしっかり見極めます。

●適性はその人の考え方にあり、考え方は感情に現れる

　面接では、相手方はまず人間を見ます。面接の究極点は、「面接をするまでもなく欲しい人になること」ですが、そう簡単ではありません。人間を見るというのは、要は、一緒に仕事をしたいかどうか、あるいは一緒に机を並べたいかどうかを見られるということです。「教えたいと思う人を採る」と仰った先生もおられます。これは決して相手に媚びるということではありません。

　それではどんな人が一緒に仕事をしたくないと思われるでしょうか？　1つは「自分の問題を解決できていない人」があげられると思います。自分の問題を解決できるようになるにはまず、自分の感情に気付き、言葉にしていくことが必要です。そして、不安になったり、腹がたったりといった感情を明確化するとともに、その感情を他人のせいにしないことです。

　「あの人が私を不安にさせた」などと言う人もいますが、本来はそんなことはあり得ません。そのような感情は自分が震源地であることを正確に知り、見方を変えれば、形を変えることも可能ということになります。そうなれば、自己の問題に直面化した後で解決できるということになります。

　他人のせいにする人は、何をしても失敗する人です。この「不安」とは感情です。第1部でREBTについて言及しましたが、REBTは不合理な考え方が、不健康でネガティブな感情を生み出すことを主張していると述べました。逆から見ると、「不安だから、志望理由を暗記していこう」という思考が、合格に向けて何の合理性も、経験的成功もないはずなのに、なぜか「正しい」ような気がしてしまい、それを行動化してしまう、ということは少なからずあります。自分を見つめるとは、まさにこのことで、自分の感情を見直すことで、考え方と行動を見直すことが可能になります。

　不安など（怒り、ジェラシー、リベンジ感覚なども含んでいいでしょう）の不健康でネガティブな感情に取りつかれてしまっている人は、不合理な思い込みが

あり、それを振り返ることなく、面接の場で披露してしまうことは気をつけたいところです。それはその人の考え方の表面化であり、それはつまり適性のなさを、自分では気付かずに相手に見せてしまっているのです。差別的な発言（例えば障害者、弱者、日本人以外の人々、LGBTなどを対象にしたときによく見られる）なども同様なのですが、当人は意識していない（悪意はないと思われる）のですが、不合理な考え方が、その発言を不用意に出させてしまうわけです。

それは詰まるところ、その人の倫理観に関わるところにつながり、倫理的に問題のある考え方をしている人は、あらゆる適性に欠けます。例えば、臓器移植について、賛成か反対かを強硬に主張する人は、いずれにしても倫理的に問題があります。逆の立場の人たちの苦しさや痛みが見えないし、なんなら、考慮する必要はないとばかりの勢いの人もいます。これを「偏っている」と言います。偏った考え方は、人によっては「憎悪」という感情を産み、「ヘイトスピーチ」につながるわけですが、気付かざるヘイトスピーチを面接でしてしまう人は、実は珍しいことではないのです。こういった人の傾向として、「他人の話が聞けない」ということがあげられます。特に立場の違う人の話が聞けない、あるいは少数意見を黙殺するということでもあります。

●人の話が聞けないのは致命的

面接に限らず、あらゆる局面で嫌われるのは「人の話が聞けない人」です。

私もこのような人ととはできるだけ関わりたくありません。人の話が聞けない人は、すぐに「イヤ、デモ」と言います。面接ではもちろん御法度です。また、こういった人は話し手が言い終わらないうちから、口を挟んできます。このような人は、話を聞く姿勢に欠けるのはもちろんですが、非常に攻撃性が強く、「だ・か・ら…」と言って（私もその傾向が…）、先に仕掛けないと不安になってしまうようです。当然ながら、そんな態度は、相手を不愉快にする以外の役には立ちません。また、話が聞けないのですから、常に自己中心主義で、他人を思いやるということがないと判断されてしまうと、合格はかなり厳しくなります。

今回のインタビューの中で、大学の先生方から心理職になるために相応しい人物像を伺ってみると、共通点として多かったのは、スーパーヴァイズや、ケース報告会のときに、1つの技法に偏らずに、様々な視点からのアドバイスをするということでした。それをバランス感覚を養うために行うということです。心理職

におけるバランス感覚は、「過ぎない」ことだけではなく、まず「偏らない」ということと、それを身につけていくための訓練と度量が必要だということでもあります。

　例えば、相手から前と似たような話をされたときに「それ前聞いた！」と言ってしまえる人は、対人職に適性は低いと思います。前聞いた話でも微妙に違うところを探すことが重要であり、なぜ同じ話をするのかという疑問を持って聞くことも大切です。忘れているのかもしれませんし、何度でも言いたいのかもしれません。前回言ったことを覚えていてあえて言うかもしれません。前のときが不完全燃焼だったかもしれません。またこちらも同じ話を再度聞くことで学ぶことがあるかもしれません。その意味では「前聞いた！」だけの人はいろいろなチャンスを逃していることになりますし、もちろん相手は不快です。この点については、あとからいくらでも磨けますので、訓練を積んでおくといいでしょう。

　最後にコミュニケーション能力も重要です。このスキルが飛び抜けて低いとよくありません。コミュニケーションスキルとは、会話が上手かどうかということとは別問題です。私が授業外指導で面接対策をするとき、「私は話が面白くないので困っている」とよく言われます。確かに、相手から笑顔を引き出せるとポジティブに働くことはあり得ますが、あまり重要ではありません。

　面接におけるコミュニケーションスキルとは、情報提供力と言ってよいでしょう。特に自分という抽象的なものを具体的な情報に変換して、他者が理解できるように伝達することが求められます。心理職はクライエントの話をよく聞いて、必要情報を抽出し、そこから求められていることをくみ取り、クライエントに役立つ情報を提供できるスキルが必要です。

　大学院側としては、基本的には、向いている可能性がある人を採用する確率が一番高くなります。しかし、実際は短い面接時間で向いている人を見つけるのは至難です。となると、要は「この人向いていないなぁ」と思われなければいいということになります。あらためて向いていない人の判断基準はいくつかあります。まず他人の話が聞けない人です。それから、自分の問題が今解決できていない人、なんでも他人のせいにする人、他人に適正な関心を持てない人、自己中心的な人（「なぜなら私が嫌だから」なんて言えてしまう人）、判断基準が好きか嫌いである人、自分がラクになりたい人（嫌なことはしない人、「しんどい」を連発する人）、トラブルを回避できない（しない）人（なんなら作る人——トラブルになること

が明らかな発言、行為をする人）。

　これらはすべて心理職になる以前の話ですので、他の学科でも、就職でもある程度は当てはまると思います。複数当てはまる人は改善が必要でしょう。

　京都コムニタスに来られる生徒さんの多くは、対人職を希望しています。私たち塾業界も同様ですが、対人職の適性について、一番大切なことは、多くの大学の先生がおっしゃるように、やはり、バランス感覚だと思います。そして、もう少し深入りすると、援助を求める人に対して適切な関心をいだけるかどうかです。興味を持ち過ぎても、被援助者にしてみれば不快でしょうし、だからといって、興味を持たなさ過ぎても、不快になるでしょう。適度な関心を持てると、相手と程よい距離を保てます。近過ぎもせず、遠過ぎもしないといったところです。この距離感は、個人によって異なりますので、誰にでも対応できる能力が必要です。つまり、相手によって態度を変えるのではなく、相手によって（とって）程よい距離を保てるということです。

　この距離感覚は、資質もあるかもしれませんが、どちらかというと訓練と経験で身につくものだと思います。よく言う「空気を読む」というものと感覚的には似てると思います。ただし、指標はなく、「こうすればOK」というものはありません。マニュアル型人間にとっては難しいかもしれません。また他人（上司）から言われたルーティンワークしかできない人にも難しいかもしれません。常に相手をよく見て、相手の負担にならずかつ利益になる距離をいつも考えておけることが適性と言えると思います。これはどのような状況にせよ、まず外せない能力です。決して聞いてもらう能力ではありません。もちろん問題を浮かび上がらせて、解決するまでの戦略をたてて、解決に導く能力も必要不可欠です。まずそのような能力があって、その上で心理職としての基礎的な技能の獲得につながります。

●「同じ」を探す能力を磨くことが人間性を高めることにつながる

　仏教に「不二」という言葉があります。「不二家」などで有名かもしれません。「二」とは区別のことで、それを否定している言葉です。よく言われる文殊菩薩の智慧とはこの不二のことです。智慧を働かせて、考えて、考え抜いた場合、区別することの愚かさに気付きます。極めて曖昧なものでありますし、そんな区別をしたとしても、愚かしいことしか生じません。こんな愚かな区別は教養とはか

け離れており、実は誰の役にも立たないものであるだけではなく、余計な争い、余計な怨嗟を生みます。

　聖徳太子がいたとして、この国の政治に仏教を導入し（594年仏教興隆の詔）、後年、日本初とも言える仏教の講義をし、かつ論文を書きます。そのときに注目した経典は『維摩経』『勝鬘経』『法華経』でした。その『維摩経』には「不二」が文殊菩薩の智慧として記されています。つまり区別を離れることは智慧であるということですが、逆から言えば、それだけ私たちは放っておくと区別をする生き物だということでもありますし、それを乗り越えて、区別を離れることができるということでもあります。

　聖徳太子が注目したもう一つの経典の『勝鬘経』は女性のシュリーマーラーデーヴィーが活躍する経典です。おそらく今から2000年近く前にインドで生まれた経典と考えられており、聖徳太子がどんな理念をもって、この国の政治を行おうとしたかがよくわかります。当時のインドではやはり男尊女卑的な考え方が当然のようにありましたが、仏教は比較的少なめだったのではないかと思わせてくれる経典でもあります。

　国家を経営しようとしたときに、女性を男性の従属と考えるか、女性も国民と考えるかの違いはあまりにも大きいといえます。後者は女性を男性と同じ人間だと考えているからです。今では、当たり前のことですが、世界中で男尊女卑的考え方が先にあり、それを少しずつ乗り越えてきた歴史があります。

　こういった対立構造をなくすには、不二をはじめとして「同じ」を探すことが重要です。人間は、どういうわけかは知りませんが、またいつからかも知りませんが、多くの場合、もともと、同じを探す能力を持っています。正確には違いに気付いてから、同じを探す能力を持っているということです。これがつたない言い方ですが、「すごい」能力です。例えば飼い犬でも飼い猫でも、初対面同士を二匹以上人間のいない密室に入れて、その場を立ち去れる飼い主はほとんどいないでしょう（大切にしていることが前提ですが）。それは動物は放っておくとケンカをすると思っていますし、たぶんケンカをします。ヘタをすると殺し合いになりかねません。動物は、最初から同じでないと「違う」と認識し、そうなると、ケンカをするか、服従させるか、するかという選択になっていきます。これしかできない人間は動物並みということです。

　しかし、人間で今生き残っている種族は、「違う」相手から「同じ」を見つけ

ることを可能にしました。そこから「普遍」を見つけていきます。例えば、阿弥陀仏信仰は古代インドからあったわけですが、その教えは、「普遍的にどの人も阿弥陀の世界に救われる」ということです。階級も性別も善悪も関係なくです。中世の親鸞は、その教えを純然と信じ抜くことを説きました。

ユングは集合的無意識を主張しました。今では発見とは、未知のものを私たちの経験のどこかに引っ掛かりを見つけて、わずかでもその経験との「同じ」と重なったときに私たちは「発見」と捉えて、それを「すごい」と思うようにできています。

例えば、家の庭から古銭が出てきたら、たとえそれが珍しいものでなくても、それだけで「すごい」と思うはずです。それは私たちの経験で「お金」を知っていて、古い時代にもお金があったことを知ったらすごいと思いますし、その古銭を今ならネットで調べて、一致するものがあれば、それはそれですごいと思うはずです。

医学もそうです。男女は見た目に違いますが、治療で男女を分けることは、ほとんどありません。今話題のワクチンで男用、女用にわけることはありませんし、男インフルエンザも、女コロナもありません。骨の大きさ、骨格は男女多少違いますが、数は違いません。科学はこうやって同じを見つけて、説明してきました。

例えば雷は、科学が進んでいない時代は雷様ですが（世界中にいろんな雷様がいて、それはそれで面白いのです）、今は電気と説明します。電気を経験した人間は、雷を電気と一致すると仮説をたてて検証したわけです。18世紀にベンジャミン・フランクリンが凧を飛ばして、検証に成功して以来、雷は電気です（たくさん犠牲があったのですが）。どちらが正解かは本当のところわかりませんが、科学によって、説明が重厚になることは間違いありません。

すなわち科学の発見は普遍性があって、今はエビデンスがあって、はじめてすごいものになります。同じを見つける能力は、研究の世界に入ろうとする人にとっては必須なのです。

●カミングアウトの禁止：「できない」は無視、「できる」を探す

長くなりましたが、適性磨きの次の段階として、カミングアウトの禁止があげられます。本音を出し過ぎると、結局自分の中にある不安などの感情も伝えてしまいます。これは話を「聴いてもらっている」状態で、少なくとも面接には不適

切です。そうであるならば、面接において必ずしもすべて本当のことを言う必要はないのです。

『面接ではウソをつけ』（星海社新書）なんて本もありましたが、全部ウソをつくわけではなく、「建前」をうまく使うという意味で解釈すればよいでしょう。

失敗例としては、

「私実は昔○○でした」

「私○○ができません」

「テスト、実はできませんでした」

このような話は聞かれない限りは一切不要ですし、聞かれたとしても、そのまま答える必要はありませんし、聞かれることはほとんどありません。ある意味、大人として、年期の入った見解と言葉とウィットネスもほしいところです。たいていの場合において、カミングアウト傾向の人は話すネタがなくなったときに、それが出てきます。適正な自己評価ができるようになってくると、「できること」を考えるようになってきます。カミングアウト傾向の人は「できないこと」を言おうとして、相手の理解や共感を求めようとします。しかし、少なくとも面接の場ではそれは不適切です。面接は、受験する側がアピールをする場であって、面接官に甘える場ではありません。また話を聞いてもらう場でもありません。また、面接官に甘えにかかる人は、相手の話をよく聞けない傾向にある人が多いです。面接官がした質問を正しく聞いて、正しく答えるならば、カミングアウトをする必要はないのです。

私は必修の授業を通して、自己アピールを作ることを推奨します。その際に、「できないのネジを外しておく」と言って、「できることを積み上げておく」ように言います。相手方が求めるのは、社会人であろうとなかろうと、入学してから伸びる人であり、最終的に成果をあげてくれる人です。

極端な例をあげると、虐待について、先端の研究をしている大学院があるとします。その大学院で虐待に関する研究がしたいと考えるのは、全く問題はありません。しかし、

「実は私、虐待をしたことがあるんです。だから、虐待の研究がしたくて、だからこの大学院に行きたいのです」

これは困ります。よくみると志望理由とは別次元の話になっています。虐待経験者が被虐待者を救う研究をしたり、あるいは同じような虐待経験者の助けになる

研究ができるかどうかを考えてみた場合、可能性はかなり低いと思われても仕方ないでしょう。また、壮絶な体験を面接や書類で語ったとしても、入試においてその情報が求められることはあまりありません。また、おそらくたいていの虐待研究の先生には、虐待経験はないでしょう。

●最後に――面接対策のトレーニングは、質問力を身につけること

　京都コムニタスで面接対策をするときは、常に塾生が私に質問をするようにします。つまり面接官役を生徒がします。その上で面接官が聞きたいことを想定して、私が回答例を出していきます。理由の1つとしては、「回答」を考えると、人は暗記をしたくなる傾向がありますが、質問をする際に暗記をすることはめったにありません。それだけ、瞬発力が鍛えられることになります。一通りの基本的な回答はすでに授けているつもりですので、ここでは「臨機応変」を身につけてほしいと思っています。例えば、面接では基本的に自分とってネガティブな回答を言う必要はありません。しかし、時には「短所」が聞かれることもあります。しかし、だからといって一生懸命自分の悪いことを探して言う必要はありません。例えば「私は協調性がない」とか言われてしまうと致命傷になりかねません。

　面接に対する「質の高い質問」を考えることができるならば、想定外の質問が出たり、フリーズしてしまったり、気付かない間に、とんでもないことを言ってしまっているということがなくなっていくはずです。

　学術に携わる者であるならば、学会に行くはずですから、学会発表の場をイメージしていただくと、質問がいかに大切かがわかります。発表をしても質問が一切出ないと、ちょっとヘコみます。私の先輩は、ある研究者を指して、「沈黙の研究者」「静寂を呼ぶ研究者」と揶揄していました。学会は、よい質問を生む場でもあるのです。よい発表は、前線の研究者の知的好奇心を刺激し、よい質問を生み、それがさらに周囲の研究者に波及するというよい循環を生みます。その意味でも学会に参加することは大いに意義があります。

　「よい質問」をする、あるいはされるためのポイントは、相手の話をよく聞き、聞いてもらうことです。人の話を聞けない人は、何をしてもうまくいきません。悪循環への入り口です。だから、私は、面接対策のときに、どの生徒にも「台詞を暗記してはいけない」ということを強調しています。こちらが質問をしたことを、あたかも予測していたかの如く、棒読みで言われても、聞き手の心には響き

ません。完全なアドリブも違うでしょうが、やはり、その場の雰囲気と、相手の
質問の機微をよく聞き取ることが最も大切なことでしょう。

臨床心理士指定大学院入試面接質問集 (2020 ～ 2021 年度)

　当塾生徒の「受験報告書」に基づいたものの一部です。大学の公式発表ではありません。生徒の受験校によるので、含まれていない大学院の方が多くなります。一部、その生徒に特化していると考えられるものも敢えて掲載してあります。最新情報ですので、是非参考にしていただきたいと思います。

神戸女学院大学大学院　人間科学研究科人間科学専攻臨床心理学分野
試　験：2020 年度前期
面接方法：個人面接（1：面接官 4）

・志望動機、理由
・併願しているか？
・母校の大学院にはなぜ行かないのか
・卒業論文に関する質問
・研究計画に関する質問
・ボランティアに関すること
・どのような分野で働きたいか？
・臨床心理士としての自分の長所・短所
・公認心理師の単位は大学で取れているか？

立命館大学大学院　人間科学研究科人間科学専攻臨床心理学領域
試　験：2020 年度前期
面接方法：個人面接（1：面接官 2）

・あなたから見た臨床心理士という仕事は？
・自分のどんなところが臨床心理士に向いていると思うか？
・志望理由
・研究計画について
・将来的な目標
・なぜ立命館なのか？

立命館大学大学院　人間科学研究科人間科学専攻臨床心理学領域
試　験：2021 年度前期
面接方法：個人面接（1：面接官 2）

・志望動機
・研究計画について
・他の人よりカウンセラーに向いている点は？

追手門学院大学大学院　心理学研究科心理学専攻臨床心理学コース
試　験：2020 年度前期
面接方法：個人面接（1：面接官 2）

・志望理由
・研究計画書の概要を口頭で簡潔に＆予測される結果
・卒論の内容
・将来どんな領域で働きたいか？

追手門学院大学大学院　心理学研究科心理学専攻臨床心理学コース
試　験：2021 年度前期
面接方法：個人面接（1：面接官 2）

・志望動機
・研究計画を簡単に説明
・卒業後について、なぜ教育分野か？
・卒論を簡単に

京都橘大学大学院　健康科学研究科健康科学専攻臨床心理学専攻
試　験：2020 年度前期
面接方法：個人面接（1：面接官 2）

・志望理由
・この道に進もうと思ったきっかけ
・研究計画についての質問
・どのような年代の人を対象にしたいか？
・どのような臨床心理士になりたいか？

・あなたがスクールカウンセラーで中学生の女の子のカウンセリングをしているときに、女の子が「消えてしまいたい」と一言いいました。「でも誰にも言わないで下さい」と言われました。あなたなら、どう対応しますか？　またこの女子にどう声を掛けますか？

花園大学大学院　社会福祉学研究科社会福祉学専攻臨床心理学領域
試　験：2020 年度前期
面接方法：個人面接（1：面接官 3）
・公認心理師の単位はどうなっているか？
・志望理由
・落ちたらどうする？

花園大学大学院　社会福祉学研究科社会福祉学専攻臨床心理学領域
試　験：2020 年度後期
面接方法：個人面接（1：面接官 3）
・なぜ花園大学なのか？
・研究計画
・発達障害のケースをなぜ持ちたいのか？
・試験はどうだったか？
・将来的には？
・前期なんで落ちたと思う？

花園大学大学院　社会福祉学研究科社会福祉学専攻臨床心理学領域
試　験：2021 年度前期
面接方法：個人面接（1：面接官 3）
・研究計画について
・好きな心理学者について
・心理職として何をしていきたいか？
・受験したのは、ここだけか？

花園大学大学院　社会福祉学研究科社会福祉学専攻臨床心理学領域
試 験：2021 年度後期
面接方法：個人面接（1：面接官 3）

・何故、花園大学に？
・研究計画（特に、このテーマにした理由等）
・通学はどうするのか？
・過去のアルバイト経験と、その経験から今も役に立っていること

京都文教大学大学院　臨床心理学研究科臨床心理学専攻
試 験：2020 年度前期
面接方法：個人面接（1：面接官 2）

・バスを降りて何がみえたか？
・志望理由
・卒論のテーマ
・研究計画の概要
・卒論のつながり
・公認心理師はとれるか？（大学要件）
・実習は大丈夫か？
・修士で卒論にふれていない理由
・大学で楽しかったこと
・バイトで印象に残っていること
・ユング心理学に興味あるの？
・ユング心理学以外に関心ある心理とその人名は？
・その人の本は読んだ？
・卒業後の進路について
・自己アピールについて
・専願ですか？
・追手門学院大学は受けない？
・じゃあ受かったら来ますか？

試　験：2020 年度前期

面接方法：個人面接（1：面接官 2）

・志望理由
・卒論の概要、なぜそのような結果になったのか？
・研究計画概要、なぜその研究をしようと思ったか？
・心理学に興味を持ったきっかけ
・将来どの分野に就きたいか？

兵庫教育大学大学院　学校教育研究科人間発達教育専攻臨床心理学コース

試　験：2020 年度中期

面接方法：個人面接（1：面接官 2）

・たくさん大学院がありますが、その中でも本学を志望した理由を話してください
・研究計画を考えるにあたって、または勉強するにあたっておもしろかった、またはつまらなかった、などといった本について話してください
・量的と質的を組み合わせるということですか？　どこの大学生に配るつもりですか？
・ボランティア、アルバイトなどの経験とそこから学んだことについて話して下さい

兵庫教育大学大学院　学校教育研究科人間発達教育専攻臨床心理学コース

試　験：2021 年度前期

面接方法：オンライン面接（1：面接官 3 ～ 4）

・研究計画についての質問（尺度は何か、この尺度を使う理由は、研究の群分けについて、心理教育の授業時間について、対象の人数について）
・臨床類似体験についての内容、学んだこと
・臨床場面に活かせること

兵庫教育大学大学院　学校教育研究科人間発達教育専攻臨床心理学コース
試 験：2021 年度後期
面接方法：オンライン面接（1：面接官 4）

・研究計画について（目的・対象・方法、ネガティブで健康な感情の説明、感情教育を行う前の学生の抑うつはどの程度だと思うか）
・臨床類似体験についての内容、学んだこと

梅花女子大学大学院　現代人間学研究科心理臨床学専攻（社会人入試）
試 験：2020 年度中期
面接方法：個人面接（1：面接官 2）

・テストの出来はどうでしたか？
・ボランティアで一番印象に残っていることは？
・卒論の内容で苦労したことを教えて下さい
・研究計画はどのように進めていきますか？
・何か質問はありますか？

奈良女子大学大学院　人間文化総合科学研究科心身健康学専攻臨床心理学コース
試 験：2020 年度後期
面接方法：個人面接（1：面接官 2）

・志望理由
・研究計画（なぜ教師との関係に着目したか、なぜ小学生のときではなく中学生のときを聞くのか。ここでいう大人とはどんな大人を想像しているか）
・（志望理由でオープンキャンパスで院生と話したことをいったので）院生と何を話したか、話して具体的にどんなところがよいと思ったか？
・スクールカウンセラーに関心があるとのことだが、どういうことをしていきたいか？
・これから忙しくなるけどストレス解消法はあるか？
・院生生活は忙しいがどうやって乗りこえていくか？
・体力も必要だが、覚悟とかそのあたりはどうか？
・大学はどこか？
・自分の大学の大学院には行かないのか？

・自分の大学と何が違うから奈良女子大学に行きたいと思ったのか、何がしたいと思ったのか？
・公認心理師と臨床心理士両方とる予定か？
・将来就きたい領域
・不安なこと、聞いておきたいことはあるか？

大阪経済大学大学院　人間科学研究科臨床心理学専攻
試 験：2020 年度後期
面接方法：個人面接（1：面接官 2）
・なぜ心理士（師）を志望したか？
・なぜ「キャラ」について研究しようと思ったか？（研究）
・「集団」とは何だと思うか？（志望理由で集団精神療法をあげたため）
・自分の強みと弱みは何か？

大阪経済大学大学院　人間科学研究科臨床心理学専攻
試 験：2021 年度前期
面接方法：個人面接（1：面接官 3）
・研究計画について
・自分にとって「居場所」とは何か？
・大学時代どんな居場所があったのか？
・研究が臨床実践に対してどのような意義を持つか？
・将来集団精神療法に関わるとしたら何に気をつけたいか？
・卒業から今まで何をしてきたか？

岡山大学大学院　社会文化科学研究科臨床心理学分野
試 験：2020 年度後期
面接方法：個人面接（1：面接官 2）
・志望理由
・研究計画書を説明してください
・コミュニケーションとは？
・幸福感とコミュニケーションが関係あるのはなぜか？

・不幸も伝染する、不幸を伝染させないようにするためにどのようなワークを作るか？
・研究計画をたてるにあたって新たに読んだ本はあるか？
・なぜ幸福感を研究するのに福祉や医療分野からではなく、この分野を選んだか？
・兵庫県には兵庫教育大学があるがなぜ岡山大なのか？

龍谷大学大学院　文学研究科臨床心理学専攻
試　験：2020年度後期
面接方法：集団面接（4〜5：面接官4）

・志望理由
・大学院で何をしたいか？
・集団討論（テーマ：いじめ防止について今までに無いような方略を考える）
・公認心理師資格試験の受験資格の有無

龍谷大学大学院　文学研究科臨床心理学専攻
試　験：2021年度前期
面接方法：集団面接（4：面接官2）

・フロイトたちは、常に無意識に注意を向けてきた。そこであなたは、形のない心を日常場面でどのように教えてきましたか？
・コミュニティアプローチにおいて、他職種との連携が必要となってきました。そこで、そのような連携を上手に行うためには、どのようにして、社会性・コミュニケーション能力を大学院生の時期に培うべきか？

鳴門教育大学大学院　学校教育研究科人間教育専攻臨床心理士養成コース
試　験：2021年度前期
面接方法：オンライン面接（1：面接官3）

・経歴
・志望理由
・研究計画
・卒業論文
・研究計画についての詳細。訪問と面接室の支援の違い、オンライン授業と映

画の違いなど

京都ノートルダム女子大学大学院　心理学研究科臨床心理学専攻
試 験：2021 年度前期
面接方法：個人面接（1：面接官 3）

・志望理由
・研究計画（方法の問題点について）
・大学院や修了後のこと（どこで働きたいか）
・適性やその逆

京都光華女子大学大学院　心理学研究科臨床心理学専攻
試 験：2021 年度前期
面接方法：個人面接（1：面接官 3）

・研究計画
・志望理由
・卒論（卒研）について
・再受験に向けてどのように日々を過ごしたか？
・ボランティア等の地域や社会と関わる活動の有無
・心理学を志した理由
・最近読んだ本とその説明

帝塚山大学大学院　心理科学研究科心理科学専攻臨床心理学専修
試 験：2021 年度前期
面接方法：個人面接（1：面接官 2）

・志望理由
・将来の展望
・なぜ教育分野（SC）なのか？
・大学生を対象としているが、SC の領域と少し違わないか？
・研究計画
・攻撃性に注目した理由
・P-F スタディについて勉強したか、なぜそれなのか？

・当大学の志望理由

・少林寺拳法での活動と、カウンセラーの役割はどう似ているか？

・部活以外で他に他人と関わったことはあるか？

・仮想的有能感がメインか？

・研究計画と卒論の関係

・志望校はここだけか？

佛教大学大学院　教育学研究科臨床心理学専攻
試　験：2021 年度前期
面接方法：個人面接（1：面接官 2）

・卒業後どう勉強していたか

・どの分野の心理士（師）か、心理士（師）と話して何を学んだか？

・きっかけ → うちの学科に入ったからではないのか？

・卒業後勉強以外何かしたか？

・志望校はここだけか？

・研究計画は箱庭か？

佛教大学大学院　教育学研究科臨床心理学専攻
試　験：2021 年度後期
面接方法：個人面接（1：面接官 2）

・筆記試験の手ごたえ

・志望理由、卒論の内容について

・今後の研究について

・どのような心理士（師）になりたいか？

・どのような場所ではたらきたいか？

・自分の心理士（師）に向いていると思う点は？

第3章

心理学の勉強方法

●はじめに

　公認心理師養成大学院や臨床心理士指定大学院の受験勉強をするにあたり、専門科目である心理学の勉強は必須になります。ただ、心理学を勉強するといっても、何を勉強したらいいのかがわからず、勉強を始めるところからつまずいてしまう、という方もおられるかと思います。ここでは、まず、「心理学」という学問が、どのような領域から構成されているかについて説明し、その上で、何を、どのように勉強したらいいのかについて、お伝えしていきます。

●基礎心理学と臨床心理学

　心理学とは、非常に幅広い学問領域です。この本を読んでおられる方は、「○○心理学」という名称の心理学をいくつ思い出せるでしょうか？　この本を読もうと思われた方の多くは、公認心理師や臨床心理士を目指しておられるでしょうから、思い出せたうちの1つに「臨床心理学」が含まれていた方も多いかもしれません。では、公認心理師や臨床心理士を目指すのであれば、「臨床心理学」だけを勉強していればいいのでしょうか？

　基礎心理学とは、成人の方々を対象としていたり、子どもであれば小学生や中学生を対象としていたりなど、その集団に該当する人々を対象として、その人々の心理傾向や発達傾向などを明らかにする学問全般をいいます。基礎心理学には、知覚心理学、認知心理学、学習心理学、感情心理学、人格心理学、社会心理学、発達心理学など様々な心理学が含まれます。

　一方、臨床心理学とは、精神疾患や発達障害、不適応の問題などについて、それらがどのような問題なのか、その問題に対してどのような支援や対応が可能なのか、について考えていく学問です。臨床心理学は、応用心理学の1つとして位置づけられています。応用心理学とは、心理学の研究で得られた知見や原理を現実生活で生じる問題の解決などに役立てようとする学問領域で、他には、教育・

学校心理学、健康・医療心理学、福祉心理学、産業心理学、司法・犯罪心理学などが含まれます。

　例えば、発達心理学を例に説明してみましょう。

　乳幼児の研究についても様々ありますが、乳幼児の言語発達について見てみましょう。乳児は概ね1歳前後になると、一語文と呼ばれる「ママ」「パパ」「ワンワン」などの初語がみられるようになります。これが一語期にあたります。これは、単語でありながら「パパが行った」などのように文としての機能を持ちます。1歳半頃になると、語彙爆発と呼ばれる言葉の数が急に増えるようになり、2つの単語を組み合わせた二語文がみられるようになります。これが二語期にあたります。その後、2歳以降に三語文以上の言葉を話すようになり、これが多語期になります。このように乳幼児期の言語発達に関しては、概ねこれくらいの時期にこれくらいの言語が獲得されて発話がみられるようになる、という定型発達（正常な発達）があります。しかし、子どもさんの中には、3歳を過ぎても一語文からなる発話など年齢において期待されるよりも語彙が少ない方もおられ、言葉の発達が遅れている場合もあります。

　他には、代表的なキーワードとして「心の理論」があります。心の理論とは、アメリカのD. Premack（プレマック）がチンパンジーなどの霊長類が他の仲間の心の状態を推測しているかのように行動することに注目し、提唱した概念です。D. Premackの提唱を受けて、J. Perner（パーナー）らは、誤信念課題を用いて幼児の心の理論の発達を調査しています。

＜実験：3〜5歳の子どもに次の状況を伝え、その後に質問をします＞

マクシは、お母さんの買い物袋をあける手伝いをした。マクシは、チョコレートをどこに置いたかをちゃんと覚えている。その後、マクシは遊び場に出かけた。マクシのいない間に、お母さんは「緑」の戸棚からチョコレートを取り出し、ケーキを作るために少し使った。お母さんはそれを「緑」の戸棚に戻さず、「青」の戸棚にしまった。お母さんは足りない卵を買うために出て行った。マクシはお腹を空かせて遊び場から帰ってきた。

［質問］マクシは、チョコレートがどこにあると思っていますか？

［結果］実験の結果、3歳児はほとんどが正しく答えられず（青を選ぶ）、4歳〜5歳にかけて正答率が上昇しました。

この実験の結果から定型発達児の場合、概ね4歳半には心の理論を獲得していることが明らかになりました。

　しかし、この心の理論に関して、非定型発達、つまり、発達障害の1つである自閉スペクトラム症／自閉症スペクトラム障害〈ASD〉児の獲得が定型発達児よりも遅いという研究結果があります。

　なぜ、このようなことが起こるのでしょうか。原因を解明するために脳画像などを解析する脳神経科学からの研究もありますが、このような困難さを抱えながら日常生活を送る自閉スペクトラム症／自閉症スペクトラム障害〈ASD〉の子どもたちにどのような支援が提供できるのか、そのような子どもを抱える家族に対してどのような支援が行えるのか、それを主に心理面からアプローチしていくのが、公認心理師や臨床心理士であり、それを研究していく学問として臨床心理学があるという位置づけです。

　そのため、これまで見てきました例でいいますと、基礎心理学としての発達心理学で明らかにされていることを知らなければ、相談に来られたその子どもさんの状態がどの程度、定型発達の子どもさんよりも発達が遅れていたりするのかが分かりません。つまり、臨床心理学だけを勉強していても、基礎心理学を勉強していなければ、実践で使える知識にならないこともあるわけです。

　つまり、勉強をする上では、臨床心理学だけではなく、基礎心理学もしておいた方がいいということになります。しかし、大学院入試までの限られた時間の中で基礎心理学も臨床心理学もすべて勉強することは、実際にはとても困難です。そのため、まずは、

「臨床心理学」の勉強から始める

ことをお勧めします。理由としては、大学院入試では、

臨床心理学に関する出題が多く、大学院によっては基礎心理学が出題されない

ところがあるからです。

　では次に、臨床心理学についてどのような勉強をしたらいいのかについて、説明していきたいと思います。

●キーワードの勉強をする

　まず、臨床心理学の勉強をするにあたり、入塾された方にお伝えするのは、

「キーワードの勉強から始めましょう」

です。

　ここで言うキーワードとは、臨床心理学の専門用語のことを指します。例えば、S. Freud（フロイト）の精神分析ですと、イド、自我、超自我、抑圧、転移、逆転移、自由連想法などそれ以外にもまだまだあります。他にも C. R. Rogers（ロジャーズ）の来談者中心療法の共感的理解、無条件の肯定的受容、自己一致などは超重要キーワードたちです。他にも、心理検査の種類や精神疾患や発達障害の診断名なども含まれてきます。あげればキリがありません。

　そのようなこともあって、ここで、難しい問題が出てきます。それは、

「どれを覚えたらいいのか」

ということです。入塾された方には、これから勉強していく中で覚えていってもらう臨床心理学のキーワード一覧をお渡ししていますので、そのような問題はあまりないのですが、独学で勉強しようとしておられる方にとっては、何を参考にして、どれを覚えたらいいのかがわからないという、勉強し始めのつまずきやすいポイントになります。

●キーワードを体系化する

　まず、覚えるべきキーワードをピックアップする際に、臨床心理学の領域を、

（1）心理療法

（2）心理アセスメント

（3）精神疾患・発達障害など

に大きく分けて考えます。

　（1）心理療法には、精神分析療法、来談者中心療法、行動療法・認知行動療法、家族療法、その他にも森田療法や内観療法、ゲシュタルト療法、心理劇などがあげられます。さらに、それぞれの心理療法に関連するキーワード、例えば、先ほどあげましたように来談者中心療法の共感的理解などのキーワードや行動療法・認知行動療法では、系統的脱感作法、エクスポージャー法、トークンエコノミー法、シェイピングといった諸技法がキーワードとしてあげられます。

　（2）心理アセスメントは、心理査定とも呼ばれますが、初回面接、インテーク面接、インフォームド・コンセント、治療構造などとともに、覚えるべきものと

してたくさんあるのは、心理検査です。心理検査も、「質問紙法」「投影法（投映法）」「作業検査法」「知能検査法」「発達検査法」「神経心理学的検査法」などに分類されます。「質問紙法」には、Y-G性格検査、TEG、MMPI、MAS、SDSなど様々ありますし、「投影法」もロールシャッハ・テスト、TAT、PFスタディなどがあげられます。「投影法」には、「描画法」も含まれてきます。

　（3）精神疾患・発達障害などに関しては、アメリカ精神医学会（APA）の診断基準の最新版であるDSM-5に準拠して診断名とその症状などを覚えておいてもらうことが必要になります。代表的なものとしては、統合失調症、うつ病、強迫性障害、パニック障害、心的外傷後ストレス障害（PTSD）、自閉症スペクトラム障害（ASD）、注意欠如・多動性障害（ADHD）、限局性学習障害（SLD）などです。

　ここで見てきましたように、まずは、各キーワードについて、大カテゴリー（心理療法など）、そして、中カテゴリー（行動療法・認知行動療法など）、小カテゴリー（系統的脱感作法など）、というように体系化し、どのキーワードとどのキーワードが関連しているかを捉えられるようにまとめておくことが重要になります（図3-1参照）。

　ここであげたキーワードは、あくまでごく一部です。他にもどのようなものを覚えておく必要があるかという点につきましては、キーワード辞典といった便利な書籍もありますので、そのような書籍を参考にしてもらうのもいいかと思います。ただし、キーワード辞典だけで勉強をやっていくことはお勧めできません。

大カテゴリー	中カテゴリー	小カテゴリー
心理療法	精神分析療法	抵抗、転移、逆転移、自由連想法など
	来談者中心療法	共感的理解、無条件の肯定的受容、自己一致など
	行動療法認知行動療法	古典的条件づけ、オペラント条件づけ、系統的脱感作法、トークンエコノミー法など

図3-1　キーワードの体系化の例

どういうことかと言いますと、キーワードの勉強を進めていく際には、
必ず、心理学の辞典を引いて調べる
ということをしてもらいたいと思います。

●キーワードは心理学の辞典を引いて調べる

キーワード辞典にまとめられている情報だけを覚えていくのも1つの方法ではありますが、それだけではそのキーワードの意味が理解できなかったり、情報が足りなかったりすることがあります。また、辞典も1つだけではなく、複数の辞典を引いて意味を調べてもらった方がいいでしょう。代表的な辞典としては、

(1) 子安増生・丹野義彦・箱田裕司（監修）（2021）現代 心理学辞典 有斐閣
(2) 下山晴彦（代表編集）（2014）誠信 心理学辞典 誠信書房
(3) 氏原寛他（編集）（2020）［新装版］カウンセリング辞典 ミネルヴァ書房

などがあげられます。ただ、それぞれの辞典に書いてある情報のうち、
どれを覚えたらいいのか、どれくらいまとめたらいいのか
という問題が出てくるかと思います。

では、ここで、キーワードの1つの「スーパービジョン」を具体例にあげて見てみましょう。

まずは、「スーパービジョン」が先ほどの辞典では、それぞれどのような説明になっているか、引用しながら比較してみましょう。

(1)『現代 心理学辞典』P.426

「特定の専門領域に精通した経験豊富な専門家（スーパーバイザー）が、原則的には同じ領域に従事する経験の浅い専門家（スーパーバイジー）に対して、知識・技能を高める助言や指導を行うこと。スーパーバイジーの自発性に基づき契約が実施される。心理職においては、スーパーバイジーの専門的スキルやケース（事例）理解力の向上、業務に対する安心感の醸成を通じて、クライエントの利益を保護する役割を担っている。（…後略）」

(2)『誠信 心理学辞典』P.364

「スーパービジョンを受ける者（スーパーバイジー）が、並行して進行するケースに関して指導的立場にある臨床家（スーパーバイザー）と話し合うことを通して、臨床家としてのコンピタンスを向上・発達させる学習作業で、個人又は集団で行われる。スーパーバイザーとスーパーバイジーのオープンで受容的な関係によって支えられる。（…後略）」

(3)『［新装版］カウンセリング辞典』P.345
　「心理臨床とは、心の専門家としての深い専門的知識と臨床体験、さらにみずからの人間性を問われる仕事である。初級であれベテランであれ、つねに自分はクライエントとの関係性を生き切れているかどうかについての振り返りと自己研鑽が要請される。そのような臨床心理士としての成熟を援助する指導者のことをスーパーバイザー、被指導者のことをスーパーバイジーという。（…後略）」

　以上のように、スーパービジョンの説明１つにしても、辞典によって書き方が異なります。主に、スーパービジョンの「定義」のような説明をしているのは、(1)と (2) であり、(3) に関しては、「定義」のような説明は冒頭にはありません。どちらかというと自己研鑽が重要である、という説明から始まっています。そして、このような心理職としての専門性を向上させる必要がある、自己研鑽を積む必要がある、という内容については、(1)、(2)、(3)の辞典に共通して記述が見られています。
　このような、**そのキーワードの「定義」に該当するような説明は、キーワードをまとめる際には必須の情報ですし、どの辞典にも書いてある情報も、重要な情報として、まとめておいた方がいい**と考えた方がいいでしょう。
　では、これらの辞典にある情報をまとめてみると、

　スーパービジョンとは、心理臨床の経験の浅い専門家のスーパーバイジーが、経験豊富な専門家のスーパーバイザーに、自身が担当するケースを報告し、助言や指導を受けることである。方法は、個人と集団がある。スーパーバイジーの専門的スキルやケース理解力の向上、業務に対する安心感の醸成を通じて、クライエントの利益を保護する役割を担う。心理臨床の専門家は、初級であれベテランであれ、スーパービジョンを通して自己研鑽を積む必要がある。(208字)

といった説明になります。このように、1つのキーワードにつき、200字〜250字程度（ノート1行につき30字程度で6〜8行程度）でまとめおいた方がいいでしょう。大学院にもよりますが、多くの入試では、1問あたり5分程度のキーワード説明の時間が割り当てられているのであろう、という出題が見られています。それは、専門の試験時間と問題量から分析した時間配分ですが、もし5分程度の時間が割り当てられている場合は、約150字程度の記述は求められていると考えていいでしょう。

「じゃあ、150字程度でまとめておけばいいじゃないか」と思われる方もいるかと思いますが、

試験本番で覚えたことがすべて思い出せるわけではない

ことを考慮すると、少し多めの情報でまとめておいた方がいいでしょう。そのような意味で200字〜250字程度ということになります。

あと、キーワードのノートの作り方ですが、図3-2のように、ノートの見開き2ページ分を左半分の1ページと右半分の1ページに分けて、1ページにキーワードを1つずつ説明が書けるようにしましょう。各キーワードの説明を書いた後の残りの空白部分は、今後勉強を進めていくにあたり、新しく得られた情報で追加しておいた方が情報を書き足せるように開けておきましょう。「スーパービジョン」は説明する際にはそれほど関連するキーワードは多くありませんが、例え

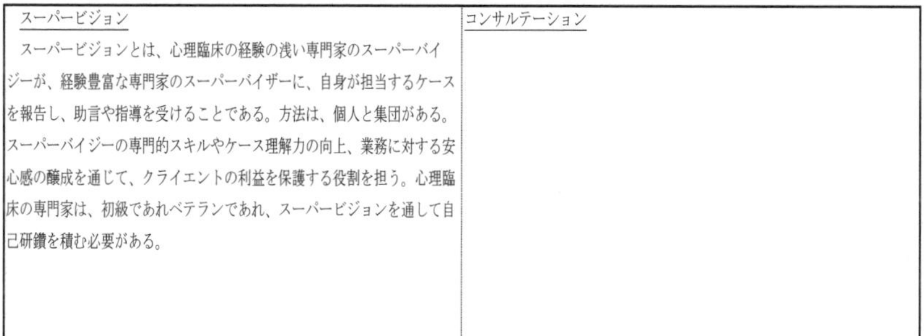

スーパービジョン	コンサルテーション
スーパービジョンとは、心理臨床の経験の浅い専門家のスーパーバイジーが、経験豊富な専門家のスーパーバイザーに、自身が担当するケースを報告し、助言や指導を受けることである。方法は、個人と集団がある。スーパーバイジーの専門的スキルやケース理解力の向上、業務に対する安心感の醸成を通じて、クライエントの利益を保護する役割を担う。心理臨床の専門家は、初級であれベテランであれ、スーパービジョンを通して自己研鑽を積む必要がある。	

図3-2　キーワードのノートの作り方

ば、これまでに何回か出てきている「系統的脱感作法」であれば、考案した人物であるJ. Wolpe（ウォルピ）の名前、古典的条件づけ、エクスポージャー、リラクゼーション法、不安階層表、自覚的障害単位（SUD）などのキーワードを入れながら説明できる必要がありますので、そのような説明する際に入れるべき関連するキーワードを記入しておくためにも使えます。

　また、キーワードによっては、キーワード説明だけではなく、論述問題として出題される場合もあります。例えば、「スーパービジョン」も過去に「スーパービジョンの意義について述べなさい」といった論述問題が出ていたこともあります。その場合、キーワードでの先ほどのような説明だけでは解答できません。このような論述対策をしていくためにも、必要な空白部分になります。

●論述対策をどのようにしていくか

　論述試験への対策は、多くの受験生にとって難しいようです。問題を解こうとしてもわからないからその時点で立ち止まってしまったり、どう書いていけばいいのかわからないから結局やっても意味がないと諦めてしまったり…。そうならないためにも、そして、論述で減点されることを少なくするためにも、まずは、論述を書いていく際に気をつけておくべきポイントについて説明していきます。

●ルールを守る

　これはどういうことかと言いますと、「文字数制限」がある場合のことを指しています。例えば、「800字以内で述べよ」「600字程度で述べよ」といった出題の場合です。このような出題の場合に生徒さんからよく「どれくらい書いたらいいのですか？」とご質問を受けることがあります。私からの回答としては、

「800字以内と言われたら800字、600字程度と言われたら600字」

です。最も望ましい形は、800字目、600字目に「。」で終われることです。ただ、さすがにそれは難しいと思いますので、800字以内と言われたら、大前提として800字を超えてはいけないこと、そして、限りなく800字に近づけるようにすること、最低でも700〜750字は書くことをお伝えします。なぜここまで文字数に関してシビアに伝えるかと言いますと、「800字以内」と言われているのに、400字程度しか書けなかったら、その大学院の採点基準にもよりますが、場合によっては、その問題は「0点」になる可能性もあるからです。最低でも「○○文字以

上書けていないと採点不可」という採点基準を設定している大学院もあるかもしれません。わざわざ「〇〇文字程度」というルールを出題者が設定しているということは、「それくらいの文字数は書いてください」という意図が含まれている訳です。

あと、〇〇字以内という場合は、基本的にマス目のある解答用紙が配られるかと思いますので、所定の文字数以上は書けないようになっているかと思いますが、そうと思い込んで書き始めずに、1行に何文字書けるようになっていて、それが何行あるかを計算してから書き始めるようにしてください。

●問われていることに答える

これは、論述試験の大前提になります。問われていることに答えられることは、筆記試験だけではなく、面接試験でも同様です。では、次のような問題が出されたらどのような答えを出すでしょうか？

インテーク面接における留意点について述べよ。

これは、多くの大学院で何度も出題されたことがある問題です。まずは、知識として、「インテーク面接」について知っておかなければ、答えようがありませんので、それは、辞典などで調べたり、心理アセスメント関連の参考書で調べておいてください。ここで取り扱いたいことは「留意点」について書くように問われたときに、何を書いたらいいか、ということです。「留意」とは辞書的な意味ですと、「心に留めておくこと」「気をつけておくこと」などで、類語には「注意」することがあげられます。つまり、「留意点」とは、「気をつける点」であり、この問題で問われていることは、

「あなたが公認心理師や臨床心理士として、クライエントさんのインテーク面接をする際に、どのようなことに気をつけますか。気をつける点について答えなさい」

ということになります。

ここで重要なことは、「どのような」とあったように、

疑問詞のついた疑問文に言い換える

ことです。初めの問題文には、疑問詞はついていませんでした。多くの論述問題は、このような疑問詞がついていません。そのため、何が問われているのか、何を答える必要があるのかは、疑問詞のついた疑問文に言い換えることで、明確になってきます。

他にも、「自分の考えを述べよ」という問題が出されることもよくあります。この場合、「自分のオリジナルの考えを書かないといけない」と思い込んでしまう人もいますが、入試の際に採点をする大学の先生方が「あなたのオリジナルの考え」を解答として求めて、このような問題を出しているわけではありません。まだ大学院に入学していない段階の心理臨床の経験をほとんど積んでいない学生が、臨床や心理支援について、根拠に基づいた自分の考えをもつことができるはずがないことは大学の先生方ももちろん分かっています。このような問題で問われていることは、

辞典や専門書に書いてある基本的なことを勉強し、
それを自分の考え方の一部にできているか、

ということです。例えば、「カウンセラーの基本的態度について、あなたの考えを述べよ」という問題の場合、解答として必要な知識は、C. R. Rogers のカウンセラーの3条件の共感的理解、無条件の肯定的受容、自己一致です。この問題は、こういった基本的なことをちゃんと勉強してきているかどうか、を問うているわけであって、「オリジナルの自分の考えを構築した上で受験してこの問題に解答しなさい」と言っているわけではありません。

●まずは、解答のまとめ方を覚える

　では、次に、論述対策をどのように進めていくか、について説明します。まずは、時間がかかってもいいから辞典や専門書などで調べながら書いていきましょう。ここでの目的は、知識を増やすこととともに、まとめ方を覚えることになります。「まとめ方を覚える」とは、「論述問題に解答する際に、何から書いて、どう書き進めていけばいいのかの形を覚える」ことです。スポーツに例えますと、走るときのフォーム、打つときのフォーム、蹴るときのフォームのように、読み手にしっかり自分の答えを伝えるための形（フォーム）を作り上げるというイメージをもってもらえればと思います。そのため、この段階では、手書きではなくパソコン等を使ってまとめてもらった方がいいでしょう。その方が情報をたくさん出した上で、それらの情報をつなぎ合わせやすいかと思います。

　では、解答を作成していく際に、どの問題を解いていけばいいかについてですが、志望する大学院の過去問をやってみてください。

　この点につきましては、第3部　公認心理師養成大学院・臨床心理士指定大学

院への道　第 1 章　臨床心理士指定大学院受験総論　まずは学校選びから　にありましたように、試験勉強として論述対策をしないといけない時期であれば、志望校は決まっている必要があります。志望校が決まっているのであれば、早い段階でその大学院の過去問を入手しておき、解いてみてください。

　そして、解答を作成していく際には、

導入　→　本論　→　まとめ

の 3 段落構成でまとめていくのがいいかと思います。それぞれの段落でどのようなことを書いていくかについてですが、導入では、問題文に出てきたキーワードの定義、問に対する答えなどを書いていきます。先ほどの「インテーク面接における留意点」の問題であれば、

　インテーク面接の定義を書き、問いの答えとして留意点について簡潔に書く、ということになります。例えば、問の答えとしては、

　　インテーク面接においては、クライエントとラポールを形成すること、クライエントの身体症状を身体因から見立てること、インフォームド・コンセントを行うことが留意点としてあげられる。

といった書き方になります。ここでは、3 点を留意点として書きましたが、何点書くかについては、試験時間と問題量、指定されている文字数があるかないかなどによって、変わってきます。基本的な出題形式として多いのは、キーワード説明が 5 〜 10 問、論述問題が 2 問で試験時間が 90 分という設定です。この場合、1 つの論述問題にかけられる時間は長くても 30 分程度ですので、その場合は文字数の指定が無ければ 400 〜 500 字程度書くことを目安にし、留意点であれば 2 点出せれば、それくらいの文章量に到達できるかと思います。

　次に、本論では、導入で書いた答えの根拠や詳細についてまとめていきます。先ほどのインテーク面接の問題であれば、「なぜ、クライエントとラポールを形成することに気をつける必要があるのか」について書いていきます。

　そして、最後のまとめですが、文字数指定があれば、ここまで書いてきた内容について、最後にどういうことについて書いてきたかをまとめてもいいですし、他にどのような留意点があるかをあげて書いてもいいでしょう。

　このようにして、その問題に対して、どのような解答を出したらいいのか、ど

のようにまとめていけばいいのかについて、何問も解答を作成していくことで知識を増やしていくことができ、まとめ方について身につけていくことができます。

●何も見ないで解答してみる

入試の1ヶ月前くらいまでは、ここまで書いてきたような勉強方法を続けていただき、1ヶ月前からは、入試本番を想定した方法で勉強する時間も作るようにしてください。キーワード説明もそうですが、論述問題についても時間を計って何も見ないで解答するトレーニングをしてみましょう。このトレーニングでは、手書きで解答を作成するようにしてください。

入試は、スポーツで例えるなら大きな大会の試合のようなものです。スポーツの場合、日々の地道な練習だけでなく、チーム内での紅白戦や他チームとの練習試合、近隣のチームが参加して小さな大会で試合をしたり、様々な方法で練習をします。大学院入試の試験勉強においては、模擬試験のような本番の想定した試験はありませんので、練習試合のように自分で本番を想定した試験勉強の時間を設定していく必要があります。

つまり、いくら辞典や専門書を見ながら、きれいにまとめられた解答を書けるようになっても、試験本番で使える知識になっていなければ意味がありませんし、試験本番で使える知識にしていくためにも、このようなトレーニングが必要になります。

●過去問からどの領域を重点的に勉強する必要があるか判断する

ここまでは、過去問を解きながら論述対策を進めてください、ということをお伝えしてきましたが、過去問はあくまで、

過去に出題された問題であり、未来問ではありません

ので、過去問だけをやっていても、十分な対策になりにくくなります。そのため、過去問はどの領域からよく出題されているのかを分析してもらうことも大事になります。初めの方で、まずは「臨床心理学から勉強を始めてください」とお伝えしましたが、大学院によっては、基礎心理学を出題しているところも、もちろんあります。基礎心理学も多くの領域から出題しているところもあれば、発達心理学の出題が多いところ、社会心理学の出題が多いところ、認知心理学の中でも記憶関連の出題がよく見られているところなど、様々です。そのため、数年分（少

なくとも3年分、あればある分だけ手に入れられた方がいいでしょう）の過去問を見て、どの領域からの出題が多いのか、臨床心理学でも論述問題は心理アセスメント関連の出題がよく見られている、などの分析をしてもらった方がいいでしょう。そのような分析ができれば、心理アセスメント関連でも過去問には出題されていないが、勉強をしておいた方がいい領域が見えてきたりします。

　ただ、ここで非常に難しいのが、

自分だけでこのような分析を行うこと

です。これは、論述問題の解答を作成したりするときにも言えることですが、その解答が適切な解答になっているか、過去問からどのような領域の勉強に重点を置いたらいいか、などに関しては、自分だけで判断が難しいところがあります。

　それが自分や自分の人的資源でまかなえない場合は、京都コムニタスなどの塾や予備校に通って勉強することがいいでしょう。

●さいごに

　2018年から公認心理師試験が始まり、その影響を受けて、大学院入試の出題形式を変えてきている大学も見られるようになっています。最も多い変化は、5肢択1などの多肢選択法の問題を出すようになってきているところが増えていることです。これは、公認心理師試験の出題方法に準じるところが増えてきているということだと思われます。その場合、臨床心理学だけではなく、基礎心理学も幅広く出題しているところが多い印象です。ただ、非常に基本的なことが問われていることも多いので、範囲は広いですが、基礎心理学に含まれる学問領域が1冊にまとまっているような「心理学入門」といったタイトルの専門書を使い、太字になっているキーワードを中心におさえていくことで、ある程度の対策は可能になってくる大学院もあります。

　他にも、事例問題を出題している大学院もあります。ある症状や問題を抱えているクライエントの事例があり、その事例の見立てと対応について答えを求められるといった問題です。このような事例問題への対策は、それこそ専門書を読んでも見つかるものではありませんので、先輩の大学院生や公認心理師・臨床心理士の先生にどのように解答を書いたらいいのか、聞いてみるしかありません。

　聞いてみる人がいない方や一人では受験勉強が難しいという方は、京都コムニタスのような専門の塾で、勉強を進めていきましょう！

英語の勉強方法

　心理学や研究計画、面接対策などに比べて、英語の対策は「なんとなく」で進めてしまいがちです。なんとなく心理系の英単語を覚えてみたり、なんとなく文法書を買ってみたり、なんとなく過去問を解いてみても、できたような、できなかったような、何を目指して勉強したらいいか分からない、という方は多いのではないでしょうか。それは、なぜ大学院入試で英語の試験があるのか、そして大学院入試の英語の試験で何が求められているのか、についての理解が曖昧であることが1つの大きな原因です。

　本章ではその点を整理しつつ、実際にどのような問題が出るのかの例題を紹介し、大学院受験対策や大学院での研究活動で英語を使うにあたって、どのような学習が必要であるかを考えていきます。

●大学院入試の英語問題で問われる能力とは

　心理系大学院で問われる英語の能力とは、将来心理職として活動するのに必要な英語の能力です。では、心理職の活動に必要な英語の能力とは何でしょうか？

　心理職の活動は大きく臨床活動と研究・研修活動に分かれます。ほとんどの日本人の心理職の方々は、日本において日本人向けの臨床の場で活動していますので、英語を使った臨床活動はあまり想定されません。より必要性が高いのは、研究・研修活動における英語能力です。

　研究・研修活動とは、端的にいえば、様々なところから必要な情報（文献や実験結果など）を収集し、それを解釈して、適切な表現でその解釈を提示する、ということです。その際に必要な英語の能力とは、英語で書かれた情報を収集する能力、英語で書かれた情報を解釈する能力、それらで得られた解釈を適切な表現で提示する能力、ということになるでしょう。

　より具体的に、実際の作業として何をするかというと、英語で書かれた論文などの文章から自分の研究に必要な部分を見つけ出し、その部分を自分の文章で要

約もしくはそのまま引用するという作業になります（他の人の文章を要約して自分の文章内で紹介することを「間接引用」と言いますが、ここではわかりやすいように「要約」という語を使います）。

　特に、インターネットで海外の情報を以前より容易に入手できる現代では、実際の臨床活動を日本語で行っていても、研究・研修では英語を用いて情報収集することが不可欠となってきています。このことから、多くの心理系の大学院は、英語の文章から自分が必要な部分を特定し、必要な部分を要約または引用として日本語で表現する能力を入試で測っています。

●まずは問題を見てみよう

　実際に問題の例を見てみましょう。どのような形式の問題が出題されるかを確認していただくのが目的ですので、解いていただかなくて構いません。ある大学院で実際に出題された英文です（設問は一部変更してあります）。

例題：次の英文を読んで以下の問いに答えなさい。

　Developmental study, generally, takes one of two directions. First, there is the normative / descriptive type of work in which we describe children's behaviors / skills at various stages of development. Part of such a description, of course, involves addressing issues of continuity / discontinuity. That is, to what extent is Behavior A at Time 1 related to Behavior A (continuous development) or Behavior B (discontinuous development) at Time 2? Further, these studies often take place in children's natural environments (e.g., schools, hospitals, homes) and are longitudinal, not dross-sectional.

　The second type of developmental study is experimental, not naturalistic. The motivation behind experimental studies of development is a search for "causality." Causality can be inferred by systematic manipulation and control of variables. Although such experimental manipulation allows us to begin to make causal inferences about specific relations, serious concerns have been raised about the experimental approach from the areas of "basic" and "applied" studies of child development. ① One of the most influential inditements of the laboratory experimental approach has come from Bronfenbrenner (1979), who has described the current state of experimental child development as descriptions of strange environmental factors on one behavior of a child in an artificial situation. In other words, experiments may study isolated factors (such as specific toys) affecting individual behavior (such sharing behaviors) on children in a laboratory playroom. The results of such experimental manipulations indicate that children's behaviors can or cannot be changed in the predicted direction. The more interesting question is, "To what extent do these factors actually affect behavior?" (McCall, 1977). The experimental results may tell us that by exposing children to specific toys, we can change their play in predictable directions. It may be, however, that in the real world these children don't play with these toys and, as such, their play behavior in the experimental settings is different from their play in the real world. In short, the experimental results may not provide insight into the ways in which children develop naturally.

② We should not throw out the baby with the bath water, however. Experiments are important in child development to identify possible causes. Experiments can be ecologically valid (Bronfenbrenner, 1979). Such experiments should be analogues to children's real-world environments and we should compare such experimental results with naturalistic results. Following these guidelines, we can test the ecological validity of an experiment. For example, in designing an ecologically valid experiment to study the effects of specific toys on children's play, we should use toys that are actually found in the children's environment (e.g., dolls and dress-up closes) and from social groups similar to those found in that environment (e.g., same-gender dyads). Further, the demands placed on children in the experiments should be similar to those at school.

Developmental studies should also be longitudinal. If we are interested in understanding development, or changes within individuals across time, we should study them across time. Although cross-sectional studies can be used initially, they are not the final word in developmental study. An example should make the point: If we are interested in the developmental relations between mothers' reading books to toddlers and children's subsequent kindergarten literacy, we could begin by examining the relations between mother-child behaviors and measures of reading with two separate age groups of children. Results from such an investigation would give us insight into age differences in mothers' reading styles and relations between these style and children's reading. Longitudinal research is needed to determine the ways in which mothers' and children's behaviors change from the toddler to the kindergarten period. Further, to determine the extent to which book-reading behaviors predict reading, the antecedent-subsequent dimensions of a longitudinal design are necessary.

Pellegrini, A.D. (1991). Applied Child Study (2nd ed.). NJ：Lawrence Erlbaum Associates. pp. 14-15 より抜粋

問1：下線部①を和訳しなさい。
問2：下線部②は具体的にはどういうことか。本文を踏まえながら説明しなさい。
問3：本文全体を要約しなさい。

　いかがでしょうか。平均的な大学の入試問題よりも専門的で長い文章を読まなければならない、ということはご理解いただいたと思いますが、とりあえず、あまり怯まずに本章を読み進めていただければと思います。

●問題形式と研究活動
　上記の問1～問3は、大学院入試の代表的な英語の設問です。問1は和訳、問2は読解、問3は要約の問題です。多くの大学院では、この3つのいずれか（大学院によってはこのうちの複数あるいはすべて）の形式で問題が出題されています。
　先ほど、大学院やその先の心理職としての研究・研修活動で英語を使う際の作業は、英語の文章から自分が必要な部分を特定し、必要な部分を要約または引用として表現することだと述べました。これに、例題の問1～問3で行う作業を当てはめてみましょう。問1では、どの部分を引用するか、つまり必要な箇所はすでに決まっていて、そのまま引用して日本語で表現します。問2では、どの部分が必要であるかを自分で特定し、基本的には引用で答えます。問3の要約も、後述しますが、行う作業としては問2と同様、必要な部分を自分で特定して引用す

る、ということになります。

　大きく分けると、「必要な部分を自分で特定する」という作業を求めるか求めないかで、問1と、問2・問3とに分かれること、そして最終的には必ず引用＝和訳が求められることがわかります。

　いくつか例外についても説明しておきます。英語を使った活動にそこまで重きを置いていない大学院では、そもそも英語の試験が課されないか、大学入試のような一般教養としての英語（文法問題や会話問題など）が出題されることがあります。また、英語の問題の中で心理学の知識を問う大学院も一定数存在します。そのような大学院では、例えば特定の心理学の専門用語を英語で書かせるような問題が出たり、また引用すべき英文に心理学の専門用語があって、それを正確に日本語の専門用語に直すことができるかを見られたりします。

　受験する大学院が決まったら、まずは過去問題を入手して、その大学院がどのような形式であるかを把握しておきましょう。

●基本的能力としての和訳

　さて、ここからは、出題頻度が高い前述の3つの形式（和訳、読解、要約）に必要な能力を、研究・研修という側面から整理して、具体的にそれらの問題形式に対処する考え方や勉強方法をお話しします。まずは和訳からですが、前述の通り、3つの形式すべてで、最後には必ず和訳という作業が求められます。大学院入試の英語の問題では、英文を和訳することが基本的な能力として問われているといえるでしょう。

　和訳する際は、言外のニュアンスも含めて、その内容を変えてはいけません。例えば、「200円しかない」と解釈すべき英文を、実際に200円持っていることが変わらないからといって「200円ある」という訳文にすることは、和訳として不適切です。ニュアンスが変わってしまうからです。

　また、和訳にあたってもう1つ重要なのは、読みやすい日本語で書く、ということです。一部の大学入試の予備校で、「文法を正確に理解していることを採点官に示すために、和訳の答案は多少不自然でもあえて直訳で書く」という指導をしていると聞いたことがありますが、少なくとも大学院入試の和訳でそれは当てはまりません。先程から述べているように、大学院入試で想定されているのは研究・研修活動で、答案の文章は、自分の研究論文でその英文を使用すると想定し

て書くことが求められています。論文の読者は、書き手が英文法を理解している
かどうかを確かめたいのではありません。また、論文の書き手は、自分の主張を
読み手が理解してくれるように最大限努める義務があります。

　つまり、大学院入試の英語における和訳では、元の英文のニュアンスや指す内
容を変えずに、わかりやすい日本語に直すことが求められています。もちろん、
それぞれの大学院によって、入試で求めるレベルに差はあります。しかし、入学
後、修士論文をはじめとする研究・研修活動で、英語の文献を引用することを見
据えるのであれば、上記は必ず意識してほしいポイントです。研究において他の
研究者の表現やニュアンスを変えることは、自分の研究の信憑性に関わるだけで
なく、研究者倫理としても行ってはならない行為だからです。

●基盤となるのは英文法

　和訳を正確にわかりやすい日本語で行うには、様々な能力が必要になります。
英単語の知識、文法や語法の知識と技術、場合によっては英文で書かれている内
容についての前提知識が必要です。また、忘れがちですが、わかりやすい日本語
文を書くためには日本語の能力も不可欠です。

　最も重要なのは英文法です。これからの時代、英単語は（それが専門用語でも）
インターネットを使えばすぐに調べられますし、翻訳アプリも近年急速に精度を
上げてきています。一方で英文法は、その場で調べて適用するということが難し
く、また翻訳アプリでも間違うことが時々あります。英文法がわからないと、単
語がわかっていても文の意味がわからず、翻訳アプリが間違えているかどうかも
判断できずに、結果として文章を誤読する可能性が高くなります。誤読した情報
に基づいて研究をすれば、結果も正しく導かれません。

　入試の採点でも、単語を間違えるのと文法を間違えるのでは、後者の方が結果
的に大きな減点となります。例えば、"I like oranges." という文を「私はリンゴ
が好きです。」とするのと「オレンジが私に好きだった。」とするのとでは、後者
の方が大きく減点されるであろうことは一目瞭然でしょう。これは、そういう採
点基準がある、ということではなく、あくまで結果的な話です。単語の間違いは、
「オレンジ→リンゴ」というように、間違えた箇所が特定しやすいので、その単
語の部分だけの減点で済む可能性が高いですが、文法を間違うと、全く違う意味
の文になるか、そもそも文が成立しないので、文全体に点数がつかないことが多

いのです。

　以下は、先程の例題の下線部①の抜粋です。

One of the most influential inditements of the laboratory experimental approach has come from Bronfenbrenner (1979), who has described the current state of experimental child development as descriptions of strange environmental factors on one behavior of a child in an artificial situation.

　まずは、これを見て「長いから無理」と思わなくなることが、文法の能力を測る非常に大事な基準です。これは精神論ではなく、文法がきちんとわかっていれば、どんなに長い文でも一つひとつは知っていることの組み合わせであるとわかるからです。文法の能力がある人は、この英文を見て「面倒だな」とは思うかもしれませんが、「無理」とは絶対になりません。「長いから無理」となった人は、文法をきちんと学び直しましょう。

　具体的な内容としては、この英文に

One of the most influential inditements of the laboratory experimental approach **has come** from Bronfenbrenner (1979) [, who **has described the current state** of experimental child development as descriptions of strange environmental factors on one behavior of a child in an artificial situation.]

のような強弱と ［　］ をつけることができるようであれば、おおよそ文法は習得済みと考えていいと思います。太字（下線）部分がなぜ太字なのか、逆に太字部分以外がなぜ太字ではないのか、なぜ後半に ［　　］ がついているのか、なぜ who の前の，（カンマ）が ［　］ の中に入っているのかがわからない人は、英文法をきちんと学ぶ必要があると思われます。

●文法の学習は実用性を考えて

　英文法に関して、日本の英語教育（というより大学入試制度）は非常に優秀であり、大学入試レベル、つまりは高校レベルの英文法の学習でほぼすべてをカバーできます。ですので、独学で英文法を学び直したいときには大学入試の参考書

などを利用するのがよいでしょう。

　勉強の方法はそれぞれあってよいと思いますが、必ず意識していただきたいのは、文法用語やその解説を覚えるのに終始するのではなく、実際に自分がその文法事項を見かけたらどのように処理するかを具体的に決めることです。

　例えば、「to 不定詞」というものがあり、これには「名詞的用法」「形容詞的用法」「副詞的用法」があります。名詞的用法では「〜すること」、形容詞的用法では「〜する（ための）」、副詞的用法では「〜するために」と訳すことが多い、ということは、ほぼすべての受験英語の参考書に書いてあります。ほぼすべての参考書で、上記は図でキレイに整理されており、その図を書き写すと to 不定詞がわかったような気になります。

　しかし、その図を覚えるだけでは実際の英文の中で to 不定詞を解釈することはできません。3つの用法があるのに、どんなときにどれを適用すればよいのかの判断基準がないからです。

　to 不定詞を見かけたら、まずはそれが他の単語の語法（後述）の一部になっていないかを確認します。そうでなければ、それが主語か目的語の位置にあるかを確認します。その位置にあれば、その不定詞は名詞的用法です。なければ、名詞の直後にあってその名詞を修飾しているかを確認します。修飾していれば、その不定詞は形容詞的用法です。上記3つともに当てはまらなければ、その不定詞は副詞的用法です。不定詞は必ずこの順番で確認しないと、どの用法かを判断することができません。それぞれの用法によって訳語が違うので、用法を判断できなければ解釈ができません（ちなみに、主語とか目的語って何？と思った方は、そちらから復習しましょう）。

　慣れている人は上の下線部の判断を0.2秒でできます。外から見ると0.2秒でどの用法かを当てるので、初学者の方はこれを瞬時に当てる魔法のような方法があるのではと勘違いしますが、上記の判断を順番にやっているだけで、経験によって速く判断できるだけです。ですので、第六感で「じゃあこれは…『〜すること』！」と決めてしまうのではなく、あくまで上記の判断基準に従って順番に考えていきましょう。何度も繰り返すうちに、判断が速くなってきます。

　ここでは例として to 不定詞を扱いましたが、どのような文法事項であっても、実際に自分で判断して解釈する処理の順番を決めるのが文法学習です。参考書を選ぶ場合は、そのような実際の判断基準が説明されているものを選びましょう。

また、文法問題を出題する一部の大学院の対策としては、同じような問題形式の大学入試対策の問題集がお薦めです。先ほど述べたように、日本の文法教育システムは優秀で、大学院入試特有の英文法というものは基本的に存在しません。文法問題が出題されることはわかっていても問題の形式がわからない場合は、大学入試共通テストの問題形式を一通り解けるようにするのがよいでしょう。

●英単語は語法重視

　英単語の知識は、英文法ほどは優先順位が高くありません。これは、英単語が重要でない、という訳ではありません。英語を読むにあたって覚える必要がある英文法の量はある程度決まっている一方で、英単語はほぼ無限に存在し、学習の終わりがないため、どうしても「できるだけ覚える」という学習法にならざるを得ないからです。

　読解に必要な最低限の単語を覚えた上で、あとは日々の過去問題などの学習で、出てきた単語を時間があるときにできるだけ覚える。これを入試前日まで続ける、というのが最も合理的な単語学習の進め方になると思われます。「読解に必要な最低限」は、大学受験共通テストレベルの単語を目安にしてください。そのレベルを謳っている単語帳を本屋さんや図書館などでパラパラと読んでみて、書いてある単語の8〜9割がたを知っている、と思えたら、最低限は覚えていると判断してよいでしょう。一方で、書いてある半分もわからない、ということでしたら、その単語帳を購入したり借りたりして学習しましょう。このレベルはある程度しっかりと学習する必要があります。

　最低限より先は「できるだけ」という意識が重要です。人間である以上、使わない知識はどんどん忘れていきますので、「全部覚える」は不可能です。よく使われる単語は英語の参考書を読んだり問題を解いたりすれば何度も出てきますので、単語学習だけに時間を取るよりも、その都度知らない単語をマークして確認する方が効率よく学習できます。また、例えば correlation という単語は心理学に関する文章では「相関」と訳すことが多い、といった実践的知識も、単語帳での学習よりも参考書や問題演習の中で学習する方が身につきやすいです。

　その際、単語とその訳例を見てそれだけ覚えようとする方が大多数ですが、必ず「語法」を合わせて確認してください。語法とは、その単語がどのような単語と結びつきやすいか、その際に全体をどのように解釈するべきかの例です。よく

「イディオム」と混同されますが、両者は別のものです。イディオムとは、文化的な背景などによって、複数の単語列が個々の単語から予測できない意味を持つもので、日本語でいえば「二枚目」が「よい男」を表すようなものです。

　一方で、語法とは、例えば上記の例題で出てくる describe という単語でよく使う訳例は「定義する」ですが、後に as を伴うことが多く、describe ○○ as ××という形で「○○を××と定義する」という意味になります。これを覚えていると、例題の文の後半部分が非常に解釈しやすくなります。逆にこれを覚えていないと、as をどのように解釈するかで悩む時間をロスすることになります。

　また、専門用語については、英語とその日本語の定訳を覚えていないと訳せません。例えば、reactive attachment disorder は「反応性愛着障害」という訳語が決まっています。また基本的な人名についても、綴りとカタカナを対応させておくのがよいでしょう。すべての人名を正確に書かなければいけない、ということではありませんが、例えば Rorschach – ロールシャッハ など、基本的な人名は間違えると減点になる可能性があります。これらについては、専門の勉強の際に、用語や人名を英語でも確認しておく癖をつけると、効率よく学習できます。

●英語の読解力

　ここまでは、大学院入試の英語問題を解く際に基本的な能力である「和訳」をするために、どのような考え方や学習が必要かを紹介してきました。しかし、大学院入試では、和訳が一定以上の水準でできることはあくまで前提です。その上で、大学院入試で問われることが多く、また合格後の活動においても非常に重要となるのは、英語の読解力です。

　ここでいう「読解力」とは、文章全体を、その言外の意味も含めて読み取る能力です。「文脈をとる」ともいいます。「文脈」というと、「行間を読む」や「何となくわかる」など、抽象的に理解している方が非常に多い印象ですが、ここでいう文脈とは、そのような超能力めいたことではありません。文脈とは、特定の単語や表現があることで、前後の文や段落との関係が決まることをいいます。

　例えば、however という表現は「逆接」と呼ばれ、それがついている部分はその前の部分に反することが書かれている、ということをご存知の方は多いかと思います。では、however のついた文とその前の文では、どちらの方がより「筆者の伝えたい内容」か、と聞かれると、一瞬迷う方も多いのではないでしょうか。

答えは、必ず後の方がメインで伝えたいことです。日本語でも、「私はりんごが好きだが彼はみかんが好きだ」と「彼はみかんが好きだが私はリンゴが好きだ」は、指している事象は同じですが、メインで伝えたいことが異なっており、それは逆接の必ず後の部分になっています。

この、「後の方がメインで伝えたい内容である」というのが「言外の意味」です。文のどこにも「重要」という言葉は出てきていませんが、逆接を置くだけで重要度合いの強弱をつけることができるのです。

例題でも however は複数箇所で出てきています。例えば以下の部分。

The experimental results may tell us that by exposing children to specific toys, we can change their play in predictable directions. It may be, **however,** that in the real world these children don't play with these toys and, as such, their play behavior in the experimental settings is different from their play in the real world.

2文目に however がついていますので、1文目（The experimental 〜）よりも2文目（It may be 〜）の方がより重要な部分と読み取れます。

読解とは（日本語でも英語でもそうですが）、この「文脈をとる」ことの繰り返しです。根拠となるのは「書いてあること」であり、どこにも書いていないことを想像を根拠にして表現するのは、研究の世界では「捏造」になります。つまり、読解がきちんとできるかどうかは、研究活動が正確にできるかどうかを測る1つの指標になります。入試の英語でこの「読解力」を測る問題を出す大学院が多いのは、こういった側面もあるのでしょう。

●英文を日本語で読解しない

さて、英文を読解する際に大事なのは、英文を日本語にしてからではなく、英文のまま読解するということです。英語と日本語は構造も文化背景も全く違う言語なので、「文脈」の作り方が全く違います（たまに前述の however のような一致はありますが）。ですので、英文を日本語にしてから読解しようとすると、読解ができなかったり、間違った読解をしたりする原因となることがあります。

例えば、例題の問2（下線部①を具体的に説明しなさい）を考える際、英語の「基

本の流れは『抽象→具体化』と『事象→説明』である」と、「同じ表現を繰り返し使う場合は、『具体化』『対比』『列挙』のどれかを表す」という 2 つの文脈ルールが根拠になります。

② **We should** not throw out the baby **with** the bath water, however. Experiments are important in child development to identify possible causes. **Experiments can** be **ecologically valid** (Bronfenbrenner, 1979). Such experiments **should** be analogues to children's real-world environments and **we should** compare such experimental results **with** naturalistic results. Following these guidelines, we **can** test the **ecological validity** of an **experiment.**

3 行目の（Bronfenbrenner, 1979）を境に、前半部分と後半部分では同じ表現が繰り返し使われているのをみて取ることができます（太字（下線）部分）ので、後半部分は前半部分の「具体化」「対比」「列挙」のどれかであると推測できます。加えて、前半部分と後半部分の間には特に論理展開を表す表現（Discourse Marker といいます）がありませんので、ここは英文の基本である「抽象→具体化」か「事象→説明」という流れになっている可能性が高いとも判断します。2 つのルールの合致する部分を取ると、後半部分は前半部分を「具体化」していると読み取ることがきます。

下線部②は前半部分の中で We should … with -- を使った部分ですので、それを具体化しているのは後半部分の中で同じく we should … with -- を使った部分であると判断できます。したがって、解答となるのは we should compare such experimental results with naturalistic results の部分であると特定できます。

この後きちんと答案にするには、特定した部分内の such を解釈した上で文を和訳しなければなりませんが、それは割愛します。ここで重要なのは、該当部分を最初に和訳してしまうと上記の読み方はできない、ということです。日本語には上記のような文脈のルールはないので、日本語にしてしまった瞬間に、この問題の解答の根拠は失われてしまいます。困った挙句、「読解問題の答えは直後にあることが多い」などの根拠薄弱なテクニックに沿って、下線部直後の Experiments are important in child development to identify possible causes. の部分を解答にしたり、「具体的」という設問文に惑わされて For example 以下の部分を解答に

したりしてしまう、というパターンが、この問題に限らず非常に多く見受けられます。

　この問2は、実際にこのまま出題された問題です。大学院の先生方も、英文を英文のままきちんと読解できる学生を求めている、ということが、この設問から見てとれるかと思います。

●要約もあくまで読解

　例題問3の「要約」という作業について、皆様の中には、「要約とは本文の内容を自分の言葉で短く書き直す作業だ」とお考えの方もいらっしゃるかもしれません。しかし、要約とは、本文の中で重要な部分と比較的重要でない部分を分けて、重要な部分のみを取り出してまとめるという作業です。実際に自分で論文を書く際に要約（間接引用）をするのであれば、まとめる段階で表現をいろいろと工夫する必要もあるかと思いますが、基本的に試験という限られた時間内であれば、本文の表現をそのまま使って解答することが想定されています。

　重要な部分を取り出す、というのは、文章全体を読解することで可能になります。読解をした上で、同じことを繰り返している部分はより抽象的な部分を残し、筆者が説明をわかりやすくするために置いた部分（具体例や反語、一般論など）を消していくことによって、抽象的な（＝短くまとまった）筆者の主張を炙り出していく、という作業になります。ここでも重要なのは、英文のまま読解する、ということです（そもそも、試験を想定すれば、全文を和訳してから要約を考える、という時間的余裕はないはずです）。

　また、上記の「具体 ― 抽象」の判断に加えて、「主観（筆者の頭の中で考えている） ― 客観（第三者が観測できる）」の判断も必要です。主張というのは、筆者の頭の中で考えていることですから、主観として表現されることが多いです。そして英語では、文が主観であるか客観であるかを、法助動詞（shall, must, will, can, may と must 以外のそれぞれの過去形）の有無で区別しています。つまり、筆者の主張は、法助動詞を使って表現されている可能性が高いということになります。ちなみにこの法助動詞による主観 ― 客観の区別は日本語にはありませんので、やはり英文のまま読解することが重要です。

　※「主張は法助動詞を使って表現されることが多い」というのは「法助動詞が使われていればすべて主張である」ということではありませんので、注意し

てください。また、世の中の文章の中には、純粋に客観的で主張がない（と少なくとも書き手が考えている）文章も多くありますので、それも注意が必要です。

それらの判断を総合し、例題の文章を一番短く集約すると、

・Such experiments should be analogues to children's real-world environments and we should compare such experimental results with naturalistic results.

・If we are interested in understanding development, or changes within individuals across time, we should study them across time.

の２文にできます。この２文のうち片方でも欠けている答案は要約として不十分とみなされるでしょう。少しだけ解説すると、後半２つの段落は最終段落に「列挙を追加する」という役割の also があり、また助動詞 should があることから両方とも主張の部分であると仮定し、同段落内で具体例と比喩表現を省き、助動詞の部分を拾った結果です。ここまで絞ってから、実際に意味を考えてみてそれで大丈夫かを確認します。

　もちろん、これも最終的に答案にするには such の具体的な内容などを前後から解釈し、それぞれの用語についての説明を付け加える必要はありますが、まず読解して必要な部分が特定できるかどうかが非常に重要である、ということはご理解いただけたかと思います。

　要約の問題は字数制限が付されることが多いですが、どんな字数であっても、まずは一番短い要約を確定して、そこに必要な字数分の周辺情報を付け加えていく、という順番が大事です。無計画に先頭の段落の内容から書いていって、気付いたら制限の字数を超え、一番重要部分を書き漏らしてしまう、というのは、よくある悲劇の１つです。逆に、一番重要な部分が書かれていれば、字数が大幅に足りなくてもある程度の点数を与える、という大学院は多くあります。

●読解力をつけるには

　問２のような設問であっても問３のような要約であっても、鍵となるのは読解

力であるといえます。また、先ほど述べた通り、大学院の研究において英語の読解力は必要不可欠といえます。では、読解力をつけるにはどうすればよいでしょうか。

予備校講師の私が言うと営業トークに聞こえるかもしれませんが、読解力というのは独学では身につきにくい能力です。読解力とはつまり、自分の知っている文脈のルールが今読んでいる文章内で使われている、ということに正確に気付く能力です。文脈のルールに関しては参考書等で知識をつけることができても、自分が「正確に気付く」ことができているかどうかは、実際に気付くことのできる人を隣に置いて読んでみないことにはわかりません。ですので、予備校や個別指導など、何らかの形で「気付くことができる人」を確保し、その人と一緒に、英文を読み問題を解く、と言う作業を繰り返すことが最も合理的です。

もしそれが難しいようであれば、問題集を買ってその解説文から自分で「気付き」を学習するのも、解説文を読み解くという負担は増えますが、一つの有効な手段ではあります。その場合は、必ず、読解の解説が充実しており、かつ、解説の根拠が英文の文脈ルールに基づいているものを選びましょう。解説がついていない模範解答のみのものは論外ですし、また解説が日本語で書かれた意味を根拠にしているようであれば、その問題集は少なくとも英文の読解力をつけるのには不適格です。これについては、予備校や個別指導などを探す際にも、英文の読解をどのように解説するか、一度確認することをお勧めします。

●アウトプット中心の学習を

まとめると、大学院入試の英語の問題は、研究において使える英語能力を測ることを目的としており、前提として和訳の能力、その上で読解力が問われることが多い、ということになります。和訳の能力を向上させるためには、まずは英文法の知識を基盤として、英単語、英文を読むにあたっての前提知識、日本語能力などをできるだけ向上させていくことが必要です。読解には、文脈のルールに関する知識と、実際の文章中でそれに気付く能力が必要です。

ちなみに、「前提知識」は、心理学系の大学院であれば心理学や精神医学に関する英文が多いと思われますので（特定の分野しか出さないという大学院もありますので、過去問題で確認してみてください）、専門科目の対策をしっかりやれば自ずとついてくるものと思われます。ジャンルを問わず様々な英文を出題する

大学院の場合は、前提知識がなくても英語の能力だけで解けるように問題設計がされていますので、あまり心配し過ぎずに、和訳能力と読解力を訓練しましょう。

　上記のいずれも、実際に英文を読んで解釈するという練習なしには向上しません。例えば英単語にしても、単語帳などで見るだけでなく、実際の英文の中でどのように使われるのかを体験しないとなかなか身に付きません。ですので、学習の早い段階から、興味のある分野の英語の論文を読んだりして経験を積みましょう。興味のある分野がないが心理系の英文が読みたいという場合は、心理系大学院の英語対策として「ヒルガードの心理学」を英語で読む、という参考書がいくつか出ていますので（なぜ必ず「ヒルガード」なのかは謎ですが）そちらも活用するとよいでしょう。

　最初のうちは全く歯が立たなくても構いません。その中でもわかる部分を探して、わからない部分は何が原因でわからないのかを分析してください。チェックポイントは文法、単語、前提知識、文脈のルールの４つです。最初のうちは、チェックポイントのすべてがわからない、ということもあり得ますが、その場合はまず文法から、最初の到達点として一文一文が読めることを目標に、学習を重ねてください。可能であれば、文法の解説をしてくれる人を確保するか、文法の解説がついている英文を読むのがよいでしょう。

　やり始めるとわかりますが、この学習はけっこう時間がかかります。ですので、「まずは文法と単語を『完璧』にしてから実際の文章に取り組もう」ではなく、それらを学習するツールとして実際の文章を利用してください。

　ある程度読むことに慣れてきたら、実際に問題を解くことも早めに始めましょう。実際の問題で読解力を高めるのと同時に、日本語能力を高めることにもつながります。これに関しては、前述の通り、可能であれば誰かに添削と解説をしてもらう方がよいと思われます。問題集などの解説を読んで学習する場合は、自分のどこが足りなかったのかは自分で考えることになります。

　問題は、自分が受験する大学院に限らず、様々な問題を解いてみましょう。今まで述べてきたように、どの問題であっても和訳の練習は大事ですし、和訳以外のどの問題であっても読解力が鍛えられます。一方で、自分の受験する大学院が和訳しか出題しないことがわかっているのであれば、読解問題を解かずに和訳を中心に鍛えるのもよいでしょう。

本章ではこの本全体の性質上、大学院入試の文脈から英語学習のお話をしました。しかし、大学院入試に限らず、英語の和訳能力と読解力は様々な場面で必要になります。インターネットが普及し、誰もが動画で発信できるようになった今、改めて文章の読解と発信が重要性を増してきています。また、世界中で起こっている出来事やそれについての意見を知るにあたって、英語は少なくとも日本語より有用なツールです。大学院入試までまだ時間がある皆さんも、大学院入試を受けるかどうかまだ決まっていない皆さんも、是非今日から英語の和訳と読解を学習し始めてみてください。

公認心理師試験に合格するための勉強法5ヵ条

第1条　ブループリントを手に入れるべし！

　まず、ブループリントとは何か、というところから説明をしていきます。ブループリントとは、公認心理師試験の文部科学大臣、厚生労働大臣指定試験機関・指定登録機関である「一般財団法人日本心理研修センター」が出している公認心理師試験の出題基準であり、正式には、「公認心理師試験出題基準・ブループリント」と呼ばれます。ここに、「公認心理師試験出題基準・ブループリントの趣旨」（p.2）がありますので引用します。

1　公認心理師試験出題基準とは
　（1）定義
　公認心理師試験出題基準は、公認心理師試験の範囲とレベルを項目によって整理したものであり、試験委員が出題に際して準拠する基準である。
　（2）基本的考え方
　全体を通じて、公認心理師としての業務を行うために必要な知識及び技能の到達度を確認することに主眼を置く。
2　ブループリントとは
　ブループリント（公認心理師試験設計表）は、公認心理師試験出題基準の各大項目の出題割合を示したものである。これに基づき、心理職に対するニーズが高まっている近年の状況を踏まえ、社会変化に伴う国民の心の健康の保持増進に必要な分野を含めた幅広い分野から出題するほか、頻度や緊急性の高い分野についても優先的に出題することになる。（p.2）

この引用からブループリントとは、出題割合を示した公認心理師試験設計表のことを指し、公認心理師試験出題基準とは、大・中・小項目に掲載されているキーワードのことで試験委員の先生方が出題に際して準拠する基準を指していることがわかります（ただし、一般的には、これらを総称して「ブループリント」と呼ばれることが多いので、ここでも一括して呼ぶ場合にはブループリントと呼びます）。

つまり、公認心理師試験の問題は、このブループリントを基にして作成されています。それは、次の「公認心理師試験出題基準の利用法」（p.3）においてもその旨が記されています。

公認心理師として業務を行うために必要な基本的知識及び技能を具体的な項目で示したものが、公認心理師試験出題基準・ブループリントである。公認心理師試験委員会は、公認心理師試験の妥当な内容、範囲及び適切なレベルを確保するため、この基準に拠って出題する。（p.3）

そのため、勉強を始めるにあたって、「何から勉強したらいいかわからない」「大学や大学院の授業でたくさんの科目を勉強でしてきたけど、何が試験に出されたりするのかわからない」といった方々は、まずは、「一般財団法人日本心理研修センター」のHPからブループリントを手に入れるところから始めましょう。

第2条　ブループリントの出題割合を確認するべし！

ブループリントを手に入れたら、まずは、「ブループリント（公認心理師試験設計表）」（p.5）を見てください。この到達目標（目安）の①～㉔にあげられている名称は、次の公認心理師試験出題基準の大項目にあげられている項目名になります。例えば、「①公認心理師としての職責の自覚」「②問題解決能力と生涯学習」「③多職種連携・地域連携」の3つは、大学や大学院では「公認心理師の職責」という科目名で授業が行われていた項目です。他では、「⑦知覚及び認知」は、大学や大学院では「知覚心理学」「認知心理学」「知覚・認知心理学」といった科目で授業が行われていたところが多いかと思います。

ここで１つ注目してもらいたいのは、右端にある「出題割合」です。例えば、先ほど見た公認心理師の職責に関連する①～③の項目で「約９％」になっています。これは、「⑯健康・医療に関する心理学」「⑰福祉に関する心理学」「⑱教育に関する心理学」と同様、全体の中では最も高い割合になっています。公認心理師試験は午前午後合わせて154問で構成されていますので、14問弱出題される計算になります。また、この９％の出題割合を230点満点で点数化すると20.7点となり、約20点になります。これは、230点満点のうち合格基準である60％程度以上、つまり138点（第４回試験は合格基準が問題の難易度で補正され143点以上の者が合格）が合格点である公認心理師試験においては、非常に大きな割合を占めています。

　ただし、毎回きっちり９％の割合で出題されているかというと、そうとは言えない傾向があります（表3-1参照）。これは、筆者が第１回公認心理師試験から第３回公認心理師試験までのすべての問題のうち、公認心理師試験出題基準の公認心理師の職責のどのキーワードに該当するか、を分析したものになります。問題によっては、複数のキーワードに該当するものもありますが、最も近いであろうキーワードを１つ選んでいます。

　まず、2018年９月９日の第１回公認心理師試験の割合を見てください。何と「３％」（！）です。受験生全員にとってはじめての第１回の試験であり、ブループリントでも「９％」と表示されていましたので、多くの方がもっと公認心理師の職責に関する出題があると予想されていた中での衝撃の３％でした。

　今後も公認心理師法や職責は「そんなに出ないのではないか」との憶測も出るくらいでありましたが、そのようなことはなく、同じ年の2018年12月16日の第１回公認心理師試験（追加試験）では、ブループリントの出題割合通りの９％の出題になっていました。続いて、第２回公認心理師試験では８％、第３回公認心理師試験では６％とやや減少傾向ではあるものの、だからといって今後も減少傾向が続くとはもちろん言い切れません。また、出題割合が急激に増える可能性もあり、そう考えると、やはり、「公認心理師の職責」については、出題割合が「９％」ということを念頭に置いておいた上で勉強を進める方が賢明であると思われます。

表 3-1　公認心理師の職責の出題傾向

2018/9/9　第 1 回公認心理師試験

※[1] 科目名	※[2] 出題されたキーワード	※[3] 点	※[4] 割合
①	公認心理師法 30/108、地域連携 78、秘密保持義務 47、関係者等との連携等 3、多重関係 107	6	3%
②	スーパービジョン 46	1	
③		0	

2018/12/16　第 1 回公認心理師試験

①	公認心理師法 1/47、公認心理師の法的義務及び倫理 110、秘密保持義務 78、資質向上の責務 108、倫理的ジレンマ 2、自殺の予防 139/153、情報の適切な取扱い 126、プライバシー保護 42、チーム医療 38/49	16	9%
②	スーパービジョン 3	1	
③	家族との連携 152	3	

2019/8/4　第 2 回公認心理師試験

①	公認心理師法 1/35/50/74、公認心理師の定義 107、秘密保持義務 39、関係者等との連携等 102、自殺の予防 34/95/106、情報の適切な取扱い 126、チーム医療 138	16	8%
②	生涯学習への準備 58、スーパービジョン 121	2	
③	自己責任と自分の限界 120	1	

2020/12/20　第 3 回公認心理師試験

①	公認心理師の法的義務及び倫理 117、関係者等との連携等 35、多重関係 109、リスクアセスメント 71、自殺の予防 3、インフォームド・コンセント 78	8	6%
②	生涯学習への準備 58、スーパービジョン 110	2	
③	保健医療等との連携 1、自己責任と自分の限界 33、支援に関わる専門職と組織 79	3	

※[1]　科目名の①、②、③は一般財団法人 日本心理研修センター 公認心理師試験出題基準ブループリント（公認心理師試験設計表）の大項目①公認心理師としての職責と自覚、②問題解決能力と生涯学習、③多職種連携・地域連携に対応。

※[2]　出題されたキーワードはブループリントの中項目、小項目に対応。また、キーワードの後にある数字は問題番号、下線があるキーワードは事例問題に対応。

※[3]　点は、採点基準の一般問題 1 点、事例問題 3 点で換算した際の点数。

※[4]　割合は、※[3] の点数を全体の合計得点 230 点で割った数字。全体の内、何点くらいがこの領域で出題されているのかを表している。

第3条　公認心理師試験 出題基準を確認するべし！

第3条の1　最新のブループリントと前回のブループリントを比較するべし！

　これは、例えば、第4回試験のブループリントと第5回試験のブループリントを比較しましょうということです。なぜそのようなことをする必要があるかと言いますと、前回の試験のときの公認心理師試験出題基準にあげられているキーワードから最新のキーワードに若干の変更があったりするからです。実際、第1回試験以降、毎回少しずつ以前あったキーワードが消えていたり、新しいキーワードが追加されたりしています。そして、重要なのは、

「新しく追加されたキーワードはその年の試験に出題される確率が高い！」

ということです。

　例えば、第3回公認心理師試験のときにはなく、第4回公認心理師試験のときの公認心理師試験出題基準に追加されたキーワードでは、②問題解決能力と生涯学習の「心理職のコンピテンシー」、③多職種連携・地域連携の「アドバンス・ケア・プランニング〈ACP〉」（このキーワードは⑰福祉に関する心理学にも重複してあげられました）、⑯健康・医療に関する心理学の「医療倫理」、⑱教育に関する心理学の「アクティブラーニング」などがあげられます。そして、これらのキーワードはすべて第4回公認心理師試験で出題されたものになります。他にも新しく追加されたキーワードで、第4回公認心理師試験で出題されたものもあり、それらを得点として合計すると「10点」程度にはなります。「1点」が合否に関わる試験において、「10点」が取れるための勉強を出来るかどうかは、とても重要になります。また、京都コミュニタスでは、毎年の公認心理師試験の直前の時期に「新出キーワード対策講座」も開催していますので、そのような講座を利用して、直前に新しいキーワードを総チェックしてもらってもよいかと思います。

第3条の2　頻出キーワードと未出題キーワードをチェックするべし！

　頻出キーワードと未出題キーワードをチェックするにあたって、まずは、公認心理師試験の過去問を入手しましょう。過去問は「一般財団法人日本心理研修センター」のHPから入手することができます。

ここでは、どのキーワードがよく出題されているのか、あるいは、どのキーワードがまだ出題されていないのか、をチェックしていきましょう…ということですが、各問題がどのキーワードに関連する出題になるのかを判断すること自体が難しいかと思います。そのため、次に第1回公認心理師試験から第3回公認心理師試験まで、どの問題番号がどのキーワードに該当するかを一覧にしてみました（表3-2 ～ 3-5参照）。表の見方については、表3-1の※1 ～ 4の説明をご参照ください。

　例えば、「②問題解決能力と生涯学習」の小項目のキーワードである「スーパービジョン」は、第1回から第3回まで毎回出題されています。このようなキーワードは、非常に重要度が高く、過去問を解いて解説を見て勉強するだけでも、試験に必要な知識を得ることができます。

　また、未出題のキーワードがまだ多く残っている項目は、いわゆる基礎心理学の項目です。基礎心理学の項目は、「⑦知覚及び認知」「⑧学習及び言語」「⑨感情及び人格」「⑪社会及び集団に関する心理学」「⑫発達」などです。「⑫発達」については、中項目の「(4) 非定型発達」に発達障害関連が含まれており、出題割合も約5%とやや高くなっていますが、他の項目は約2%で出題割合も低い方になっています。そのため、小項目のキーワードは一定数あげられていますが、まだ、出題されていないキーワードもあったりします。実際、第1回公認心理師試験のときから出題基準にあげられていた小項目のキーワードで、第2回試験まで出題されなかったものが、第3回試験で予想通り出題されたということもありました。試験回数を重ねていけば、未出題のキーワードは減っていくかと思われますが、新出キーワードでもすぐにその年の試験では出題されず、次の年の試験で出題されたりすることもありますので、多少なりとも残っていくと思われますので、この未出題キーワードもチェックが必要です。

第4条　知識をインプットするべし！

　第3条までで、ブループリントの分析をしてきました。それほど、ブループリントは、公認心理師試験を受けるにあたって、重要な情報が豊富に存在しているということを意味しています。ただ単に、

①参考書を使って勉強を進めていく

②最新のブループリントを手元に用意して、参考書を使って順番に勉強していく

だけでは、どこを重点的に勉強していけばよいのか、何を知識として覚えていけばよいのかといったことが手探りの状態になり、効率のよい勉強の進め方にはなりにくいと思います。

　そのため、まずは、ブループリントの分析が必要になるわけです。ブループリントを分析し、

③出題割合が高い項目や頻出、未出題、新出キーワードなど出題される確率が高いキーワードから勉強していく

ことが出来た方が、はるかに効率的であるということはご理解いただけるかと思います。

第4条の1　出題割合が高い項目から勉強を進めるべし！

　改めて、ブループリント（公認心理師試験設計表）を見てみましょう。第2条でも見てきましたが、公認心理師の職責に関連する「①公認心理師としての職責の自覚」「②問題解決能力と生涯学習」「③多職種連携・地域連携」の①〜③の項目で出題割合が約9％、他にも「⑯健康・医療に関する心理学」「⑰福祉に関する心理学」「⑱教育に関する心理学」がそれぞれ約9％で、全体の中では最も高い割合になっています。単純に計算すると、この4つの領域で「約36％」になります。

　さらに、次に高いのが「⑭心理状態の観察及び結果の分析」で約8％、次が「⑮心理に関する支援（相談、助言、指導その他の援助）」「㉓公認心理師に関する制度」で約6％になっています。先ほどの4つの領域の「約36％」に、この3つの領域を足すと合計で「約56％」になり、この7つの領域で、半分以上の出題割合になります。この通りの割合で毎回出題されているわけではありませんが、「⑫発達」「㉒精神疾患とその治療」のそれぞれ約5％を含めると合計約66％になり、約7割になります。

　過去の公認心理師試験を分析してくる中では、上記の項目の出題割合が高いのは確かにその通りですので、まずは、これらの項目から勉強を始めていくことを優先していくことをお勧めします。

表 3-2　第 1 回公認心理師試験の出題傾向

2018/9/9　第 1 回公認心理師試験

※¹ 科目名	※² 出題されたキーワード	※³ 点	※⁴ 割合
①	公認心理師法 30/108、地域連携 78、秘密保持義務 47、関係者等との連携等 3、多重関係 107	6	
②	スーパービジョン 46	1	3%
③		0	
④	認知心理学 79、認知行動アプローチ 80、社会構造主義 117	3	1%
⑤	心理学における研究倫理 81、実験法 150、観察法 83、重回帰分析 41、仮説検定 113	7	3%
⑥	実験計画の立案 136	3	1%
⑦	心理物理学 82、短期記憶 6、長期記憶 84	3	1%
⑧	古典的条件づけ 7、オペラント条件づけ 5、言語の習得における機序 42、共同注意 85	4	2%
⑨	基本感情論 86、特性論 9、パーソナリティ検査 8	3	1%
⑩	中枢神経 87、機能局在 11、視床下部 88、自律神経 25、脳波 10	5	2%
⑪	社会的認知 13、思考 14、不適切な養育 12	3	1%
⑫	Piaget の発達理論 89、アタッチメント 90、ライフサイクル論 15、乳児期 31/43、ASD91、ADHD32/132、アタッチメント障害 110、高齢者の心理社会的課題と必要な支援 125、喪失と悲嘆 20、	11	5%
⑬	国際生活機能分類〈ICF〉126、発達障害 45、特別支援教育 27	3	1%
⑭	テストバッテリー 137、アセスメント 62、ケース・フォーミュレーション 18、インフォームド・コンセント 63、インテーク面接 142、関与しながらの観察 44、質問紙法 109、投影法 17/115、描画法 16、知能検査 76、発達検査 92	22	10%
⑮	心理療法 4/102/128、認知行動理論 50/151、人間性アプローチ 114、アウトリーチ（訪問支援）40/152、エビデンスベイスト・アプローチ 116、共感的理解 121、作業同盟 139、動機づけ面接 64、負の相補性 138	23	10%
⑯	生活習慣病 133、ストレス症状 95、心身症 129、自殺対策 34、職場復帰支援 77/130、依存症 94/149、認知症高齢者 154、ひきこもり 19/67、災害時等の心理的支援 93/96、心理的応急処置 1/24、	23	10%
⑰	知的障害 97、要保護児童 2、身体的虐待 59、認知症 24/131、高齢者虐待 74、喪失 148、環境調整 143、虐待への対応 144、障害受容 21、介護 140、HDS-R51	24	10%
⑱	内発的動機づけ 145、自己効力感 22、原因帰属 118、学習性無力感 23、不登校 70、学級崩壊 146、いじめ 147、非行 71、学業不振 68、スクールカウンセリング 52、教育関係者へのコンサルテーション 69/123、アセスメント 61/122、チーム学校 36/98、学生相談 141	35	15%
⑲	裁判員裁判 53	1	0%
⑳	キャリアコンサルティング 72、障害者の就労支援 75、ワークライフバランス 37、リーダーシップ 111、安全文化 49、動機づけ理論 100	10	4%
㉑	難病 65、緩和ケア 54/66	7	3%
㉒	主な症状と状態像 33、総合失調症 103、神経症性障害（F4）26/35/153、生理的障害（F5）101、成人のパーソナリティ及び行動の障害（F6）48、副作用 104、向精神薬 55/73、精神科へ紹介すべき症状 134	15	7%
㉓	医療法 57、精神保健福祉法 58/60、DV 防止法 120、いじめ防止対策推進法 38、通級 127、少年法 99、医療観察法 119、保護観察制度 56、家庭裁判所 105、少年院 106、労働安全衛生法 28、障害者雇用促進法 39、心の健康の保持増進のための指針 29/112、ストレスチェック制度 135	18	8%
㉔		0	0%

表3-3 第1回公認心理師試験（12月試験）の出題傾向

2018/12/16 第1回公認心理師試験

※[1] 科目名	※[2] 出題されたキーワード	※[3] 点	※[4] 割合
①	公認心理師法 1/47、公認心理師の法的義務及び倫理 110、秘密保持義務 78、資質向上の責務 108、倫理的ジレンマ 2、自殺の予防 139/153、情報の適切な取扱い 126、プライバシー保護 42、チーム医療 38/49、	16	9%
②	スーパービジョン 3	1	
③	家族との連携 152	3	
④	構成主義 5、ゲシュタルト心理学 4、認知行動アプローチ 92、人間性アプローチ 80	4	2%
⑤	実験法 119、観察法 81、因子分析 6、確率分布 82	4	2%
⑥	実験計画の立案 148、結果 136	6	3%
⑦	心理物理学 7、人の認知・思考の機序 118/120、長期記憶 24、記憶障害 9	5	2%
⑧	オペラント条件づけ 39、言語獲得過程 40	2	1%
⑨	感情に関する理論 51、感情と認知 84、感情の発達 124	3	1%
⑩	機能局在 127/128、睡眠 99、高次脳機能障害の原因 61	6	3%
⑪	援助行動 85、対人認知 10、印象形成 41、家族システム論 86	4	2%
⑫	知能指数 32、不適切な養育 19、行動遺伝学 8、青年期 111、生成継承性 137、神経発達症群 52、知的能力障害 88、高齢者の心理社会的課題と必要な支援 33、加齢による心身機能の変化 50	11	5%
⑬	身体障害 87、合理的配慮 12	2	1%
⑭	テストバッテリー 72、アセスメント 13/34、インテーク面接 16、司法面接 98、関与しながらの観察 14、心理検査の種類 90、自然的観察 44、質問紙法 15/73、作業検査法 91、発達検査 11/122/129/138	21	9%
⑮	精神力動理論 53、認知行動理論 60/89/140、カウンセリング 151、共感的理解 149、作業同盟 121、	15	7%
⑯	ストレス反応 100、ストレス症例 112、バーンアウト 17、心身症 75、タイプA行動パターン 130、がん 26、チーム医療と多職種連携 141、職場復帰支援 54、認知症高齢者 142、ひきこもり 93、災害時等の心理的支援 95、心理的応急処置 63	20	9%
⑰	少子高齢化 131、身体的虐待 69/154、ネグレクト 64、認知症 18/25/62/76/94、愛着形成の阻害 36、PTSD117、虐待への対応 79/109、認知症に関する必要な支援 37	24	10%
⑱	内発及び外発的動機づけ 125、自己効力感 83、原因帰属 150、不登校 21/67、学業不振 66、スクールカウンセリング 45/70、教育関係者へのコンサルテーション 65/144、アセスメント 145、	25	11%
⑲	少年非行 20/106、面会交流 146、司法・犯罪分野における問題に対して必要な心理的支援 22	6	3%
⑳	職場における問題に対して必要な心理的支援 59、過労死 23、ハラスメント 71、ストレスチェック制度 147、ワークライフバランス 116、安全文化 123、動機づけ理論 56	13	6%
㉑	がん 74	3	1%
㉒	主な症状と状態像 101、総合失調症 133、生理的障害（F5）27、成人のパーソナリティ及び行動の障害（F6）102、薬物療法・心理療法 77、副作用 57、錐体外路症状 103、精神科へ紹介すべき症状 28	10	4%
㉓	医療法 104、精神保健福祉法 105、介護保険制度 113/134、児童福祉法 55、児童虐待防止法 132、障害者総合支援法 48、高齢者虐待防止法 58、DV防止法 96、教育分野に関する制度 30/97、学校教育法 29、いじめ防止対策推進法 43、通級 143、医療観察法 31、保護観察制度 115、家庭裁判所 35、保護観察所 68、少年鑑別所 114、産業・労働分野における法律 107、労働者派遣法 46	25	11%
㉔	健康日本21 135	1	0%

表 3-4 第 2 回公認心理師試験の出題傾向

2019/8/4 第 2 回公認心理師試験

※1 科目名	※2 出題されたキーワード	※3 点	※4 割合
①	公認心理師法 1/35/50/74、公認心理師の定義 107、秘密保持義務 39、関係者との連携等 102、自殺の予防 34/95/106、情報の適切な取扱い 126、チーム医療 138	16	8%
②	生涯学習への準備 58、スーパービジョン 121	2	
③	自己責任と自分の限界 120	1	
④	心理学・臨床心理学の成り立ち 3、社会構成主義 141	4	2%
⑤	実験法 122、実践研究 112、心理学で用いられる統計手法 7、分散分析 80/136、統計に関する基礎知識 5、尺度水準 6	9	4%
⑥		0	0%
⑦	物体とシーンの知覚 81、長期記憶 8/37、記憶障害 84	4	2%
⑧	般化 9、語彙獲得（共同注意）108、ディスレクシア（読字障害）84	3	1%
⑨	基本感情論 79、感情と情報処理 10、気質 109	3	1%
⑩	視床下部 83、神経伝達物質 12	2	1%
⑪	社会的影響 13、対人認知 114/127、社会的推論 137、養育信念 110、不適切な養育 20/21	9	4%
⑫	Piaget の発達理論 128、社会化と個性化 14、友人関係 85、ASD15/91、ADHD93、高齢者の心理社会的課題と必要な支援 71	9	4%
⑬	アセスメント 67、合理的配慮 97、応用行動分析 129	5	2%
⑭	テストバッテリー 16/60/61/69、アセスメント 140、半構造化面接 38、インテーク面接 63、生物心理社会モデル 78、関与しながらの観察 17、知能検査 4/23/87/123/130/139、発達検査 88、適切な記録 45、報告 125	30	13%
⑮	認知行動理論 152、人間性アプローチ 18、集団療法 111、災害時における支援 66/105、地域包括ケアシステム 153、コミュニティ・アプローチ 90、カウンセリング 48、傾聴 62、動機づけ面接 142	20	9%
⑯	生活習慣と心の健康 53/64/115、ライフサイクルと心の健康 19、ストレス症状 119、心身症 47、予防の考え方 131、チーム医療と多職種連携 49/76、リエゾン精神医学 2、職場復帰支援 154、依存症 124、ひきこもり 65、	21	9%
⑰	知的障害 132、身体的虐待 59、性的虐待 72、心理的虐待 143、夫婦間暴力 150、認知症 36、高齢者虐待 147、衝動制御困難 144、PTSD22、社会的養護 134、回想法 89	23	10%
⑱	適正処遇交互作用 94、学習性無力感 75/82、いじめ 68/149、非行 24、教師ー生徒関係 25/96、プログラム学習 145、スクールカウンセリング 44/73、教育評価 27/146	25	11%
⑲	少年非行 55、司法・犯罪分野における問題に対して必要な心理的支援 113、非行・犯罪の理論 98、反社会性パーソナリティ障害 28	4	2%
⑳	労働災害 151、障害者の就労支援 46、キャリアコンサルティング 99、ストレスチェック制度 33/148、安全文化 29	10	4%
㉑	加齢 56、脳血管疾患 41、依存症 133、緩和ケア 51	4	2%
㉒	主な症状と状態像 30/77、気分障害 57/101、神経症性障害（F4）92、生理的生障害（F5）100、成人のパーソナリティ及び行動の障害（F6）11、副作用 31/70/116、	14	6%
㉓	医療保険制度法 32、障害者差別解消法 52、生活困窮者自立支援法 117、児童相談所 42、教育基本法 43、学校教育法 118、いじめ防止対策推進法 26、犯罪被害者等基本法 135、家庭裁判所 103、産業・労働分野の法律 40、心の健康の保持増進のための指針 104	11	5%
㉔	支援者のメンタルヘルス 54	1	0%

表 3-5 第 3 回公認心理師試験の出題傾向

2020/12/20 第 3 回公認心理師試験

※1 科目名	※2 出題されたキーワード	※3 点	※4 割合
①	公認心理師の法的義務及び倫理 117、関係者等との連携等 35、多重関係 109、リスクアセスメント 71、自殺の予防 3、インフォームド・コンセント 78	8	6%
②	生涯学習への準備 58、スーパービジョン 110	2	
③	保健医療等との連携 1、自己責任と自分の限界 33、支援に関わる専門職と組織 79	3	
④		0	0%
⑤	調査法 12、面接法 80、実践的研究 45、多変量解析 81、相関係数 82、仮説検定 7	6	3%
⑥	データの解析 8、結果 59	4	2%
⑦	心理物理学 9、空間の知覚 6、音と音声の知覚 83、意識 47、ワーキングメモリー 113	5	2%
⑧	潜在学習 10、学習の生物学的基礎 84、文法獲得 11	3	1%
⑨	感情と社会・文化 128、パーソナリティ 85	2	1%
⑩	機能局在 103、自律神経 129、摂食行動 13、サーカディアンリズム 86、高次脳機能障害の原因 74	7	3%
⑪	集団過程 102、社会的アイデンティティ 87、社会的推論 14、育児 136	6	3%
⑫	Vygotsky の発達理論 37、知能の構造（多重知能）39/112、心の理論 48、自己意識 114、自我同一性 125、ジェンダーとセクシュアリティ 152、乳児期 36、自閉スペクトラム症／自閉症スペクトラム障害〈ASD〉153	13	6%
⑬	合理的配慮 46、ペア・トレーニング 115	2	1%
⑭	テストバッテリー 73/137、ケース・フォーミュレーション 138、インテーク面接 38/60/145、生物心理社会モデル 130、質問紙法 90、投影法 16、神経心理学的な検査 96、知能検査 72/89、適切な記録 17	25	11%
⑮	心理療法 5、認知行動理論 62、集団療法 26、エンパワメント 91、ナラティブ・アプローチ 44、作業同盟 127、動機づけ面接 116、負の相補性 149、個人の尊厳と自己決定の尊重 15	13	6%
⑯	生活習慣と心の健康 29/61、心身症 18/120、遺伝カウンセリング 94、チーム医療と多職種連携 124、自殺対策 4、災害時の心理的支援 63/95	13	6%
⑰	認知症 21/22/140、高齢者虐待 139、心的外傷後ストレス障害〈PTSD〉54、虐待への対応 76/111、障害受容 43、包括的アセスメント 70、家族再統合 23、ミニメンタルステート検査〈MMSE〉97	19	8%
⑱	不登校 134/147、教師―生徒関係 119、学習方略 24/66/98、キャリアガイダンス 99、スクールカウンセリング 25/154、教育関係者へのコンサルテーション 77/150、教育評価 100	22	10%
⑲	少年非行 101、犯罪被害者支援 53、非行・犯罪の理論 49/141	6	3%
⑳	職場復帰支援 143、両立支援（家庭と仕事）151、職場のメンタルヘルス対策 27/40/144、安全文化 148、動機づけ理論 28	15	7%
㉑	心理的支援が必要な主な疾病 19、内分泌代謝疾患 30、依存症（アルコール）132	3	1%
㉒	精神疾患の診断分類・診断基準 88、精神作用物質使用（F1）93、統合失調症 2、気分（感情）障害 92/105、神経症性障害（F4）52/126、生理的障害（F5）69/75/104/131、成人のパーソナリティ（F6）64、副作用 31/41/133、向精神薬 106、医療機関への紹介 142、精神科等医療機関へ紹介すべき症状 68	28	12%
㉓	医療法 32、精神保健福祉法 50/107、介護保険制度 20、医療事故防止 51、児童虐待防止法 118、発達障害者支援法 121、高齢者虐待防止法 42、学校教育法 122、学校保健安全法 56、保護観察制度 67、家庭裁判所 65、保護観察所 123、少年鑑別所 55、労働基準法 108、男女雇用機会均等法 57	20	9%
㉔	健康日本 21 135、心理教育 146、支援者のメンタルヘルス 34	5	2%

第4条の2 頻出、未出題、新出キーワードを勉強していくべし！

ここも第3条までで分析したブループリントのキーワードを覚えていくことになります。ここまでは特に説明してきませんでしたが、「では、どうやって勉強していくのか」「何を使って覚えていけばいいのか」ですが、一応、参考書の一部としては、次のようなものがあげられます。

＜辞書系＞
1) 下山晴彦（代表編集）（2014）誠信 心理学辞典 誠信書房
2) 子安増生・丹野義彦・箱田裕司（監修）（2021）現代 心理学辞典 有斐閣
＜テキスト系＞
3) 福島哲夫（責任編集）（2022）公認心理師必携テキスト 改訂第2版 学研メディカル秀潤社
4) 「公認心理師の基礎と実践」シリーズ 全23巻 遠見書房
＜過去問解説＞
5) 京都コムニタス（2019）公認心理師過去問詳解 2018年12月16日試験 完全解説版 辰已法律研究所）
6) 京都コムニタス（2019）公認心理師過去問詳解 2019年試験 完全解説書 辰已法律研究所）
7) 京都コムニタス（2021）公認心理師過去問詳解 2020年12月20日 第3回試験 完全解説版 辰已法律研究所

これらは、あくまで、「一部」です。気をつけていただきたいのは、1冊でまとまっている参考書だけで試験勉強を進めることです。そのような参考書は使い勝手はいいですが、それだけでは公認心理師試験に合格できるだけの知識を得ることが難しいものにもなってきます。そのため、上記の辞書や大項目ごとに1冊ずつまとめられているような書籍も参考書として使用しながら進めていくことが重要になります。

第5条　知識をアウトプットするべし！

第5条の1　過去問を解いてみるべし！

「なぜ、過去問を解いた方がいいのですか？」

その答えは、知識の定着を図る、問題の出し方に慣れる、どういう出題のされ方なのかを分析することが出来る、他にも似たような問題が出題されたりしているからという理由もあります。そして何より、試験は「問題を解く」ものです。勉強して得た知識が問題を解く上で使えるものになっているかを確認するためには、問題を解く以外に方法はありません。覚えたつもりでも、問題に取り組むとすんなりと解けなかったり、間違えたりするということは、曖昧な覚え方であったり、必要な知識が覚えられていないということにもなります。そのため、第4条のインプットだけではなく、このアウトプットも勉強を進める上では重要になります。

では、まず一般問題から説明していきます。一般問題は、午前試験は問1〜58までの58問、午後試験は問78〜135までの58問で合計116問から構成されています。配点は1問1点であり、全体の230点のうち約50％の116点です。

過去問の一般問題の取り組み方については、順番に解いていくのも1つですが、インプットで勉強してきたように、出題割合が高いところや頻出キーワードなどから取り組んでいくのも1つです。ただ、それ以外のこれまでインプットでは取り組んできていないキーワードの問題にも取り組み、どのような出題のされ方になっているのか、どのような文献から出題されているのかなど、上記の拙著の過去問解説を参考にしながら、勉強を進めていくことも怠らないようにしてください。

そして、もう1つ重要なことが、事例問題への対策です。

事例問題の配点は、1問当たり「3点」です。先ほども説明しましたが一般問題は1問「1点」です。公認心理師試験を受けようと考えている人なら誰でもわかることですが、事例問題の1問分が一般問題の3問分に当たる配点になっているわけです。

次に、事例問題が何問あるか、についてですが、事例問題は午前試験に問59〜77の19問、午後試験に問136〜154の19問、合計で38問が出題されます。そして、一般問題は合計で116問でした。つまり、

$$事例問題 ： 一般問題 ＝ 38問 ： 116問$$

になります。これだけ問題数の差があるにも関わらず、先ほどの事例問題1問3点、一般問題1問1点の配点を当てはめると、

$$
\begin{array}{llllll}
事例問題 & 38問 & × & 3点 & ＝ & 114点 \\
一般問題 & 116問 & × & 1点 & ＝ & 116点
\end{array}
$$

となります。つまり、事例問題は38問しかありませんが、全体の合計得点230点のうちの約半分の114点を点数としては占めているわけです。

　合格点が138点である場合には、事例問題の38問で満点（114点）を取ることができれば、極端な話、残りは一般問題で116問中24問を正解すれば合格することができるわけです。これを割合にすると、何と！約20％（＝24/116）になります。これは、5問に1問正解すればいいということであり、多くが5肢択1の問題（5肢択2や4肢択1も数問ずつある）ですので、全問わからなくても解答さえすれば、よほど運が悪くなければ合格点に届くという数字になります。

　ただ、さすがに、私も事例問題を全問正解するのは難しいと思っていますし、「全問正解を目指しましょう！」ということを言いたいのではありません。

　私が伝えたい、大事だと思っているのは、この考え方です。

　これまで、この公認心理師試験に合格するために「138点を取ろう」「150点が取れるように頑張ろう」と勉強を進めてきた方が多いかもしれません。ただ、「一般問題でどれくらいの点数が取れるように勉強しよう」とか、「事例問題で〇〇点を目指そう」といった形で、一般問題と事例問題でそれぞれ何点取れるようにしよう、というような考え方をしたことがある人は少ないように思います。

　そうです。大事なのは、このように、より具体的に分析をして、どのような勉強にどのくらい時間をかけるのか、を考えていくことだと思います。

　公認心理師試験の受験を考えておられる多くの方は、試験勉強に費やすことができる時間は限られているかと思います。だからこそ、一般問題に対応できる知識の勉強も大事ですが、その勉強だけをしていてもキリがないし、効率のよい勉強とは言えません。一方で、事例問題を正答に導いていくために何を知っておく必要があるのか、どういう考え方が正答を導き出すことを可能にするのか、とい

う側面から勉強をしておくことは、この配点からも非常に重要なことであり、「細かい知識を繰り返し覚える」という勉強と異なり、ものすごく時間をかけないといけないわけでもないため、勉強の効率化という点からも大事な視点になるかと思います。

　では、その事例問題でどれくらいの得点を目指した方がいいか、というと…、ズバリ、「90点」です。

　90点を取るということは、「30問」正解するということになりますが、逆にいうと、8問間違えることができます。午前19問、午後19問で合計38問ですので、19問中4問ずつ間違えても、合計で30問は正解できることになります。

　もし、事例問題で90点が取れれば、合格点が138点の場合、残りは48点になります。一般問題が116問で、そのうち48問正解できればいいという計算が成り立つので、割合にすれば、48/116＝約41％になります。41％ということは、2問に1問間違えても十分合格ラインに到達できるということになります。そう考えると、かなり合格は現実的なものになってきます。

　しかし、「本当に『90点』を目指せるの？」と思われている方も多いかもしれません。

　公認心理師試験の解説本である拙著（第4条の2にあげた参考書1)、2)、3))には、解答再現にご協力いただいた方のすべての問題の正答率のデータがあります。この3冊は、第1回試験（12月実施）と第2回試験、第3回試験の解説本ですが、他にも第1回試験（9月実施）の正答率のデータもあります。

　それぞれ正答率が60％以上の事例問題は、第1回試験（9月実施）で28問、第1回試験（12月実施）も28問、第2回試験は22問とやや少なくなりますが、第3回試験は再び28問となっていました。

　正答率が60％以上の事例問題が30問を超えた回はまだないものの、ここで紹介するような視点（紙面の関係でここでは一部紹介します）で解答していったり、これからの試験勉強に役立てていただければ、30問の正解を目指すことは可能になると思います。もし、30問正解できなかったとしても、25問なら75点で、一般問題で残り63点取ればよいわけです。63点なら63/116＝54％であり、これでも、約半分強であるため、合格は十分手に届くところにあるかと思います。

　ほとんど受験生が正解できるような90％以上、80％以上の問題に正解しておくことを前提として、これからお伝えしていく事例問題の解き方を身に付けて

いくことができれば、事例問題で 25 問以上は正解していけると思います。

第 5 条の 2　事例対策—事例をしっかり読み、基本的な知識と常識的な判断をする

　ここでお伝えする視点は、結構重要です。この視点を持って、「冷静」に問題に取り組むことができれば、事例問題での取りこぼしを 3 問、4 問は少なくできる可能性があり、それが事例問題で「90 点」を可能にします。

　では早速、問題を見てみましょう。

問 64　75 歳の男性 A。総合病院の内科で高血圧症の治療を受けている以外は身体疾患はない。起床時間は日によって異なる。日中はテレビを見るなどして過ごし、ほとんど外出しない。午後 6 時頃に夕食をとり、午後 8 時には床に就く生活であるが、床に就いてもなかなか眠れないため、同じ病院の精神科外来を受診した。診察時に実施した改訂長谷川式簡易知能評価スケール〈HDS-R〉は 27 点であった。診察した医師は薬物療法を保留し、院内の公認心理師に心理的支援を指示した。

　A に対する助言として、最も適切なものを 1 つ選べ。

① 　寝酒は寝つきに有効かもしれません。
② 　眠くなるまで布団に入らないようにしましょう。
③ 　1 時間程度の昼寝で睡眠不足を補ってください。
④ 　健康のために、少なくとも 8 時間の睡眠が必要です。
⑤ 　午前中に 1 時間くらいのジョギングをしてみましょう。

第 2 回公認心理師試験（2019 年 8 月 4 日実施分）より

　この問題の正答率は約 50% でした。この問題については、まず、改訂長谷川式簡易知能評価スケール〈HDS-R〉のカットオフ値に関する知識が必要になります。事例中の記述に「改訂長谷川式簡易知能評価スケール〈HDS-R〉は 27 点」とありますが、カットオフ値は 20/21 で 20 点以下が認知症の疑いになるため、A が認知症である可能性は非常に低いと判断できます。このカットオフ値については、基本的なこととして知っておく必要があります。そして、この問題は事例中の記述を読んだ上でクライエントのイメージを持つこと、一般常識的な判断で解答可能な問題です。

　まず、選択肢を見て、除外できるものから消していくことも大事な判断です。

選択肢①については、「寝酒」を勧めてしまう公認心理師になってはいけないことはすぐおわかりになると思います。そのため、選択肢①は×になります。選択肢④についても、専門家でなくても言えることですし、「床に就いてもなかなか眠れない」という主訴のAに対して「8時間寝ないといけないよ」と伝えることは、Aを「ちゃんと寝れるようにしないと」とより焦らせてしまうことになるため、これも×になります。また、選択肢③もAの主訴は「夜眠れない」ことであるため、昼寝を勧めることで、今よりも夜に眠れなくなる可能性があり、主訴の解決から遠ざかってしまう危険性もあるため、これも×です。このように、事例問題では、その事例のクライエントの主訴やニーズは「何か」を把握しながら、読み進めていくことも重要になります。残りは、選択肢②と⑤ですが、どちらが正解だと思いますか？

　この問題、実は約4割の受験生が選択肢⑤を選んで間違えているのです。

　この選択肢⑤は、一見すると「とても健康によさそう」な選択肢です。心身の健康には、バランスの取れた食事をとることや適度な運動をすることが大事なことは多くの人が知っていることです。約4割の方は、運動は「とても健康によさそう」というイメージでこれを選んでしまっていると思われます。

　ただ、ちょっと待ってください。この事例のAは、75歳の高齢者の方であり、しかも「高血圧症の治療を受けて」いて、日中は「ほとんど外出しない」のです。そのような高齢者の方に、いきなり「1時間のジョギング」はハードにも程がある、という話で、これは命に関わる助言になってきます。30代や40代の方でも運動不足で、全く運動していない状態から「久しぶりに運動しよう」というときには、20分くらいのウォーキングなどから始めるのではないでしょうか。そのような、一般常識的な判断、当たり前のイメージと判断ができれば、この問題は確実に正解を導き出せる問題です。よって、正答は選択肢②ですが、その根拠については、厚生労働省HP e-ヘルスネット 不眠症 を参照してください。なお、厚生労働省HP e-ヘルスネットも精神疾患や生活習慣病など公認心理師試験対策に参考になる情報があるので他のページも確認しておいてください。

　　このように、事例問題を解答する際に重要な視点があります。他にも、支援の優先度が問われている問題、心理検査、テストバッテリー関連の問題、リスクアセスメントの問題など様々な視点から事例対策をしておくことで事例問題で「90点」を目指してください（詳しくは、『季刊 公認心理師 夏号 第2巻 第2号

事例問題で何点取れるかが合否を分ける！―38問中「30問正解」するための4つの視点―』P.6-22、協同出版 を参照)。

第5条の2　模擬試験を受けてみるべし！

　過去問以外にも是非、模擬試験も受けておいた方がいいかと思います。京都コムニタスでも模擬試験は実施していますが、他にも公認心理師試験対策を行っているところの模擬試験など、複数の模擬試験を受けておくことで、様々な視点からの出題に対応していける力をつけていくことが可能になります。模擬試験で出題された問題が、その年の公認心理師試験で出題されたりすることもあります。時間を計ったりと、実際の試験を想定して模擬試験を受けてみられることをお勧めします。

最後に　官報も出来れば確認するべし！

　急に出てきた「官報」という言葉ですが、これは、政府や各府省が国民に広く知らせるために発表する公文や公告などで、国が発行する新聞のようなものです。例えば、第4回公認心理師試験が終了し結果が発表されると、次の第5回公認心理師試験の情報が掲載されていくことになるのですが、まずは、官報の発行を待つことになります。「一般財団法人日本心理研修センター」のHPには、「第5回公認心理師試験の詳細は，官報の発行後，当センターホームページ上でご案内いたします。」と表記される時期があります。この官報に試験日や試験会場、他にも公認心理師試験を作成する「試験委員」の先生の名前があがります。この官報の発行後に最新のブループリントが公開されることになります。そのため、公認心理師試験出題基準のキーワードも試験委員の先生が変われば、変わることももちろんあります。

　そして、それぞれのキーワードは、当たり前のことではありますが、試験委員の先生の専門分野であることが多く、試験委員の先生の書籍を確認し、出来れば手に入れておくことも学習に大いに役立つと思われます。

公認心理師試験 出題分野別 参考文献一覧

公認心理師の職責

・山口瑞穂子編（2002）臨床看護用語事典　医学芸術社
・小西聖子・金田ユリ子訳 B. H. スタム編（2003）二次的外傷性ストレス―臨床家，研究者，教育者のためのセルフケアの問題　誠信書房
・小此木啓吾編（2004）心の臨床家のための精神医学ハンドブック　創元社
・岡堂哲雄監修（2005）臨床心理学入門事典　至文堂
・岡堂哲雄監修（2005）［現代のエスプリ］別冊 臨床心理学事典　至文堂
・金沢吉展（2006）臨床心理学の倫理をまなぶ　東京大学出版会
・下仲順子編（2006）臨床心理査定技法 1　誠信書房
・下山晴彦編（2009）よくわかる臨床心理学［改訂新版］　ミネルヴァ書房
・日本心理臨床学会編（2011）心理臨床学事典　丸善出版
・高橋三郎・大野裕監訳（2014）DSM-5 精神疾患の分類と診断の手引き　医学書院
・下山晴彦編（2014）誠信 心理学辞典［新版］　誠信書房
・和田由紀子・本間昭子（2015）看護職者用二次的外傷性ストレス尺度の作成および信頼性・妥当性の検討 新潟青陵学会誌 8（1）p.1-11
・小海宏之（2015）神経心理学的アセスメント・ハンドブック　金剛出版
・下山晴彦ら（2016）公認心理師必携 精神医療・臨床心理の知識と技法　医学書院
・加藤敏編（2016）縮刷版 現代精神医学事典　弘文堂
・平木典子（2017）［増補改訂］心理臨床スーパーヴィジョン　金剛出版
・粟生田友子編（2018）新体系 看護学全書〈別巻〉リハビリテーション看護 メヂカルフレンド社
・金沢吉展（2018）公認心理師の基礎と実践① 公認心理師の職責　遠見書房
・黒川由紀子ら編（2018）認知症の心理アセスメント はじめの一歩　医学書院
・緑川晶ら編（2018）公認心理師カリキュラム準拠【神経・生理心理学】臨床神経心理学　医歯薬出版
・宮脇稔ら編（2018）公認心理師カリキュラム準拠【健康・医療心理学】　医歯薬出版
・福島哲夫編（2018）公認心理師必携テキスト　学研
・齋藤清二（2019）公認心理師の基礎と実践㉑ 人体の構造と機能及び疾病　遠見書房
・石隈利紀編（2019）公認心理師の基礎と実践⑱ 教育・学校心理学　遠見書房
・下山晴彦他編（2019）公認心理師技法ガイド　文光堂
・谷沢美香子・松野航大編（2020）役立つ！産業・組織心理学 仕事と生活につかえるエッセンス　ナカニシヤ出版
・下山晴彦ら編（2020）公認心理師スタンダードテキストシリーズ 1 公認心理師の職責　ミネルヴァ書房
・子安増生監修（2020）公認心理師のための精神医学 精神疾患とその治療　金芳堂
・日本学生相談学会編（2020）学生相談ハンドブック［新訂版］　学苑社
・子安増生・丹野義彦・箱田裕二（2021）有斐閣 現代心理学辞典　有斐閣

- 個人情報保護委員会 要配慮個人情報に関する政令の方向性について
- 個人情報保護委員会 個人情報の保護に関する法律（平成 15 年 5 月 30 日法律第 57 号）
- 厚生労働省 日本臨床救急医学会 平成 21 年 3 月 自殺未遂患者への対応救急外来（ER）・救急科・救命救急センターのスタッフのための手引き
- 文部科学省 児童生徒の自殺予防に関する調査研究協力者会議 平成 26 年 7 月子供に伝えたい自殺予防 学校における自殺予防教育導入の手引
- 厚生労働省 公認心理師カリキュラム等検討会 報告書 平成 29 年 5 月 31 日
- 厚生労働省 ―相談担当者のための指針― ―自殺未遂者，自傷を繰り返す人，自殺を考えている人に対する支援とケア― 平成 20 年度厚生労働科学研究費補助金 心の健康科学研究事業 自殺未遂者および自殺者遺族等へのケアに関する研究 平成 21 年（2009 年）1 月 31 日
- 健康日本 21（第二次）
- 公認心理師法
- 保健師助産師看護師法
- 社会福祉士及び介護福祉士法
- 理学療法士及び作業療法士法
- 精神保健福祉法

心理学・臨床心理学概論

- 中島義明ら編（1999）心理学辞典 有斐閣
- サトウタツヤ他著（2003）流れを読む心理学史 世界と日本の心理学 有斐閣アルマ
- 氏原寛ら編（2004）心理臨床大事典 培風館
- 亀口憲治編著（2006）心理療法プリマーズ 家族療法 ミネルヴァ書房
- 下山晴彦編（2009）よくわかる臨床心理学［改訂新版］ ミネルヴァ書房
- 日本心理臨床学会編（2011）心理臨床学事典 丸善出版
- ウヴェ・フリック著（2011）新版質的研究入門〈人間の科学〉のための方法論 春秋社
- 下山晴彦編（2014）誠信心理学辞典［新版］ 誠信書房
- 鹿取廣人ら編（2015）心理学［第 5 版］ 東京大学出版会
- 向井希広ら編（2016）心理学概論 ナカニシヤ出版
- 繁桝算男編（2018）公認心理師の基礎と実践② 心理学概論 遠見書房
- 野島一彦ら編（2018）公認心理師の基礎と実践③ 臨床心理学概論 遠見書房
- 子安増生ら監修（2021）現代心理学辞典 有斐閣

心理学研究法／心理学実験／心理学統計法

- B. フィンドレイ（2001）心理学 実験・研究レポートの書き方 北大路書房
- 南風原朝和・市川伸一・下山晴彦（2001）心理学研究法入門 東京大学出版
- 高野陽太郎・岡隆（2004）心理学研究法―心を見つめる科学のまなざし 有斐閣
- アン・サール（2005）心理学研究法入門 新曜社
- 大山正・岩脇三良・宮埜壽夫（2005）心理学研究法：データ収集分析から論文作成まで サ

イエンス社
・小塩真司（2005）研究事例で学ぶ SPSS と Amos による心理・調査データ解析　東京図書
・中村友靖（2006）心理統計法への招待　サイエンス社
・金沢吉展（2006）臨床心理学の倫理をまなぶ　東京大学出版会
・加藤司（2008）［改訂版］心理学の研究法 実験・測定法・統計法　北樹出版
・山内光哉（2010）心理・教育のための分散分析と多重比較　サイエンス社
・西口利文・松浦均（2011）心理学実験法・レポートの書き方　ナカニシヤ出版
・南風原朝和（2011）臨床心理学をまなぶ⑦ 量的研究法　東京大学出版
・プラニー・リィアムプットーン（2012）現代の医学的研究法：質的・量的方法・ミクスト
　メソッド，EBP　メディカル・サイエンス・インターナショナル
・大澤光・神宮英夫（2012）心理統計法　放送大学教育振興会
・下山晴彦編（2014）誠信心理学辞典［新版］　誠信書房
・宮本聡介・宇井美代子（2014）質問紙調査と心理測定尺度　サイエンス社
・大野木裕明・渡邉直登（2014）心理学研究法　放送大学教育振興会
・南風原朝和（2015）心理統計学の基礎　（有斐閣アルマ）　有斐閣
・山田剛史・村井潤一郎（2015）よくわかる心理統計　ミネルヴァ書房
・下山晴彦・能智正博（2015）心理学の実践的研究法を学ぶ　新曜社
・日本心理学会認定心理士資格認定委員会（2015）認定心理士資格準拠 実験・実習で学ぶ心
　理学の基礎　金子書房
・小野寺孝義（2015）心理・教育統計特論　放送大学振興会
・西村純一・井上俊哉（2016）これから心理学を学ぶ人のための研究法と統計法　ナカニシヤ
　出版
・鵜沼秀行・長谷川桐（2016）［改訂版］はじめての心理統計法　東京図書
・小川洋和（2017）心理学ベーシック第 2 巻 なるほど！ 心理学実験法　北大路書房
・芝田征司（2017）数学が苦手でもわかる心理統計入門　サイエンス社
・白井祐浩（2017）統計嫌いのための心理統計の本 統計のキホンと統計手法の選び方　太洋社
・豊田秀樹（2017）心理統計法　放送大学教育振興会
・谷口高士（2017）心理評価尺度における尺度構成の方法　日本音響学会誌
・日本基礎心理学会（2018）基礎心理学ハンドブック　朝倉書店
・村井潤一郎・藤川麗（2018）公認心理師の基礎と実践④ 心理学研究法　遠見書房
・寺島拓幸（2018）SPSS による多変量データ分析　東京図書
・小塩真司（2018）SPSS と Amos による心理・調査データ解析［第 3 版］　東京図書
・服部環（2019）読んでわかる心理統計　サイエンス社
・山田剛士・川端一光・加藤健太郎（2021）Progress & Application 心理統計法　サイエンス社

知覚・認知心理学

・東ら編（1978）心理学の基礎知識　有斐閣
・森敏昭ら（1995）グラフィック認知心理学　サイエンス社
・中島義明編（1999）心理学辞典　有斐閣

- 竹村和久（2006）リスク社会における判断と意思決定　認知科学 13 巻（1）
- 岡市廣成ら編（2006）心理学概論　ナカニシヤ出版
- 池上知子・遠藤由美（2008）グラフィック社会心理学［第 2 版］　サイエンス社
- 日本認知心理学会編（2013）認知心理学ハンドブック　有斐閣ブックス
- 下山晴彦編（2014）誠信 心理学辞典［新版］　誠信書房
- 高橋三郎・大野裕監訳（2014）DSM-5 精神疾患の分類と診断の手引き　医学書院
- 鹿取廣人ら編（2015）心理学［第 5 版］　東京大学出版会
- 服部雅史・小島治幸・北神慎司編（2015）基礎から学ぶ認知心理学—人間の認識の不思議　有斐閣
- 加藤敏ら編（2016）縮刷版 現代精神医学事典　弘文堂
- 金敷大之ら編（2016）図説 教養心理学［増補第 2 版］　ナカニシヤ出版
- 山村豊・高橋一公（2017）心理学［カレッジ版］　医学書院
- 板口典弘・相馬花恵編（2017）ステップアップ心理学シリーズ 心理学入門 こころを科学する 10 のアプローチ　講談社
- 緑川晶ら編（2018）公認心理師カリキュラム準拠［神経・生理心理学］臨床神経心理学　医歯薬出版
- 日本基礎心理学会監修（2018）基礎心理学実験法ハンドブック　朝倉書店
- 黒川由紀子ら編（2018）認知症の心理アセスメントはじめの一歩　医学書院
- 下山晴彦ら編（2019）公認心理師技法ガイド　文光堂
- 子安増生（2019）出題基準対応 公認心理師のための基礎心理学　金芳堂
- 箱田裕司編（2020）公認心理師の基礎と実践⑦ 知覚・認知心理学　遠見書房
- 子安増生・丹野義彦・箱田裕司監（2021）有斐閣現代心理学辞典　有斐閣

学習・言語心理学

- 重野純編（1994）キーワードコレクション心理学　新曜社
- 中村隆一（1994）運動学習について 運動生理 9 巻（3）p.149-156
- 中島義明ら編（1999）心理学辞典　有斐閣
- 石川道子（2000）学習障害—発達的・精神医学的・教育的アプローチ—　教文堂
- 子安増生ら編（2004）キーワードコレクション発達心理学［改訂版］　新曜社
- 岡市廣成ら編（2006）心理学概論　ナカニシヤ出版
- 藤岡新治・山上精次編（2006）図説現代心理学入門［三訂版］　培風館
- 籾山洋介（2010）認知言語学入門　研究社
- 下山晴彦編（2014）誠信心理学辞典［新版］　誠信書房
- 高橋三郎・大野裕監訳（2014）DSM-5 精神疾患の分類と診断の手引き　医学書院
- 鹿取廣人ら編（2015）心理学［第 5 版］　東京大学出版会
- 梅谷忠勇（2015）特別支援児の心理学［新版］—理解と支援—　北大路書房
- 子安増生編（2016）アカデミックナビ 心理学　勁草書房
- 板口典弘・相馬花恵編（2017）ステップアップ心理学シリーズ心理学入門こころを科学する 10 のアプローチ　講談社

- 岩立志津夫・小椋たみ子編（2017）よくわかる言語発達［改訂新版］　ミネルヴァ書房
- 本郷一夫編（2018）公認心理師の基礎と実践⑫ 発達心理学　遠見書房
- 楠見孝編（2019）公認心理師の基礎と実践⑧ 学習・言語心理学　遠見書房
- 眞邉一近（2019）てきすとライブラリ 心理学のポテンシャル＝5 ポテンシャル学習心理学　サイエンス社
- 中島定彦（2020）学習と言語の心理学　昭和堂

感情・人格心理学

- 金子一史（1999）被害妄想的心性と他者意識および自己意識との関連について p.12-22 性格心理学研究 8 巻（1）日本パーソナリティ心理学会
- 齊藤勇編（2005）図説心理学入門［第 2 版］　誠信書房
- 岡市廣成編（2006）心理学概論　ナカニシヤ出版
- 野内類（2007）自然に生起した気分状態における自伝想起課題が気分一致効果に及ぼす影響 感情心理学研究 14（1）p.54-63
- 池上知子ら編（2008）グラフィック社会心理学［第 2 版］　サイエンス社
- 北村英哉（2008）感情研究の最新理論―社会的認知の観点から― 感情心理学研究 16（2）p.156-166
- 北村英哉・田中知恵（2008）気分状態と情報処理方略（2）：SAC モデルの改訂 p.87-98　東洋大学社会学部紀要 45（2）
- Wilkowski, B. M. and Robinson, M. D. (2010) The Anatomy of Anger：An Integrate Cognitive Model of Trait Anger and Reactive Aggression. pp.9-38 Journal of Personality 78（1）
- 櫻井茂男・岩立京子編著（2010）たのしく学べる乳幼児の心理［改訂版］　福村出版
- 松原達哉（2013）臨床心理アセスメント［新訂版］　丸善出版
- 高橋修編（2013）社会人のための産業・組織心理学入門　産業能率大学出版部
- 下山晴彦編（2014）誠信 心理学辞典［新版］　誠信書房
- 子安増生編（2016）アカデミックナビ 心理学　勁草書房
- 金敷大之ら編（2016）図説 教養心理学［増補第 2 版］　ナカニシヤ出版
- 東北文教大学心理学研究会編（2016）心理学のエッセンス　日本評論社
- 山村豊（2017）心理学［カレッジ版］　医学書院
- 板口典弘ら編（2017）ステップアップ心理学シリーズ 心理学入門 こころを科学する 10 のアプローチ　講談社
- 島義弘編（2017）ライブラリ 心理学を学ぶ＝6 パーソナリティと感情の心理学　サイエンス社
- 今田純雄ら編（2018）心理学の世界 基礎編 11 感情心理学 感情研究の基礎とその展開　培風館
- 竹村和久編（2018）公認心理師の基礎と実践⑪ 社会・集団・家族心理学　遠見書房
- 本郷一夫編（2018）公認心理師の基礎と実践⑫ 発達心理学　遠見書房
- 中村真ら編（2019）感情心理学ハンドブック　北大路書房
- 横田正夫・津川律子（2020）テキストライブラリ 心理学のポテンシャル＝7 ポテンシャル

パーソナリティ心理学　サイエンス社
- 中間玲子（2020）公認心理師の基本を学ぶテキスト⑨感情・人格心理学―「その人らしさ」をかたちづくるもの―　ミネルヴァ書房
- 子安増生・丹野義彦・箱田裕司 監（2021）有斐閣現代心理学辞典　有斐閣

神経・生理心理学

- 松波謙一・内藤栄一（2000）ライブラリ脳の世紀：心のメカニズムを探る 5 最新 運動と脳―体を動かす脳のメカニズム―　サイエンス社
- 山口瑞穂子編（2002）臨床看護用語辞典　医学芸術社
- 苧阪直行・苧阪満里子 訳 ジョン・スターリング（2005）大脳皮質と心 認知神経心理学入門　新曜社
- 福永篤志監修（2006）図解雑学　よくわかる脳のしくみ　ナツメ社
- 日本版 WAIS-Ⅲ刊行委員会訳編（2006）日本版 WAIS-Ⅲ成人知能検査法実施・採点マニュアル　日本文化科学社
- 佐藤敬ら訳 ジョン・ピネル（2007）ピネル バイオサイコロジー 脳―心と行動の神経科学　西村書店
- 大西芳秋・石田直理雄（2008）生物の体内時計：時計遺伝子により構成される洗練された細胞の分子機械 日本機械学会誌 111（1078）p.756-757　日本機械学会
- 小海宏之（2015）神経心理学的アセスメント・ハンドブック　金剛出版
- 岡田隆・廣中直行・宮森孝史（2015）コンパクト新心理学ライブラリ 14 生理心理学第 2 版―脳の働きから見た心の世界―　サイエンス社
- 加藤敏ら編（2016）縮刷版 現代精神医学事典　弘文堂
- 井堀奈美（2016）頭頂葉病変による読み書き障害 神経心理学 32（4）p.290-300
- 堀忠雄・尾﨑久記監修（2017）生理心理学と精神生理学 第Ⅰ巻 基礎　北大路書房
- 堀忠雄・尾﨑久記監修（2017）生理心理学と精神生理学 第Ⅱ巻 応用　北大路書房
- 鈴木郁子編（2018）やさしい自律神経生理学―命を支える仕組み―　中外医学社
- 坂井建雄ら監修（2018）ぜんぶわかる脳の事典　成美堂出版
- 尾崎紀夫・三村将・水野雅文・村井俊哉編（2018）標準精神医学［第 7 版］　医学書院
- 緑川晶・山口加代子・三村將 編（2018）公認心理師カリキュラム準拠［神経・生理心理学］臨床神経心理学　医歯薬出版
- 医療情報科学研究所編（2019）病気がみえる vol.7 脳・神経［第 2 版］　メディックメディア
- 高瀬堅吉（2020）心理職のための身につけておきたい生物学の基礎知識　誠信書房
- 坂本敏郎ら編（2020）神経・生理心理学 基礎と臨床　ナカニシヤ出版
- 梅田聡編（2021）公認心理師の基礎と実践 10 神経・生理心理学　遠見書房
- 厚生労働省　健康づくりのための睡眠指針 2014

社会・集団・家族心理学

- 無藤隆ら著（1995）現代心理学入門 2 発達心理学　岩波書店

・上瀬由美子・松井豊（1996）血液型ステレオタイプの変容の形：ステレオタイプ変容モデルの検証 社会心理学研究 11 巻（3）p.170
・中島義明ら編（1999）心理学辞典　有斐閣
・リタ・L・アトキンソンら著・内田一成監訳 ヒルガードの心理学（2002）ブレーン出版
・氏原寛他編（2004）心理臨床大事典　培風館
・山内弘継・橋本宰 監（2006）心理学概論　ナカニシヤ出版
・池上知子・遠藤由美著（2008）グラフィック社会心理学［第2版］　サイエンス社
・下山晴彦編（2009）よくわかる臨床心理学［改訂新版］　ミネルヴァ書房
・心理臨床学会編（2011）心理臨床学事典　丸善出版
・財団法人大阪府人権協会編（2011）人権学習シリーズ vol.7 みえない力 つくりかえる構造 大阪府府民文化部人権室
・藤永保監修（2013）最新 心理学事典　平凡社
・高橋修編（2013）社会人のための産業・組織心理学入門　産業能率大学出版部
・日本発達心理学会編（2013）発達心理学事典　丸善出版
・下山晴彦編（2014）誠信心理学辞典［新版］　誠信書房
・高橋三郎・大野裕監訳（2014）DSM-5 精神疾患の分類と診断の手引き　医学書院
・樫原潤ら（2014）うつ病罹患者に対するスティグマ的態度の現状と課題―潜在尺度の利用可能性への着目 p.455-471 心理学評論 57
・服部雅史・小島治幸・北神慎司（2015）基礎から学ぶ認知心理学　有斐閣
・北村英哉・内田由紀子編（2016）社会心理学概論　ナカニシヤ出版
・金敷大之ら編（2016）図説教養心理学［増補第2版］　ナカニシヤ出版
・友田明美（2016）被虐待者の脳科学研究　57（5）p.719-729 児童青年精神医学とその近接領域
・山村豊（2017）心理学［カレッジ版］　医学書院
・下津咲絵（2017）スティグマとレジリエンス 臨床心理学 17 巻（5）p.644-648　金剛出版
・友田明美（2017）マルトリートメントに起因する愛着形成障害の脳科学的知見 予防精神医学 2（1）p.31-39
・友田明美（2017）子ども虐待と脳化学 子どもの虹情報研修センター 日本虐待・思春期問題情報研修センター紀要 p.11-25
・竹村和久編（2018）公認心理師の基礎と実践⑪ 社会・集団・家族心理学　遠見書房
・本郷一夫編（2018）公認心理師の基礎と実践⑫ 発達心理学　遠見書房
・中島健一編（2018）公認心理師の基礎と実践⑰ 福祉心理学　遠見書房
・福島哲夫ら編（2018）公認心理師必携テキスト　学研メディカル秀潤社
・樫原潤・石塚琢麿（2018）多重スティグマ①精神障害と恥 p.65-70 臨床心理学増刊第 10 号 当事者研究と専門知 生き延びるための知の再配置　金剛出版
・友田明美・藤澤玲子（2019）虐待が脳を変える　新曜社
・周燕飛（2019）母親による児童虐待の発生要因に関する実証分析 医療と社会 p.1-16
・子安増生・丹野義彦・箱田裕司 監（2021）有斐閣 現代心理学辞典　有斐閣
・厚生労働省 社会保障審議会児童部会児童虐待等要保護事例の検証に関する専門委員会 第 14 次報告 平成 30 年 8 月（全体版）

発達心理学

- 無藤隆ら（1995）現代心理学入門2 発達心理学　岩波書店
- 中島義明ら編（1999）心理学辞典　有斐閣
- 鑢幹八郎（2002）アイデンティティとライフサイクル論　ナカニシヤ出版
- 子安増生ら編（2004）キーワードコレクション発達心理学［改訂版］　新曜社
- 無藤隆ら（2004）心理学　有斐閣
- 融道男ら監訳（2005）ICD-10 精神および行動の障害―臨床記述と診断ガイドライン―［新訂版］　医学書院
- 下山晴彦編（2009）よくわかる臨床心理学［改訂新版］　ミネルヴァ書房
- J. W. ウォーデン 山本力監訳（2011）悲嘆カウンセリング―臨床実践ハンドブック　誠信書房
- 大川一郎ら編（2011）エピソードでつかむ老年心理学　ミネルヴァ書房
- 日本認知心理学会（2013）認知心理学ハンドブック（有斐閣ブックス）　有斐閣
- 高橋三郎・大野裕 監訳（2014）DSM-5 精神疾患の分類と診断の手引き　医学書院
- 下山晴彦編（2014）誠信心理学辞典［新版］　誠信書房
- 日本小児科学会（2014）子ども虐待診療の手引き［第2版］　日本小児科学会
- 鹿取廣人ら編（2015）心理学［第5版］　東京大学出版会
- 長谷川寿一（2015）共感性研究の意義と課題 Japanese Psychological Review 58（3）
- 板倉昭二・開一夫（2015）乳児における共感の発達 心理学評論 58（3）p.345
- 下山晴彦ら編著（2016）公認心理師必携 精神医療・臨床心理の知識と技法　医学書院
- 佐藤眞一ら編著（2016）よくわかる高齢者心理学　ミネルヴァ書房
- 篠田直子・高橋知音・篠田晴男（2017）自閉症スペクトラム障害児者のセット転換に関する研究動向 信州大学教育学部研究論集 第10号 p.21-35
- 本郷一夫編（2018）公認心理師の基礎と実践⑫ 発達心理学　遠見書房
- 開一夫・齋藤慈子編（2018）ベーシック発達心理学　東京大学出版会
- 下山晴彦監修（2018）臨床心理フロンティア 公認心理師のための「発達障害」講義　北大路書房
- 緑川晶・山口加代子・三村將編（2018）公認心理師カリキュラム準拠〔神経・生理心理学〕臨床神経心理学　医歯薬出版
- 下山晴彦ら監修（2019）公認心理師スタンダードテキストシリーズ⑫ 発達心理学　ミネルヴァ書房
- 山口真美・金沢創・河原純一郎 編（2019）公認心理師の基礎と実践⑥ 心理学実験　遠見書房
- 榊原洋一（2019）最新図解 ADHD の子どもたちをサポートする本　ナツメ社
- 三村將ら編（2019）精神疾患とその治療　医歯薬出版
- 箱田裕司 編（2020）公認心理師の基礎と実践⑦ 知覚・認知心理学　遠見書房
- 子安増生ら監（2021）有斐閣 現代心理学辞典　有斐閣
- 文部科学省 HP 特別支援教育について
- 文部科学省（2016）性同一性障害や性的指向・性自認に係る，児童生徒に対するきめ細かな対応の実施等について（教職員向け）

・厚生労働省社会・援護局障害保健福祉部企画課（2007）平成 17 年度知的障害児（者）基礎調査結果の概要 厚生労働省
・厚生労働省雇用均等・児童家庭局総務課（2013）子ども虐待対応の手引き（平成 25 年 8 月改正版）厚生労働省
・厚生労働省（2017）自殺総合対策大綱 ～誰も自殺に追い込まれることのない社会の実現を目指して～ p.16
・公認心理師法

障害者（児）心理学

・小林重雄監修（1997）障害児・者のコミュニケーション行動の実現を目指す応用行動分析 学苑社
・梅永雄二（2007）自閉症の人の自立をめざして～ノースカロライナにおける TEACCH プログラムに学ぶ 北樹出版
・佐々木正美（2008）自閉症児のための TEACCH ハンドブック改訂新版自閉症療育ハンドブック 学研
・下山晴彦編（2014）誠信 心理学辞典［新版］ 誠信書房
・柘植雅義（2014）改訂版はじめての特別支援教育―教職を目指す大学生のために― 有斐閣アルマ
・下山晴彦ら編（2016）公認心理師必携精神医療・臨床心理の知識と技法 医学書院
・尾崎康子ら編（2016）乳幼児期における発達障害の理解と支援②知っておきたい発達障害の療育 ミネルヴァ書房
・阿部利彦ら編（2016）児童心理 2016 年 1 月号別冊 70 巻（2）通常学級のユニバーサルデザインと合理的配慮 金子書房
・大西延英監修（2017）改訂版特別支援教育の基礎―確かな支援のできる教師・保育士になるために― 東京書籍
・梅谷忠勇ら（2017）新版特別支援児の心理学―理解と支援― 北大路書房
・黒田美保（2018）公認心理師のための発達障害入門 金子書房
・江湖山さおり編（2019）認知症ケア専門士絶対合格テキスト 2020 年版 大和書房
・川端直人ら監修（2019）公認心理師の基本を学ぶテキスト⑱ 教育・学校心理学―子どもの学びを支え、学校の課題に向き合う― ミネルヴァ書房
・厚生労働省 一般社団法人 日本発達障害ネットワーク JDDnet 作成 日本ペアレント・トレーニング研究会 協力 2020 年 3 月 31 日「ペアレント・トレーニング実践ガイドブック」
・厚生労働省 精神保健及び精神障害者福祉に関する法律 昭和 25 年 5 月 1 日
・厚生労働省 療育手帳制度について 昭和 48 年 9 月 27 日
・厚生労働省 精神障害者保健福祉手帳制度実施要領の一部改正について 平成 23 年 1 月 13 日
・厚生労働省 精神障害者保健福祉手帳の障害等級の判定基準の運用に当たって留意すべき事項についての一部改正について 平成 23 年 3 月 3 日
・厚生労働省（2012 年 7 月）初等中等教育分科会（第 80 回）配付資料 1 特別支援教育の在り方に関する特別委員会報告

- 厚生労働省 HP 発達障害者支援施策の概要
- 厚生労働省　楽しい子育てのためのペアレント・プログラムマニュアル
- 文部科学省（2003）今後の特別支援教育の在り方について（最終報告）平成 15 年 3 月
- 文部科学省（2007）特別支援教育の推進について（通知）平成 19 年 4 月 1 日
- 文部科学省　国立教育政策研究所 教育課程研究センター 平成 27 年 1 月 スタートカリキュラムの編成の仕方・進め方が分かる スタートカリキュラム スタートブック 必携！ ～学びの芽生えから自覚的な学びへ～
- 文部科学省　平成 27 年 7 月 小学校学習指導要領解説 特別の教科 道徳編
- 文部科学省　障害のある学生の修学支援に関する検討会報告（第二次まとめ）について 平成 29 年 4 月
- 文部科学省（2018）特別支援学校教育要領・学習指導要領解説 自立活動編（幼稚部・小学部・中学部）文部科学省
- 文部科学省中央教育審議会 特別支援教育の在り方に関する特別委員会（第 3 回）配布資料 資料 3：合理的配慮について
- 内閣府（平成 29 年 11 月）障害者差別解消法 合理的配慮の提供等事例集
- 内閣府 合理的配慮等具体例データ集 合理的配慮サーチ　教育
- 障害者基本法

心理的アセスメント

- C. コッホ（1970）バウム・テスト―樹木画による人格診断法―　日本文化科学社
- S. ローゼンツァイク（1987）P-F スタディ解説 1987 年版　三京房
- 片口安史（1987）改訂 新・心理診断法　金子書房
- H. S. Sullivan 著 中井久夫ら共訳（1990）精神医学は対人関係論である　みすず書房
- 大塚俊男ら編（1991）高齢者のための知的機能検査の手引き　ワールドプランニング
- A. チャップマン＆ M. チャップマン著 山中康裕監修（1994）サリヴァン入門 その人格発達理論と疾病論　岩崎学術出版社
- 下仲順子ほか日本標準化版作成（1999）日本版 NEO-PI-R NEO-FEI 使用マニュアル―改訂増補版―　東京心理
- A. F. Friedman ら著 MMPI 新日本版研究会訳（1999）MMPI による心理査定　三京房
- 中島義明ら編（1999）心理学辞典　有斐閣
- Beck, A. T. ら著 小嶋雅代ら訳著（2003）日本版 BDI-Ⅱ手引　日本文化科学社
- 下仲順子編（2004）臨床心理学全書 第 6 巻 臨床心理査定技法 1　誠信書房
- 氏原寛ら編（2004）心理臨床大事典 ［改訂版］　培風館
- 澤田丞司（2004）［改訂版］心理検査の実際　新興医学出版社
- 岡堂哲雄監修（2005）現代のエスプリ 別冊 臨床心理学入門事典　至文堂
- 村上宣寛ら（2008）改訂臨床心理アセスメントハンドブック　北大路書房
- 下山晴彦（2008）臨床心理アセスメント入門　金剛出版
- 小山充道編著（2008）必携 臨床心理アセスメント　金剛出版
- 下山晴彦編（2009）よくわかる臨床心理学 ［改訂新版］　ミネルヴァ書房

・高橋雅春ら（2010）樹木画テスト　北大路書房
・C. コッホ（2010）バウムテスト心理的見立ての補助手段としてのバウム画研究［第3版］誠信書房
・Hogan, T. P. 原著　石垣琢磨ら訳（2010）心理テスト—理論と実践の架け橋—　培風館
・藤田和弘ら編（2011）WAIS-Ⅲの解釈事例と臨床研究　日本文化科学社
・野呂浩史ら編　日本臨床MMPI研究会監修（2011）わかりやすいMMPI活用ハンドブック—施行から臨床応用まで—　金剛出版
・サトウタツヤ（2011）方法としての心理学史—心理学を語り直す　新曜社
・サトウタツヤら編（2012）心理学史—心理学のポイント・シリーズ　学文社
・小海宏之ら編（2012）高齢者こころのケアの実践　上巻　認知症ケアのための心理アセスメント　創元社
・松原達哉編（2013）臨床心理アセスメント［新訂版］　丸善出版
・日本認知心理学会編（2013）認知心理学ハンドブック　（有斐閣ブックス）　有斐閣
・日本版KABC-Ⅱ制作委員会訳編（2013）日本版KABC-Ⅱマニュアル　丸善出版
・J. A. Taylor ら構成（2013）MAS使用手引　三京房
・高橋三郎・大野裕監訳（2014）DSM-5 精神疾患の分類と診断の手引き　医学書院
・下山晴彦編（2014）誠信 心理学事典［新版］　誠信書房
・辻井正次・村上隆監修（2014）日本版Vineland-Ⅱ適応行動尺度マニュアル　日本文化科学社
・村松公美子（2014）「Patient Health Questionnaire（PHQ-9, PHQ-15）日本語版およびGeneralized Anxiety Disorder-7 日本語版」臨床心理学研究 2014. vol.7　新潟青陵大学大学院
・岸本寛史（2015）バウムテスト入門 臨床に活かす「木の絵」の読み方　誠信書房
・山内俊雄ら編（2015）精神・心理機能評価ハンドブック　中山書店
・小海宏之（2015）神経心理学的アセスメント・ハンドブック　金剛出版
・中島ナオミ（2016）バウムテストを読み解く—発達的側面を中心に—　誠信書房
・下山晴彦ら編（2016）公認心理師必携 精神医療・臨床心理の知識と技法　医学書院
・尾崎康子ら編（2016）乳幼児期における発達障害の理解と支援①知っておきたい発達障害のアセスメント　ミネルヴァ書房
・下山晴彦編・監修（2017）臨床心理フロンティアシリーズ 認知行動療法入門　講談社
・黒田美保（2018）公認心理師のための発達障害入門　金子書房
・福島哲夫ら編（2018）公認心理師必携テキスト　学研
・松本真理子ら編（2018）心の専門家養成講座第3巻心理アセスメント心理検査のミニマム・エッセンス　ナカニシヤ出版
・Whiston, S. C. 著　石川信一ら監訳（2018）カウンセリングにおけるアセスメントの原理と適用　金子書房
・黒川由紀子ら編（2018）認知症の心理アセスメントはじめの一歩　医学書院
・D. Wechsler 著　（2018）日本版WAIS-Ⅳ知能検査理論・解釈マニュアル　日本文化科学社
・三村將ら編（2019）公認心理師カリキュラム準拠 精神疾患とその治療　医歯薬出版
・下山晴彦 編集主幹　（2019）公認心理師技法ガイド　文光堂
・井上雅彦ら（2019）発達が気になる幼児の親面接—支援者のためのガイドブック—　金子書房
・小海宏之（2019）神経心理学的アセスメント・ハンドブック［第2版］　金剛出版

・日本学生相談学会編（2020）学生相談ハンドブック［新訂版］　学苑社
・児童福祉法
・児童虐待防止法

心理学的支援法

・三木義彦　（1998）日本の心理療法―その特質と実際―　朱鷺書房
・中島義明ら編（1999）心理学辞典　有斐閣
・氏原寛ら編（1999）カウンセリング辞典　ミネルヴァ書房
・シュー・ウォルロンド・スキナー（1999）心理療法事典　青土社
・氏原寛ら編（2004）心理臨床大事典［改訂版］　培風館
・融道男ら監訳（2005）ICD-10 精神および行動の障害 臨床記述と診断ガイドライン［新訂版］医学書院
・アン・サール（2005）心理学研究法入門　新曜社
・下山晴彦（2009）よくわかる臨床心理学［改訂新版］　ミネルヴァ書房
・平井孝男　（2005）カウンセリングの治療ポイント　創元社
・山田剛史・村井潤一郎（2006）よくわかる心理統計　ミネルヴァ書房
・山内弘継ら監修（2006）心理学概論　ナカニシヤ出版
・松本真理子・金子一史編（2010）子どもの臨床心理アセスメント 子ども・家族・学校支援のために　金剛出版
・南風原朝和　（2011）量的研究法　東京大学出版
・下山晴彦（2011）プログラム評価研究の方法　新曜社
・国重一浩（2013）ナラティブ・セラピーの会話術 ディスコースとエイジェンシーという視点　金子書房
・下山晴彦編（2014）誠信 心理学辞典［新版］　誠信書房
・戈木 クレイグヒル 滋子（2014）グラウンデッド・セオリー・アプローチ概論 慶應義塾大学湘南藤沢学会 14（1）p.30-43
・下山晴彦・能智正博（2015）心理学の実践的研究法を学ぶ　新曜社
・岩壁茂編（2015）カウンセリングテクニック入門 プロカウンセラーの技法30 臨床心理学増刊第7号　金剛出版
・下山晴彦ら編（2016）公認心理師必携 精神医療・臨床心理の知識と技法　医学書院
・船越知行編著（2016）心理職による地域コンサルテーションとアウトリーチの実践　金子書房
・佐藤久夫ら（2016）障害者福祉の世界［第5版］　有斐閣
・対馬栄輝（2017）研究デザインと統計解析の基礎 理学療法学 44 巻（6）
・染矢俊幸（2017）一般臨床医・精神科医のためのうつ病診療エッセンシャルズ　メディカルレビュー社
・下山晴彦編（2017）臨床心理フロンティアシリーズ 認知行動療法入門　講談社
・岩壁茂編 責任編集『臨床心理学』編集委員会 編（2017）臨床心理学 17 巻（4）通巻100号 必携保存版 臨床心理学実践ガイド p.460, 461　金剛出版
・野島一彦ら編（2018）公認心理師の基礎と実践③ 臨床心理学概論　遠見書房

・杉原保史他編（2019）公認心理師標準テキスト 心理学的支援法 北大路書房
・Miller, W. R. ら著 原井宏明 監訳（2019）動機づけ面接〈第3版〉上 星和書店
・岩壁茂 編（2019）臨床心理学 生きづらさ・傷つき—変容・回復・成長 19巻（1）通巻109号 p.92 金剛出版
・杉原保史（2020）心理療法において有効な要因は何か？—特定要因と共通要因をめぐる論争— 京都大学学生総合支援センター紀要 第49巻
・日本うつ病学会 気分障害の治療ガイドライン作成委員会（2020）日本うつ病学会治療ガイドライン Ⅰ. 双極性障害 2020
・子安増生ら監修（2021）現代心理学辞典 有斐閣
・兵庫県こころのケアセンター訳（2009） アメリカ国立子どもトラウマティックストレス・ネットワーク アメリカ国立 PTSD センター サイコロジカル・ファーストエイド実施の手引き［第2版］ 兵庫県こころのケアセンター訳
・世界保健機関, 戦争トラウマ財団, ワールド・ビジョン・インターナショナル 心理的応急処置（サイコロジカル・ファーストエイド；PFA）フィールドガイド（2011）世界保健機関：ジュネーブ （訳：（独）国立精神・神経医療研究センター, ケア・宮城, 公益財団法人プラン・ジャパン 2012）
・厚生労働省 乳児家庭全戸訪問事業ガイドライン
・厚生労働省 医療・介護関係事業者における個人情報の適切な取扱いのためのガイドライン（平成22年9月改正）
・厚生労働省 HP e-ヘルスネット 行動変容ステージモデル
・厚生労働省 HP e-ヘルスネット 不眠症
・厚生労働省 地域包括支援センターの手引き
・厚生労働省 地域ケア会議について
・個人情報保護法

健康・医療心理学

・木谷照夫ら著（1992）慢性疲労症候群 日本内科学会雑誌81巻（4）
・中島義明ら編（1999）心理学辞典 有斐閣
・小杉正太郎編（2002）ストレス心理学 川島書店
・宇野宏幸（2003）注意欠陥多動性障害と行動抑制—認知神経心理学的モデル— 特殊教育学研究40（5）
・岡市廣成ら編（2006）心理学概論 ナカニシヤ出版
・金沢吉展（2006）臨床心理学の倫理をまなぶ 東京大学出版会
・松原達哉編（2013）臨床心理アセスメント［新訂版］ 丸善出版
・髙橋三郎・大野裕監訳（2014）DSM-5 精神疾患の分類と診断の手引き 医学書院
・下山晴彦編（2014）誠信 心理学事典［新版］ 誠信書房
・鈴木郁子（2015）やさしい自律神経生理学 中外医学社
・岩壁茂編（2015）カウンセリングテクニック入門 プロカウンセラーの技法30 臨床心理学増刊第7号 金剛出版

・日本精神科救急学会監修 平田ら編（2015）精神科救急医療ガイドライン 2015 年版　日本精神科救急学会
・下山晴彦ら編著（2016）公認心理師必携 精神医療・臨床心理の知識と技法　医学書院
・日本精神保健福祉士養成校協会編（2016）新・精神保健福祉士養成講座 1 精神疾患とその治療第 2 版　中央法規出版
・加藤敏ら編（2016）縮刷版現代精神医学事典　弘文堂
・端詰勝敬・中村祐三・都田淳慢（2016）慢性頭痛の診療ガイドライン 特集／心身症の最新ガイドラインの動向 心身医学／ 56 巻（2）
・山村豊（2017）心理学【カレッジ版】　医学書院
・島義弘編（2017）パーソナリティと感情の心理学　サイエンス社
・杉下守弘ら（2017）老年期うつ検査 -15- 日本版（GDS-15-J）
・松崎朝樹（2018）精神診療プラチナマニュアル　メディカル・サイエンス・インターナショナル
・本郷一夫編（2018）公認心理師の基礎と実践⑫ 発達心理学　遠見書房
・中島健一編著（2018）公認心理師の基礎と実践⑰ 福祉心理学　遠見書房
・宮脇稔ら編（2018）公認心理師カリキュラム準拠 健康・医療心理学　医歯薬出版
・坂井建雄ら監修（2018）ぜんぶわかる脳の事典　成美堂出版
・黒川由紀子ら編（2018）認知症の心理アセスメントはじめの一歩　医学書院
・福島哲夫編（2018）公認心理師必携テキスト　学研
・一般社団法人 日本糖尿病学会編（2018）糖尿病治療ガイド 2018-2019　文光堂
・三村將ら編（2019）精神疾患とその治療　医歯薬出版
・武田克彦ら編（2019）公認心理師カリキュラム準拠 人体の構造と機能及び疾病　医歯薬出版
・下山晴彦他編（2019）公認心理師技法ガイド 臨床の場で役立つ実践のすべて　文光堂
・医療情報科学研究所編（2019）病気がみえる vol.3 腎・泌尿器・代謝・内分泌 第 5 版　メディックメディア
・医療情報科学研究所編（2019）病気がみえる vol.3 脳・神経 ［第 2 版］　メディックメディア
・福嶋義光監修（2019）新遺伝医学やさしい系統講義 19 講　メディカル・サイエンス・インターナショナル
・一般社団法人 日本心理研修センター監修（2019）現任者講習会テキスト ［改訂版］　金剛出版
・日本消化器病学会（2020）機能性消化管疾患診療ガイドライン 2020 —過敏性腸症候群（IBS）［改訂第 2 版］　南江堂
・野島一彦・繁枡算男（2020）公認心理師の基礎と実践㉒ 精神疾患とその治療　遠見書房
・尾崎紀夫他編（2021）標準精神医学 ［第 8 版］　医学書院
・厚生労働省　中央労働災害防止協会 編著（2010）職場における自殺の予防と対応
・厚生労働省　チーム医療推進方策検討ワーキンググループ 平成 23 年 6 月 チーム医療推進のための基本的な考え方と実践的な事例集
・厚生労働行政推進調査事業費補助金 慢性の痛み政策研究事業「慢性の痛み診療・教育の基盤となるシステム構築に関する研究」研究班 監修 慢性疼痛治療ガイドライン作成ワーキンググループ 編（2018）慢性疼痛治療ガイドライン 真興交易医書出版部
・厚生労働省　平成 30 年 3 月 20 日 災害時健康危機管理支援チーム活動要領

- 厚生労働省（2021）ひきこもり状態にある方やその家族に対する支援のヒント集
- 「サイコロジカル・ファーストエイド WHO 版」
- 厚生労働省　災害派遣精神医療チーム（DPAT）活動要領
- 厚生労働省　災害時における医療体制の充実強化について（別紙）災害拠点病院指定要件
- 厚生労働省　日本 DMAT 活動要領
- 厚生労働省　災害医療コーディネーター活動要領
- 厚生労働省　広域災害・救急医療情報システム（EMIS）を活用した情報収集体制の強化について
- 厚生労働省　ハローワーク
- 厚生労働省　ひきこもり支援推進事業
- 厚生労働省　地域若者サポートステーション
- 厚生労働省 HP e-ヘルスネット　過敏性腸症候群
- 厚生労働省 HP e-ヘルスネット　行動変容ステージモデル
- 厚生労働省 HP e-ヘルスネット　内臓脂肪型肥満
- 厚生労働省 HP e-ヘルスネット　メタボリックシンドロームの診断基準
- 厚生労働省 HP e-ヘルスネット　不眠症
- 厚生労働省　心の耳　働く人のメンタルヘルス・ポータルサイト　専門家が事例と共に回答〜職場のメンタルヘルス対策 Q & A 〜 Q2：復職時の主治医との連携のコツは？
- 厚生労働省　中央労働災害防止協会　〜メンタルヘルス対策における職場復帰支援〜　［改訂］　心の健康問題により休業した労働者の職場復帰支援の手引き
- 厚生労働省　職場における心の健康づくり〜労働者の心の健康の保持増進のための指針〜ラインによるケアとしての取組み内容〜
- 「アメリカ国立子どもトラウマティックストレス・ネットワーク，アメリカ国立 PTSD センター「サイコロジカル・ファーストエイド実施の手引き第 2 版」兵庫県こころのケアセンター訳，2009 年 3 月
- 世界保健機関，戦争トラウマ財団，ワールド・ビジョン・インターナショナル　心理的応急処置（サイコロジカル・ファーストエイド；PFA）フィールドガイド（2011）世界保健機関：ジュネーブ　（訳：（独）国立精神・神経医療研究センター，ケア・宮城，公益財団法人プラン・ジャパン　2012）
- 日本小児心身医学会（2011）小児心身医学会ガイドライン集—日常診療に活かす 4 つのガイドライン— 南江堂
- 国立がん研究センター社会と健康研究センター（2014）がんの診断と自殺および他の外因死との関連について
- 国立研究開発法人 国立長寿医療研究センター（2018）平成 30 年度認知症初期集中支援チーム員研修テキスト 国立長寿医療研究センター
- 一般財団法人 日本医療教育財団「医療通訳育成カリキュラム基準」（平成 29 年 9 月版）準拠 医療通訳
- 一般社団法人 日本臨床心理士会監修（2017）ひきこもりの心理支援 心理職のための支援・介入ガイドライン
- 国立精神・神経医療研究センター ストレス災害時こころの情報支援センター HP 災害救援

者メンタルヘルス・マニュアル
- 独立行政法人 高齢・障害・求職者雇用支援機構 〜安心して働き続けるために〜 地域障害者職業センターのご案内
- 大阪市 認知症の医療・介護に関わる専門職のための「前頭側頭型認知症＆意味性認知症」こんなときどうする！［改訂版］
- 認知症施策推進総合戦略（新オレンジプラン）
- ひきこもりの評価・支援に関するガイドライン 厚生労働科学研究費補助金こころの健康科学研究事業「思春期のひきこもりをもたらす精神科疾患の実態把握と精神医学的治療・援助システムの構築に関する研究（H19―こころ―一般―010）」
- 内閣府 被災者のこころのケア 都道府県対応ガイドライン 平成24年3月
- 内閣府 ユースアドバイザー養成プログラム［改訂版］
- 精神保健福祉法
- 障害者総合支援法
- 介護保険法

福祉心理学

- 大塚俊男ら編（1991）高齢者のための知的機能検査の手引き ワールドプランニング
- 融道男ら監訳(2005)ICD-10 精神および行動の障害―臨床記述と診断ガイドライン―［新訂版］医学書院
- John, P. 著（2005）ピネルバイオサイコロジー脳―心と行動の神経科学 西村書店
- T. Kitwood（2005）認知症のパーソンセンタードケア―新しいケアの文化へ― 筒井書房
- 増沢高（2009）虐待を受けた子どもの回復と育ちを支える援助 福村出版
- 小海宏之ら編（2012）高齢者こころのケアの実践上巻認知症ケアのための心理アセスメント 創元社
- 小海宏之ら編（2012）高齢者こころのケアの実践下巻認知症ケアのためのリハビリテーション 創元社
- 下山晴彦編（2014）誠信 心理学辞典［新版］ 誠信書房
- アメリカ精神医学会・高橋三郎ら監訳（2014）DSM-5 精神疾患の分類と診断の手引き 医学書院
- 一般社団法人 日本認知症ケア学会（2016）認知症ケア標準テキスト［改訂4版］・認知症ケアの基礎 ワールドプランニング
- 一般社団法人 日本認知症ケア学会（2016）認知症ケア標準テキスト［改訂5版］・認知症ケアの実際Ⅱ：各論 ワールドプランニング
- 認知症介護研究・研修センター（2016）認知症介護実践者研修標準テキスト ワールドプランニング
- 下山晴彦ら編（2016）公認心理師必携 精神医療・臨床心理の知識と技法 医学書院
- 尾崎康子ら編（2016）乳幼児期における発達障害の理解と支援②知っておきたい発達障害の療育 ミネルヴァ書房
- 佐藤眞一ら編著（2016）よくわかる高齢者心理学 ミネルヴァ書房

- 日本神経学会監修（2017）認知症疾患診療ガイドライン 2017　医学書院
- 岩壁茂編（2017）臨床心理学 17 巻（4）臨床心理学実践ガイド　金剛出版
- 山村豊（2017）心理学【カレッジ版】　医学書院
- 原田輝一・真覚基幸 訳 ニコラ・ラムゼイ，ダイアナ・ハーコート（2017）アピアランス〈外見〉の心理学—可視的差異に対する心理社会的理解とケア　福村出版
- 粟生田友子編（2018）新体系 看護学全書〈別巻〉リハビリテーション看護　メヂカルフレンド社
- 原田輝一・真覚基幸編（2018）アピアランス〈外見〉問題と包括的ケア構築の試み—医療福祉連携と心理学領域とのコラボレーション—　福村出版
- 緑川晶・山口加代子・三村將編（2018）公認心理師カリキュラム準拠 2018［神経・生理心理学］臨床神経心理学　医歯薬出版
- 黒川由紀子・扇澤史子編（2018）認知症の心理アセスメントはじめの一歩　医学書院
- 松本真理子ら 編（2018）心の専門家養成講座第 3 巻心理アセスメント心理検査のミニマム・エッセンス　ナカニシヤ出版
- 三村將・幸田るみ子・成本迅編（2019）公認心理師カリキュラム準拠 精神疾患とその治療　医歯薬出版
- 介護福祉士養成講座編集委員会編（2019）最新介護福祉士養成講座 14 障害の理解　中央法規
- 大江美佐里・前田正治（2019）PTSD 関連疾患— DSM-5 との比較を軸に—　精神医学 61 巻（3）ICD-11 のチェックポイント　医学書院
- 小海宏之（2019）神経心理学的アセスメント・ハンドブック［第 2 版］　金剛出版
- 姫井昭男（2019）［第 4 版］精神科の薬がわかる本　医学書院
- M. F. Folstein ら（2019）精神状態短時間検査—改訂日本版（MMSE-J）使用者の手引　日本文化科学社
- 下山晴彦ら監修（2019）公認心理師スタンダードテキストシリーズ⑫ 発達心理学　ミネルヴァ書房
- 子安増生監（2020）公認心理師のための精神医学 精神疾患とその治療　金芳堂
- 加藤隆弘・神庭重信 編（2020）公認心理師の基礎と実践㉒ 精神疾患とその治療　遠見書房
- 氏原寛ら編（2020）［新装版］カウンセリング辞典　ミネルヴァ書房
- 子安増生ら監修（2021）現代心理学辞典　有斐閣
- 厚生労働省（2009）若年性認知症の実態等に関する調査結果の概要及び厚生労働省の若年性認知症対策について
- 厚生労働省　子ども虐待対応の手引き（平成 25 年 8 月 改正版）
- 厚生労働省　平成 26 年 老健局高齢者支援課 認知症・虐待防止対策推進室「認知症施策の現状」
- 厚生労働省　みんなのメンタルヘルス総合サイト
- 厚生労働省　健やか親子 21（第 2 次）HP
- 厚生労働省　児童相談所運営指針
- 厚生労働省　市町村児童家庭相談援助指針 第 4 章 要保護児童対策地域協議会
- 厚生労働省　子ども家庭局家庭福祉課 ひとり親家庭等の支援について
- 厚生労働省　平成 28 年度福祉行政報告例の概況
- 厚生労働省　平成 28 年国民生活基礎調査の概況

・厚生労働省　平成 29 年国民生活基礎調査
・厚生労働省　被保護者調査（令和 3 年 9 月分数）
・厚生労働省　里親委託ガイドラインについて【一部改正】平成 29 年 3 月 31 日雇児発 0331
　第 38 号 4. 保護者の理解
・厚生労働省　新たな社会的養育の在り方に関する検討会 平成 29 年 8 月 2 日 新しい社会的
　養育ビジョン
・厚生労働省　養育支援訪問事業ガイドライン
・厚生労働省　人生の最終段階における医療・ケアの決定プロセスに関するガイドライン
・厚生労働省 HP　子どもを育てたいと願う人へ（特別養子縁組制度特設サイト）
・厚生労働省　国連総会採択決議 64 ／ 142. 児童の代替的養護に関する指針
・厚生労働省　8 調査 4 トラウマインフォームド・ケアに関する心理教育教材の評価と開発
・厚生労働省　児童虐待防止対策の強化を図るための児童福祉法等の一部を改正する法律（令
　和元年法律第 46 号）の概要（令和元年 6 月 19 日成立・6 月 26 日公布）
・内閣府男女共同参画局長 厚生労働省子ども家庭局長 令和元年 6 月 26 日 児童虐待防止対策
　の強化を図るための児童福祉法等の一部を改正する法律の公布について
・内閣府 子どもの貧困対策担当 令和元年 11 月 14 日 子供の貧困対策 〜子供を取り巻く現状
　と国の取り組みについて〜
・総務省行政評価局（令和 2 年 12 月）「要保護児童の社会的養護に関する実態調査　結果報告
　書」・厚生労働省子ども家庭局 厚生労働省社会援護局障害保健福祉部（令和 2 年 1 月）「児
　童養護施設入所児童等調査の概要（平成 30 年 2 月 1 日現在)」
・内閣府政策統括官（政策調整担当）令和 3 年 12 月 令和 3 年 子供の生活状況調査の分析 報
　告書
・内閣府　平成 30 年版高齢社会白書（概要版）
・災害グリーフサポートプロジェクト「あいまいな喪失」情報サイト
・ストレス災害時こころの情報支援センター（2003）災害時地域精神保健医療活動のガイドラ
　イン 用語解説 国立精神・神経医療研究センター
・世界保健機関，戦争トラウマ財団，ワールド・ビジョン・インターナショナル　心理的応急
　処置（サイコロジカル・ファーストエイド；PFA）フィールドガイド（2011）世界保健機関：
　ジュネーブ　（訳：(独)国立精神・神経医療研究センター，ケア・宮城，公益財団法人プラ
　ン・ジャパン　2012)
・親子関係再構築支援ワーキンググループ（平成 26 年 3 月）社会的養護関係施設における親
　子関係再構築支援ガイドライン
・児童福祉法
・児童虐待防止法
・高齢者虐待の防止，高齢者の養護者に対する支援等に関する法律〈高齢者虐待防止法〉
・児童の権利に関する条約〈子どもの権利条約〉
・民法

教育・学校心理学

・佐藤修策（1968）登校拒否児　国土社
・内山喜久雄編著（1996）臨床教育相談学　金子書房
・中島義明ら編（1999）心理学辞典　有斐閣
・氏原寛ら編（1999）カウンセリング辞典　ミネルヴァ書房
・國分康孝 編（1999）カウンセリング辞典　誠信書房
・滝沢武久編著（2003）はじめての教育心理学　八千代出版
・氏原寛ら編（2004）心理臨床大事典［改訂版］　培風館
・山内弘継ら監修（2006）心理学概論　ナカニシヤ出版
・鹿毛雅治編（2006）朝倉心理学講座 8 教育心理学　朝倉書店
・中澤潤 編（2008）よくわかる教育心理学　ミネルヴァ書房
・村上宣寛・村上千恵子（2008）改訂臨床心理アセスメントハンドブック　北大路書房
・下山晴彦編（2009）よくわかる臨床心理学［改訂新版］　ミネルヴァ書房
・日本臨床 MMPI 研究会（2011）わかりやすい MMPI 活用ハンドブック―施行から臨床応用
　まで―　金剛出版
・鹿毛雅治（2013）学習意欲の理論―動機づけの教育心理学　金子書房
・下山晴彦編（2014）誠信 心理学辞典［新版］　誠信書房
・高橋三郎・大野裕監訳（2014）DSM-5 精神疾患の分類と診断の手引き　医学書院
・日本学校心理学会 編（2016）学校心理学ハンドブック［第 2 版］「チーム」学校の充実をめ
　ざして　教育出版
・加藤敏ら（2016）縮刷版 現代精神医学事典　弘文堂
・下山晴彦ら編（2016）公認心理師必携 精神医療・臨床心理の知識と技法　医学書院
・下山晴彦 編・監修（2017）臨床心理フロンティアシリーズ 認知行動療法入門　講談社
・山村豊（2017）心理学【カレッジ版】　医学書院
・野島一彦ら編（2018）公認心理師の基礎と実践③ 臨床心理学概論　遠見書房
・日本基礎心理学会監修（2018）基礎心理学実験法ハンドブック　朝倉書店
・石隈利紀編（2019）公認心理師の基礎と実践⑱ 教育・学校心理学　遠見書房
・川畑直人・大島剛・郷式徹［監修］（2019）公認心理師の基本を学ぶテキスト⑱ 教育・学校
　心理学　ミネルヴァ書房
・日本学生相談学会編（2020）学生相談ハンドブック新訂版　学苑社
・子安増生・丹野義彦・箱田裕二（2021）有斐閣現代心理学辞典　有斐閣
・文部科学省 HP　昭和 30 年 9 月 30 日 義務教育諸学校における不就学及び長期欠席児童対策
　について
・文部科学省　今後の特別支援教育の在り方について（最終報告）平成 15 年 3 月
・文部科学省　平成 19 年 4 月 特別支援教育の推進について（通知）
・文部科学省　義務教育諸学校における居所不明の児童生徒の把握等のための対応について
　（通知）（平成 25 年 3 月）
・文部科学省　平成 26 年 3 月 学校における子供の心のケア サインを見逃さないために
・文部科学省　平成 28 年 9 月 14 日 不登校児童生徒への支援の在り方について（通知）

- 文部科学省（2017）　教育相談等に関する調査研究協力者会議「児童生徒の教育相談の充実について〜学校教育力を高める組織的な教育相談体制づくり〜」（報告）
- 文部科学省　いじめの防止等のための基本的な方針 平成25年10月11日 文部科学大臣決定（最終改定 平成29年3月14日）
- 文部科学省　平成30年4月1日一部改正 スクールカウンセラー等活用事業実施要領
- 文部科学省　いじめ対策に係る事例集 平成30年9月 文部科学省初等中等教育局児童生徒課
- 文部科学省　初等中等教育局児童生徒課 令和2年11月10日（火）いじめ問題の対応について
- 文部科学省「生徒指導提要」
- 文部科学省　スクールカウンセラー等配置箇所数、予算額の推移
- 文部科学省HP　不登校児童生徒の実態に配慮して特別に編成された教育課程に基づく教育を行う学校の概要
- 文部科学省　児童生徒の問題行動・不登校等生徒指導上の諸課題に関する調査 ― 用語の解説
- 文部科学省　初等中等教育局児童生徒課 令和元年度児童生徒の問題行動・不登校等生徒指導上の諸課題に関する調査結果
- 文部科学省　特別支援教育について 第3部 学校用（小・中学校）
- 文部科学省HP　外国人の子どもの不就学実態調査の結果について
- ひきこもりの評価・支援に関するガイドライン 厚生労働科学研究「思春期のひきこもりをもたらす精神科疾患の実態把握と精神医学的治療・援助システムの構築に関する研究」
- 公認心理師法
- 学校教育法
- 発達障害者支援法
- 児童虐待防止法
- いじめ防止対策推進法

司法・犯罪心理学

- 藤本哲也（2009）犯罪学原論　日本加除出版
- 越智啓太（2012）Progress & Application 犯罪心理学　サイエンス社
- 高橋三郎・大野裕監訳（2014）DSM-5 精神疾患の分類と診断の手引き　医学書院
- 日本犯罪心理学会編（2016）犯罪心理学事典　丸善出版
- 藤本哲也・生島浩・辰野文理編著（2016）よくわかる更生保護　ミネルヴァ書房
- 森丈弓（2017）犯罪心理学 再犯防止とリスクアセスメントの科学　ナカニシヤ出版
- 一般社団法人 日本ソーシャルワーク教育学校連盟編（2018）新・精神保健福祉士養成講座6 精神保健福祉に関する制度とサービス第6版　中央法規
- ジェームズ・ボンタ、D・A・アンドリュース 著 原田隆之 訳（2018）犯罪行動の心理学［原著第6版］　北大路書房
- 大渕憲一（2018）心理学の世界専門編4 犯罪心理学 犯罪の原因をどこに求めるのか　培風館
- 越智啓太（2018）Progress & Application 犯罪心理学　サイエンス社
- 野島一彦監修・生島浩編（2019）公認心理師分野別テキスト④ 司法・犯罪分野 理論と支援

- の展開　創元社
- 裁判所　処分の決定
- 裁判所　少年事件の処分について
- 法務省　更生保護を支える人々
- 法務省　少年鑑別所
- 法務省　平成 29 年版 犯罪白書
- 法務省　平成 30 年版 犯罪白書
- 法務省　令和元年版 犯罪白書
- 文部科学省初等中等教育局児童生徒課　平成 30 年 10 月 25 日 平成 29 年度児童生徒の問題行動・不登校等生徒指導上の諸課題に関する調査結果について
- 厚生労働省委託事業 養育費相談支援センター「面会交流　離れて暮らす親と子の絆のために」
- 厚生労働省委託調査研究事業（2016）　親子の面会交流の円滑な実施に関する調査研究報告書 公益社団法人家庭問題情報センター
- 厚生労働省　児童相談所運営指針の改正について 第 4 章 援助
- 少年警察活動規則
- 衆議院　裁判員の参加する刑事裁判に関する法律 平成 16 年 5 月 28 日
- 日本弁護士連合会　裁判員制度・Q & A
- 最高裁判所　裁判員制度 Q & A
- 法テラス HP しょく罪寄附のご案内
- 少年法
- 児童福祉法
- 犯罪被害者等基本法
- 犯罪被害者保護法
- 更生保護法

産業・組織心理学

- Greenhaus, J. H., & Beutell, N. J.（1985）Sources of conflict between work and family roles, Academy of Management Review, 10, 76-88.
- 田尾雅夫編著（1997）「会社人間」の研究―組織コミットメント理論と実際　京都大学学術出版会
- 高橋弘司（1997）組織コミットメント尺度の項目特性とその応用可能性 ―3 次元組織コミットメント尺度を用いて― 経営行動科学 11 巻（2）p.123-136
- 高木浩人（1997）組織コミットメント―その定義と関連概念― 心理学評論 vol.40 No.2 p.221-238
- 寺野隆雄（2003）エキスパートシステムはどうなったか？ 計測と制御 42（6）p.458
- 金井壽宏訳 エドガー H. シャイン（2003）キャリア・アンカー ―自分のほんとうの価値を発見しよう― 白桃書房
- 青野篤子・森永康子・土肥伊都子（2004）ジェンダーの心理学「男女の思いこみ」を科学する ミネルヴァ書房

- 小久保みどり（2007）論説リーダーシップ研究の最新動向 45 巻（5）立命館経営学 p.23-34
- 石川淳（2009）変革型リーダーシップが研究開発チームの業績に及ぼす影響：変革型リーダーシップの正の側面と負の側面　組織科学 Vol.43 No.2 p.97-113
- 田中堅一郎編（2011）産業・組織心理学エッセンシャルズ改訂三版　ナカニシヤ出版
- 富田真紀子・加藤容子・金井篤子（2012）共働き夫婦のワーク・ファミリー・コンフリクトと対処行動に関する検討 性役割態度，ジェンダー・タイプに注目して 産業・組織心理学研究 25（2）p.107，108
- 坂本理郎（2012）組織内キャリア・マネジメントとキャリア・カウンセリング 自律的キャリア形成の時代における意義と課題 大手前大学論集 13 p.83-99
- 高橋浩ら（2013）社会人のための産業・組織心理学入門　産業能率大学出版部
- 下山晴彦編（2014）誠信心理学辞典［新版］　誠信書房
- 島津明人・川上憲人（2014）これからの職場のメンタルヘルス 産業保健心理学からの二つの提言 学術の動向 19（1）p.63
- 有村貞則（2014）ダイバーシティ・マネジメントと障害者雇用は整合的か否か 日本労働研究雑誌 p.51-63.
- 山内俊雄ら編（2015）精神・心理機能評価ハンドブック　中山書店
- 金敷大之ら編著（2016）図説 教養心理学［増補第 2 版］　ナカニシヤ出版
- 中山敬介（2016）日本の企業組織に有効なサーバント・リーダーシップ特性の特定化 近畿大学商学論究　15 巻（1）p.55-73
- 鹿毛雅治（2016）学習意欲の理論—動機づけの教育心理学—　三水舎
- 山村豊（2017）心理学［カレッジ版］　医学書院
- 矢澤美香子編（2020）役立つ！産業・組織心理学 仕事と生活につかえるエッセンス ナカニシヤ出版
- 厚生労働省（2012）就労移行支援ガイドブック　公益社団法人日本フィランソロピー協会
- 厚生労働省　平成 27 年労働者派遣法の改正について　平成 27 年労働者派遣法の概要
- 厚生労働省　障害者の就労支援について 平成 27 年 7 月 14 日
- 厚生労働省　労働者の心の健康の保持増進のための指針 平成 27 年 11 月 30 日改正
- 厚生労働省　平成 26 ～ 29 年度「過労死等の労災補償状況」
- 厚生労働省　「心理的な負担の程度を把握するための検査及び面接指導の実施並びに面接指導結果に基づき事業者が講ずべき措置に関する指針」平成 30 年 8 月 22 日改正
- 厚生労働省 独立行政法人労働者健康安全機構（2020）職場における心の健康づくり—労働者の心の健康の保持増進のための指針—
- 厚生労働省 独立行政法人労働者健康安全機構 2020 改定 心の健康問題により休業した労働者の職場復帰支援の手引き ～メンタルヘルス対策における職場復帰支援～
- 厚生労働省・都道府県労働局・労働基準監督署 独立行政法人 労働者健康安全機構 2020 過重労働による健康障害を防ぐために
- 厚生労働省　労働基準局安全衛生部労働衛生課産業保健支援室「労働安全衛生法に基づくストレスチェック制度実施マニュアル（令和 3 年 2 月改訂)」
- 厚生労働省　令和 3 年 3 月改訂版 事業場における治療と仕事の両立支援のためのガイドライン

- 内閣府　仕事と生活の調和推進のための行動指針 平成 19 年 12 月 18 日
- WAM NET　地域移行支援
- 独立行政法人　高齢・障害・求職者雇用支援機構 HP
- 建設業労働災害防止協会 鉄筋工事業のための危険有害要因の特定標準モデル
- 労働者派遣法
- 労働安全衛生規則

人体の構造と機能

- 井上泰（2001）学生のための疾病論 人間が病気になるということ　医学書院
- 大橋優美子ら監修（2002）看護学学習辞典［第 2 版］　学研メディカル秀潤社
- John P. J. Pinel 著 佐藤敬ら訳（2005）ピネル バイオサイコロジー 脳─心と行動の神経科学　西村書店
- 伊藤善也（2006）図解からだのしくみ大全─健康・病気予防に役立つ人体の構造とはたらき　永岡書店
- 日本めまい平衡医学会診断基準化委員会編（2009）良性発作性頭位めまい症診療ガイドライン（医師用）Equilibrium Res 68（4）p.218
- 宮沢直幹（2011）過換気症候群・臨床的視点 症状、他の疾患との識別、対処法など ファルマシア 47（12）p.1138
- 坂井建雄・久光正監（2011）ぜんぶわかる 脳の事典　成美堂出版
- 日本神経学会（2013）筋萎縮性側索硬化症診療ガイドライン 2013　南江堂
- Sara Zarei, Karen Carr, Luz Reiley, Kelvin Diaz, Orleiquis Guerra, Pablo Fernandez Altamirano, Wilfredo Pagani, Daud Lodin, Gloria Orozco, and Angel Chinea A comprehensive review of amyotrophic lateral sclerosis Surg Neurol Int. 2015；6：171.
- 大橋優美子他監（2014）看護学学習辞典［第 3 版］　学研メディカル秀潤社
- 日本女性医学学会（2014）女性医学ガイドブック更年期医療編 2014 年版　金原出版
- 高橋三郎・大野裕監訳（2014）DSM-5 精神疾患の分類と診断の手引き　医学書院
- 鈴木郁子編著（2015）やさしい自律神経生理学─命を支える仕組み　中外医学社
- 加藤敏ら編（2016）縮刷版 現代精神医学事典　弘文堂
- 田中越朗（2016）イラストでまなぶ薬理学［第 3 版］　医学書院
- 森田達也・白土明美（2016）エビデンスからわかる 患者と家族に届く緩和ケア　医学書院
- 日本糖尿病学会（2016）糖尿病診療ガイドライン 2016　南江堂
- 佐藤禮子監（2017）絵でみるターミナルケア［改訂版］人生の最期を豊かに生き抜く人への限りない援助　学研メディカル秀潤社
- 日本産科婦人科学会／日本産婦人科医会編（2017）産婦人科診療ガイドライン婦人科外来編　日本産婦人科学会
- 日本めまい平衡医学会診断基準化委員会編（2017）めまいの診断基準化のための資料 診断基準 2017 年改定 Equilibrium Res 76（3）p.234, 239
- 松崎朝樹（2018）精神診療プラチナマニュアル　メディカル・サイエンス・インターナショナル

- 波多江優編（2018）Expert Nurse 2019 vol35 No.1　照林社
- 医療情報科学研究所編（2019）病気がみえる vol.3 糖尿病・代謝・内分泌［第5版］　メディックメディア
- 医療情報科学研究所編（2019）病気がみえる vol.3 脳・神経第2版　メディックメディア
- 日本消化器病学会編（2020）機能性消化管疾患診療ガイドライン 2020 過敏性腸症候群（IBS）（改訂第2版）
- 日本脳卒中データバンク（2020）脳卒中レジストリを用いた我が国の脳卒中診療実態の把握報告書
- 厚生労働省　緩和ケア推進検討会報告書 平成28年4月
- 厚生労働省　がん等における緩和ケアの更なる推進に関する検討会における議論の整理 平成28年12月
- 厚生労働省　健発0731 第1号 平成30年7月31日 がん診療連携拠点病院等の整備について
- 障害を理由とする差別の解消の推進に関する法律（障害者差別解消法）

精神疾患とその治療

- 鈴木徳治（1984）初回通過効果：生物学的利用性に影響する要因 ファルマシア 20（1）p.21-24 公益社団法人 日本薬学会
- 山口瑞穂子編（2002）臨床看護用語辞典　医学芸術社
- 高橋三郎・大野裕・染矢俊幸 訳（2003）DSM-IV-TR 精神疾患の分類と診断の手引［新訂版］医学書院
- 氏原寛ら編（2004）心理臨床大辞典［改訂版］　培風館
- 融道男ら監訳（2005）ICD-10 精神および行動の障害―臨床記述と診断ガイドライン―［新訂版］医学書院
- 金吉晴（2006）心的トラウマと理解のケア［第2版］　じほう
- 姫井昭男（2008）精神科の薬がわかる本　医学書院
- 太田大介監訳（2011）摂食障害の身体治療―チーム医療の実践を目指して―　南山堂
- 柴山雅俊（2012）解離性障害のことがよくわかる本 影の気配におびえる病　講談社
- 高橋三郎・大野裕監訳（2014）DSM-5 精神疾患の診断・統計マニュアル　医学書院
- 高橋三郎・大野裕監訳（2014）DSM-5 精神疾患の分類と診断の手引き　医学書院
- 森則夫ら編著（2014）臨床家のための DSM-5 虎の巻　日本評論社
- 下山晴彦編（2014）誠信心理学辞典［新版］　誠信書房
- 宮岡等・宮岡佳子（2015）精神疾患の診断臨床心理学 15巻（1）　金剛出版
- 浅野美知恵編（2015）絵でみるターミナルケア［改訂版］
- 鈴木郁子（2015）やさしい自律神経生理学 命を支える仕組み　中外医学社
- 下山晴彦ら編（2016）公認心理師必携 精神医療・臨床心理の知識と技法　医学書院
- 加藤敏ら編（2016）縮刷版 現代精神医学事典　弘文堂
- 田中越朗（2016）イラストでまなぶ薬理学［第3版］　医学書院
- 一般社団法人 日本認知症ケア協会（2016）認知症ケア標準テキスト［改訂4版］・認知症ケアの基礎　ワールドプランニング

・染矢俊幸（2017）一般臨床医・精神科医のためのうつ病診療エッセンシャルズ　メディカルレビュー社
・下山晴彦 監（2017）臨床心理フロンティアシリーズ 認知行動療法入門　講談社
・吉田敬子・鈴宮寛子・山下洋（2017）妊産婦メンタルヘルスケアマニュアル　公益社団法人日本産婦人科医会
・日本周産期メンタルヘルス学会（2017）周産期メンタルヘルス コンセンサスガイド 2017 日本周産期メンタルヘルス学会
・友田明美（2017）マルトリートメントに起因する愛着形成障害の脳科学的知見　予防精神医学
・松崎朝樹（2018）精神診療プラチナマニュアル　メディカル・サイエンス・インターナショナル
・朝元美利編（2018）人体の構造と機能及び疾病［第 4 版］—医学知識【社会福祉士シリーズ 1】弘文堂
・畑中聡仁・衛藤暢明・川嵜弘詔（2018）軽い意識障害を見わける 臨床心理学 18 巻（6）p.671-673 心理職も知らないと困る医療現場の常識　金剛出版
・中島健一編（2018）公認心理師の基礎と実践⑰ 福祉心理学　遠見書房
・三村將・幸田るみ子・成本迅（2019）精神疾患とその治療　医歯薬出版
・下山晴彦ら編（2019）公認心理師技法ガイド　文光堂
・姫井昭男（2019）［第 4 版］精神科の薬がわかる本　医学書院
・松田修・飯干紀代子・小海宏之 編（2019）公認心理師のための基礎から学ぶ神経心理学—理論からアセスメント・介入の実践例まで—　ミネルヴァ書房
・子安増生監（2020）公認心理師のための精神医学 精神疾患とその治療　金芳堂
・松崎朝樹（2020）精神診療プラチナマニュアル［第 2 版］　メディカル・サイエンス・インターナショナル
・加藤隆弘・神庭重信 編（2020）公認心理師の基礎と実践㉒ 精神疾患とその治療　遠見書房
・尾崎紀夫他編（2021）標準精神医学［第 8 版］　医学書院
・厚生労働省　医療ネグレクトにより児童の生命・身体に重大な影響がある場合の対応について
・厚生労働省　子ども虐待対応の手引き（平成 25 年 8 月改正版）
・厚生労働省　健康づくりのための睡眠指針 2014
・厚生労働省　e-ヘルスネット 振戦せん妄
・厚生労働省　e-ヘルスネット アルコール性認知症
・学校教育法

関係行政論
健康・医療

・ジュディス・S・ベック著 伊藤絵美、神村栄一、藤澤大介訳（2015）認知行動療法実践ガイド：基礎から応用まで［第 2 版］　星和書店
・金敷大之ら編著（2016）図説 教養心理学［増補第 2 版］　ナカニシヤ出版
・厚生労働省　医療事故調査制度について 1 制度の概要
・厚生労働省 HP　我が国の医療保険について

- 厚生労働省　介護保険の保険料（第 2 号被保険者）
- 厚生労働省・農林水産省・経済産業省　平成 28 年 3 月 地域包括ケアシステム構築に向けた公的介護保険外サービスの参考事例集
- 厚生労働省　平成 30 年 4 月 2 日 有料老人ホーム設置運営標準指導指針
- 厚生労働省　e- ヘルスネット 特定健康診査の検査項目
- 厚生労働省　特定健診・保健指導にかかる法令・通知
- 厚生労働省　特定健診・保健指導の現行制度（標準的な健診・保健指導プログラム 平成 30 年度版 p.1，7）。
- 厚生労働省保険局医療介護連携政策課データヘルス・医療費適正化対策推進室　特定健康診査等実施計画作成の手引き［第 3 版］
- 厚生労働省　「感染対策の基礎知識 2」
- 厚生労働省　「標準的な感染予防策」
- 公益財団法人 在宅医療助成 勇美記念財団「在宅医療と訪問看護のあり方検討会」（2020）訪問看護活用ガイド
- 2020 年 5 月 7 日一般社団法人日本環境感染学会「医療機関における新型コロナウイルス感染症への対応ガイド［第 3 版］」
- 2021 年 6 月〜 2022 年 3 月厚生労働省「院内感染対策講習会事業」に係る講習会 ④新型コロナウイルスについて 国立感染症研究所薬剤耐性研究センター第四室「COVID-19 の感染対策」
- 医療法
- 精神保健福祉法
- 国民健康保険法
- 介護保険法
- 高齢者医療確保法

福祉

- 社会的養護第三者評価等推進研究会監（2014）母子生活支援施設運営ハンドブック 厚生労働省
- 子安増生・丹野義彦編（2018）公認心理師エッセンシャルズ　有斐閣
- 厚生労働省　児童相談所運営指針
- 厚生労働省　児童虐待等に関する児童福祉法の適切な運用について
- 厚生労働省　子ども虐待対応の手引き（平成 25 年 8 月改正版）
- 厚生労働省　〈参考〉普通養子縁組と特別養子縁組のちがい・特別養子縁組の成立件数・参照条文
- 厚生労働省　生活困窮者自立支援制度 制度の紹介
- 厚生労働省老健局（令和 3 年 5 月）　介護保険制度の概要
- 厚生労働省　成年後見制度 成年後見制度とは
- 厚生労働省　障害者扶養共済制度（しょうがい共済）
- 厚生労働省　政策レポート 生活福祉資金貸付制度

- 法務省 HP　警察及び児童相談所との更なる連携強化について　平成 27 年 10 月 28 日　最高検察庁刑事部長通知
- 法務省　医療観察制度
- 児童福祉法
- 発達障害者支援法
- 障害者差別解消法
- 高齢者虐待防止法
- 生活困窮者自立支援法
- DV 防止法：平成 25 年改正
- 子どもの貧困対策法
- 国際的な子の奪取の民事上の側面に関する条約の実施に関する法律
- 更生保護法

教育

- 岡堂哲雄監修（2005）臨床心理学入門事典　至文堂
- 日本心理臨床学会編（2011）心理臨床学事典　丸善出版
- 平木典子（2017）［増補改訂］心理臨床スーパーヴィジョン　金剛出版
- 厚生労働省（平成 17 年 2 月 14 日）　児童相談所運営指針の改正について
- 厚生労働省　社会的養護の施設等について
- 文部科学省　生徒指導提要
- 文部科学省　コミュニティ・スクール（学校運営協議会制度）
- 文部科学省　いじめの問題に対する施策（2）　いじめの定義　いじめの定義の変遷
- 文部科学省　平成 29 年 3 月 いじめの重大事態の調査に関するガイドライン
- 文部科学省（平成 25 年 10 月 4 日）　障害のある児童生徒等に対する早期からの一貫した支援について（通知）
- 教育基本法
- 学校教育法
- 学校保健安全法
- いじめ防止対策推進法
- 地方教育行政の組織及び運営に関する法律
- 学校教育法施行規則
- 平成五年文部省告示第七号（学校教育法施行規則第七十三条の二十一の規定による特別の教育課程）

司法・犯罪

- 日本弁護士連合会刑事法制委員会編（2014）Q ＆ A 心神喪失者等医療観察法解説［第 2 版］三省堂
- 藤本哲也・生島浩・辰野文理編著（2016）よくわかる更生保護　ミネルヴァ書房

・一般社団法人 日本ソーシャルワーク教育学校連盟編（2018）新・精神保健福祉士養成講座 6 精神保健福祉に関する制度とサービス［第 6 版］　中央法規
・社会福祉士養成講座編集委員会編（2018）新・社会福祉士養成講座 19 権利擁護と成年後見制度［第 4 版］　中央法規
・元永拓郎ら編（2018）公認心理師の基礎と実践㉓ 関係行政論　遠見書房
・裁判所 HP　少年事件の処分について
・法務省 HP　医療観察制度
・法務省　保護観察所
・法務省　保護司
・法務省　更生保護とは
・法務省矯正局　平成 25 年 11 月 26 日 法務省式ケースアセスメントツール（MJCA）について
・法務省　平成 30 年版 犯罪白書 〜進む高齢化と犯罪〜
・法務省　令和 2 年版犯罪白書
・内閣府　令和元年版 子供・若者白書
・刑法
・少年法
・少年院法
・改正少年院法
・更生保護法
・医療観察法
・犯罪被害者等基本法
・児童福祉法
・性同一性障害者の性別の取扱いの特例に関する法律
・最高裁判所　性の取扱いの変更

産業・組織

・松本桂樹（2016）従業員のメンタルヘルスを整える ストレスチェック制度の実践　中央経済社
・厚生労働省　労働基準法における管理監督者の範囲の適正化のために
・厚生労働省　障害者雇用促進法の改正の概要 平成 25 年 6 月 19 日
・厚生労働省　独立行政法人労働者健康安全機構 改正 平成 27 年 11 月 30 日　職場における心の健康づくり〜労働者の心の健康の保持増進のための指針〜
・厚生労働省　雇用の分野における障害者と障害者でない者との均等な機会若しくは待遇の確保又は障害者である労働者の有する能力の有効な発揮の支障となっている事情を改善するために事業主が講ずべき措置に関する指針（平成 27 年厚生労働省告示第 117 号）平成 27 年 3 月 25 日
・労働安全衛生法に基づくストレスチェック制度導入マニュアル　厚生労働省労働基準局安全衛生部 労働衛生課産業保健支援室 改訂 平成 28 年 4 月
・厚生労働省（平成 29 年 9 月）　職場におけるハラスメント対策マニュアル 〜予防から事後

対応までのサポートガイド〜　妊娠・出産等に関するハラスメント　セクシュアルハラスメントをおこさないために

・厚生労働省　都道府県労働局雇用環境・均等部（室）「育児・介護休業法のあらまし」
・厚生労働省雇用環境・均等局雇用機会均等課　出入国在留管理庁在留管理支援部在留管理課
　令和 2 年 2 月 14 日　改正労働施策総合推進法等の施行によるハラスメント防止対策の強化について
・厚生労働省　事業主が職場における性的な言動に起因する問題に関して雇用管理上講ずべき
　措置等についての指針 平成 18 年厚生労働省告示第 615 号 令和 2 年 6 月 1 日
・厚生労働省　事業主が職場における優越的な関係を背景とした言動に起因する問題に関して
　雇用管理上講ずべき措置等についての指針 令和 2 年厚生労働省告示第 5 号 令和 2 年 6 月 1 日
・厚生労働省　都道府県労働局 労働基準監督署 時間外労働の上限規制
・労働基準法
・労働安全衛生法
・労働契約法
・労死等防止対策推進法
・職業安定法
・育児休業、介護休業等育児又は家族介護を行う労働者の福祉に関する法律

索　引

■著者紹介

井上博文（いのうえ ひろふみ）

龍谷大学大学院文学研究科博士後期課程修了　博士（文学）
京都コムニタス塾長
龍谷大学、京都女子大学非常勤講師
REBT 心理士、インストラクター（日本人生哲学感情心理学会認定）
公認心理師
専門は仏教学。特にインド仏教文化学、パーリ語学、戒律学
REBT（Rational Emotive Behavior Therapy）と仏教の関連
「仏教学の論理療法への応用について」（『北陸宗教文化』22，2009 年）
「仏教思想 --REBT と仏教学 」（『現代のエスプリ』518，2010 年）など

吉山宜秀（よしやま のりひで）

龍谷大学大学院文学研究科教育学専攻臨床心理学領域修士課程修了
京都コムニタスゼネラルマネージャー 兼 主任講師
公認心理師、臨床心理士
実践では主にスクールカウンセラーとして教育領域に勤務
「公認心理師試験 これ 1 冊で！最後の肢別ドリル」（辰已法律研究所、2020 年）
「公認心理師過去問詳解 2020 年 12 月 20 日 第 3 回試験 完全解説版」（辰已法律研究所、2020 年）など

藤本健太朗（ふじもと けんたろう）

京都大学文学部人文学科　卒業
京都大学大学院文学研究科　博士課程修了　博士（文学）
京都コムニタス東日本統括・講師（英語）、桐蔭横浜大学非常勤講師（EFL）、工学院大学非常勤講師
(Basic Academic English)
専門は日露関係史、ソ連政治外交史
「ソ連の対日政策におけるアメリカファクター（1920-1933）」（『国際政治』201 号、2020 年）など

●大学院・大学編入受験専門塾　京都コムニタス

創業 18 年。大学院受験、大学編入受験を専門に手がけ、特に臨床心理士指定大学院受験と看護大学編入受験で豊富な実績を持つ。約 300 名の臨床心理士を輩出。2016 年から公認心理師試験対策を手がけ、模擬試験や対策講座を世に送り出し、2018 年 9 月の第 1 回公認心理師試験対策の分野のファーストペンギンと称される
京都コムニタスは大人が勉強できる塾で、塾生が進学先で活躍できるように心身を作り上げ、個々の能力を余すところなく引き出すことに力を注いでいる
https://kyoto-com.net/

心理職大全　〜公認心理師・臨床心理士の資格取得から就職まで〜

2022 年 6 月 25 日　第 1 刷発行

Printed in Japan
© Hirofumi Inoue, Norihide Yoshiyama, Kentaro Fujimoto 2022

著　者　井上博文・吉山宜秀・藤本健太朗
発行所　東京図書株式会社
　　　　〒102-0072　東京都千代田区飯田橋 3 -11-19
　　　　電話：03-3288-9461
　　　　振替：00140-4-13803
　　　　http://www.tokyo-tosho.co.jp

ISBN 978-4-489-02390-3

●心理統計法をはじめて学ぶすべての人に

改訂版
はじめての心理統計法

鵜沼秀行・長谷川桐 著

●「テーマ×統計手法別」心理学論文の演習書

テンプレートで学ぶ
はじめての
心理学論文・レポート作成

長谷川桐・鵜沼秀行 著